全国一级建造师执业资格考试辅导用书

建设工程项目管理

主 编 关 宇
主 审 龙炎飞

建工行业权威名师直播的建造师图书

✓编委直播 ✓连续6周 ✓每晚2小时 ✓章节题战班 ✓名师讲解

增值服务 名师直播课程＋考前预测试卷＋专家真题解析＋名师在线、全程微信跟踪答疑

中国环境出版社·北京

图书在版编目（CIP）数据

建设工程项目管理 / 关宇主编 .—北京：中国环境出版社，2017.6
2017 版全国一级建造师执业资格考试辅导用书 . 高分攻略
ISBN 978-7-5111-3157-7

Ⅰ . ①建… Ⅱ . ①关… Ⅲ . ①基本建设项目－项目管理－资格考试－自学参考资料 Ⅳ . ① F284

中国版本图书馆 CIP 数据核字（2017）第 085464 号

内 容 简 介

本书内容包括：建设工程项目的组织与管理、建设工程项目施工成本控制、建设工程项目进度控制、建设工程项目质量控制、建设工程职业健康安全与环境管理、建设工程合同与合同管理、建设工程项目信息管理七部分内容。每章包括历年考情分析、知识点导图、重要考点精析、经典题目及大立名师说。书后附有最近三年真题及解析。

本书浓缩了考试复习重点与难点，内容精炼，重点突出，生动的图片和表格易于理解。既可作为考生参加建造师执业资格考试的应试辅导教材，也可作为大中专院校师生的教学参考书。

出 版 人 王新程
责任编辑 赵惠芬
责任校对 尹 芳
装帧设计 彭 杉

出版发行 中国环境出版社
（100062 北京市东城区广渠门内大街 16 号）
网 址：http://www.cesp.com.cn
电子邮箱：bjgl@cesp.com.cn
联系电话：010-67112765（编辑管理部）
010-67168033（环境技术分社）
发行热线：010-67125803，010-67113405（传真）
印 刷 北京中科印刷有限公司
经 销 各地新华书店
版 次 2017 年 6 月第 1 版
印 次 2017 年 6 月第 1 次印刷
开 本 787×1092 1/16
印 张 13
字 数 280 千字
定 价 59.00 元

前　言

本书是由作者根据多年培训应试的经验及对历年命题方向和规律的掌握。严格按照最新考试大纲和考试教材的知识点要求编写而成的。

本书体例主要包括历年考情分析，知识点导图，重要考点精析，经典题目及大立名师说。

本书所具有的特点如下：

专家联袂，阵容强大——本书的编者都是大立教育的主讲名师，教学经验丰富，深谙命题规律，了解学生需求，结合全国一线培训心得和教学成果，十年一剑，共谱经典。

框架体系，提纲挈领——本书立足教材，在全方位把握教材涉及的考点同时，条分缕析，提纲挈领，以知识框架思维导图的形式，呈现重要的知识点，难点，考点，脉络清楚，一目了然，便于广大考生在繁忙的工作之余学习参考。

形式新颖，考点明确——本书采用彩色印刷的方式，把知识点关键词用颜色做标记，提前为考生做好了笔记。

图文结合，通俗易懂——本书将教材枯燥的文字转化为生动的图片或表格，内容少而精，易于理解，降低了考生的学习难度，方便考生备考和记忆。

历年真题，纵横覆盖——历年真题，便于考生学习参考，把握考试的题型和趋势规律。每套真题都附有全面清楚的解析，涵盖涉及的考点，难点，精确到每个考题在教材中涉及的页码，力求急考生所需。在每个考点之后，详列了自建造师考试以来的相关真题。纵横覆盖，全面掌握考点。

全知识点，归纳总结——在本书最后做了同类型知识点的归纳和措施类知识点归纳。

教材压缩，减负减压——本书对教材做了提炼，使教辅变得轻薄，减轻学习负担。

本书在编写过程中，虽然几经斟酌和校阅，但由于作者水平有限，难免有不尽人意之处，恳请广大读者一如既往的对我们的疏漏之处进行批评和指正。

目　录

第一章

1Z201000
建设工程项目的组织与管理

1Z201000 建设工程项目的组织与管理

【本章历年考情分析】

1Z201000	2016 年		2015 年		2014 年		2013 年		2012 年	
	单选	多选	单选	多选	单选	多选	单选	多选	单选	多选
1Z201010 建设工程管理的内涵和任务	1		1		1					2
1Z201020 建设工程项目管理的目标和任务	1	2	1	2	2	2	1		2	
1Z201030 建设工程项目的组织	2	2	3	2	2	2	2		2	2
1Z201040 建设工程项目策划	1		2		2		1	2	1	
1Z201050 建设工程项目采购的模式	2	2	2	2	4	2	2	4	3	2
1Z201060 建设工程项目管理规划的内容和编制方法	1		1		1		1	2	1	2
1Z201070 施工组织设计的内容和编制方法	1	2	1	2	1	2	2	2	2	2
1Z201080 建设工程项目目标的动态控制	1		1		2	2	2		2	2
1Z201090 施工企业项目经理的工作性质、任务和责任	2	2	2	2	2	2	2	2	3	2
1Z201100 建设工程项目的风险和风险管理的工作流程	1	2	1		1	2	2			
1Z201110 建设工程监理的工作性质、工作任务和工作方法	1	2	1	2	1	2	1	2	3	2
1Z201000 单选合计 / 多选合计	14	14	16	12	19	16	16	14	19	16
1Z201000 总计	28		28		35		30		35	

【章节知识框架】

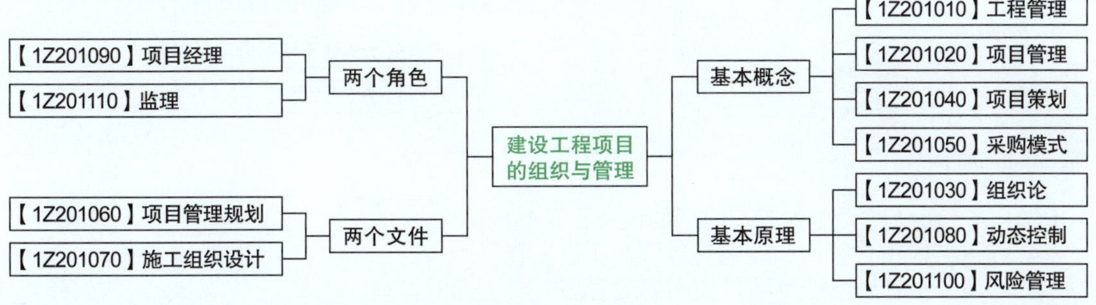

大立名师说

本章内容在一级建造师《建设工程项目管理》科目的历年考试中，所占分值最多、真题比重最大、教材篇幅长且理论性强。纵观全书，在本章所阐释的基本概念和基本原理是全书的基础和重点，是学习和掌握项目管理学科的最核心章节，没有之一。

1Z201010 建设工程管理的内涵和任务

考点 1：建设工程管理的内涵 ★★

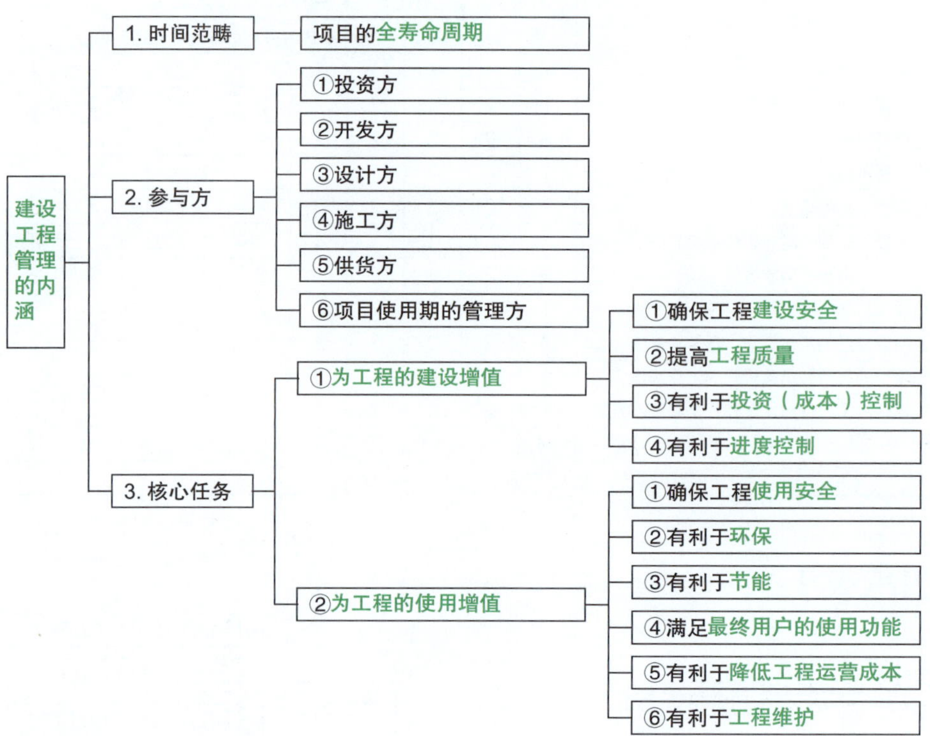

■ 经典题目

1.【2015-6】关于建设工程管理内涵的说法，正确的是（　）。
A. 建设工程项目管理和设施管理即为建设工程管理
B. 建设工程管理不涉及项目使用期的管理方对工程的管理
C. 建设工程管理是对建设工程的行政事务管理
D. 建设工程管理工作是一种增值服务

2.【2014-31】建设工程管理工作的核心任务是（　）。
A. 项目的目标控制
B. 为项目建设的决策和实施增值
C. 实现工程项目实施阶段的建设目标
D. 为工程建设和使用增值

1Z201020 建设工程项目管理的目标和任务

考点 1：建设工程项目管理的内涵 ★★

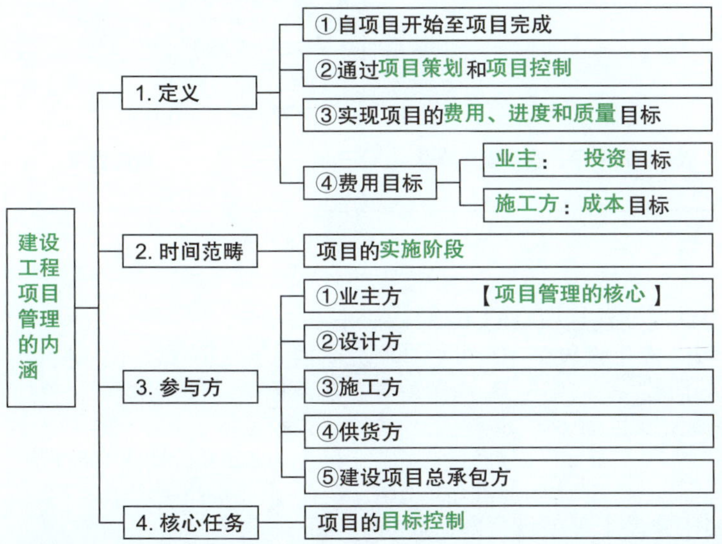

■ 经典题目

1.【2010-1】建设工程项目管理就是自项目开始到项目完成，通过（　　）使项目目标得以实现。

A. 项目策划和项目组织　　B. 项目控制和项目协调

C. 项目组织和项目控制　　D. 项目策划和项目控制

2.【2009-64】按照建设工程项目不同参与方的工作性质和组织特征划分的项目管理类型，施工方的项目管理不包括（　　）的项目管理。

A. 施工总承包方　　B. 建设项目承包方

C. 施工总承包管理方　　D. 施工分包方

3.【2007-1】建设工程项目管理的核心任务是项目的（　　）。

A. 目标规划　　B. 目标比选

C. 目标论证　　D. 目标控制

大立名师说

建设工程管理与建设工程项目管理的对比

	建设工程管理	建设工程项目管理
时间范畴	全寿命周期	实施阶段
核心任务	为工程的建设和使用增值	目标控制
参与方	投资方、开发方、设计方、施工方、供货方、项目使用期的管理方	业主方、设计方、施工方、供货方、项目总承包方
相互关系	建设工程管理与建设工程项目管理是包含与被包含的关系 建设工程项目管理是建设工程管理中的一个组成部分	

考点 2：项目的全寿命周期★

<table>
<tr><th colspan="3">阶段划分</th><th>工作内容</th><th>主要任务</th><th colspan="2">管理类型</th></tr>
<tr><td rowspan="7">全寿命周期</td><td colspan="2">决策阶段</td><td>编制项目建议书；编制可行性研究报告</td><td>确定项目的定义【确定三大目标】</td><td>开发管理</td><td rowspan="7">工程管理</td></tr>
<tr><td rowspan="5">实施阶段</td><td>设计前的准备阶段</td><td>编制设计任务书</td><td rowspan="5">通过管理使项目的目标得以实现【实现三大目标】</td><td rowspan="5">项目管理</td></tr>
<tr><td>设计阶段</td><td>初步设计、技术设计、施工图设计</td></tr>
<tr><td>施工阶段</td><td>施工</td></tr>
<tr><td>动用前准备阶段</td><td>施工、竣工验收</td></tr>
<tr><td>保修期</td><td></td></tr>
<tr><td colspan="2">使用阶段</td><td>或称运营阶段，或称运行阶段</td><td>—</td><td>设施管理</td></tr>
</table>

■ 经典题目

1.【2005-1】建设工程项目的全寿命周期包括项目的（　）。

A. 可行性研究阶段、设计阶段、施工阶段　B. 可行性研究阶段、施工阶段、使用阶段

C. 决策阶段、实施阶段、保修阶段　D. 决策阶段、实施阶段、使用阶段

2.【2004-71】建设工程项目的实施阶段包括（　）。

A. 设计阶段　B. 设计准备阶段　C. 可行性研究阶段

D. 施工阶段　E. 动用前准备阶段

3.【模拟题 1】编制项目建议书属于建设工程项目全寿命周期（　）。

A. 决策阶段的工作　B. 实施阶段的工作

C. 设计准备阶段的工作　D. 施工阶段的工作

4.【模拟题 2】根据建设工程项目的阶段划分，属于设计前的准备阶段工作的是（　）。

A. 编制项目可行性研究报告　B. 编制初步设计

C. 编制设计任务书　D. 编制项目建议书

考点 3：参与各方项目管理的目标和任务★★★

参与方	目　标	任　务	服务利益	涉及阶段	备　注
业主方	项目投资目标 项目进度目标 项目质量目标	投资、进度、质量三控制 安全、合同、信息三管理 组织和协调	业主利益	实施阶段	业主方是总组织者、总集成者；安全管理是最重要的任务
项目总承包方	总承包方成本目标 总承包方进度目标 总承包方质量目标 项目投资目标 安全管理目标	成本、进度、质量三控制 安全、合同、信息三管理 组织和协调 项目的总投资控制	整体利益 本身利益	实施阶段	项目总承包方也称建设项目工程总承包方，也称工程总承包方
设计方	设计成本目标 设计进度目标 设计质量目标 项目投资目标	成本、进度、质量三控制 安全、合同、信息三管理 组织和协调 工程造价控制	整体利益 本身利益	主要涉及设计阶段	项目的投资目标能否得以实现与设计工作密切相关
施工方	施工成本目标 施工进度目标 施工质量目标 安全管理目标	成本、进度、质量三控制 安全、合同、信息三管理 组织和协调	整体利益 本身利益	主要涉及施工阶段	施工方的项目管理不能认为它只是施工企业对项目的管理
供货方	供货成本目标 供货进度目标 供货质量目标	成本、进度、质量三控制 安全、合同、信息三管理 组织和协调	整体利益 本身利益	主要涉及施工阶段	—

■ 经典题目

1.【2015-10】关于施工方项目管理目标和任务的说法，正确的是（ ）。
A. 施工方项目管理仅服务于施工方本身的利益
B. 施工方项目管理不涉及动用前准备阶段
C. 施工方成本目标由施工企业根据其生产和经营情况自行确定
D. 施工方不对业主方指定分包承担的目标和任务负责

2.【2015-85】关于业主方项目管理目标和任务的说法中，正确的有（ ）。
A. 业主方项目管理是建设工程项目管理的核心
B. 业主方项目管理工作不涉及施工阶段的安全管理工作
C. 业主方项目管理目标包括项目的投资目标、进度目标和质量目标
D. 业主方项目管理目标不包括影响项目运行的环境质量
E. 业主方项目管理工作涉及项目实施阶段的全过程

3.【2014-28】在建设工程项目管理的基本概念中，“进度目标”对业主而言是项目（ ）的时间目标。
A. 竣工　　B. 调试
C. 试生产　　D. 动用

4.【2014-52】建设工程项目总承包方项目管理工作涉及（ ）的全过程。
A. 决策阶段　　B. 实施阶段
C. 使用阶段　　D. 全寿命周期

5.【2012-100】关于建设工程项目管理的说法，正确的有（ ）。
A. 建设工程管理工作的核心任务是为工程的建设和使用增值
B. 业主方的项目管理工作涉及项目实施阶段的全过程
C. 项目决策阶段管理工作的任务之一是进行项目定义
D. 建造师的业务范围只限于项目实施阶段的项目管理工作
E. 只有施工企业对项目的管理才称为施工方的项目管理

6.【2011-2】作为工程项目建设的参与方之一，供货方的项目管理工作主要是在（ ）进行。
A. 设计阶段　　B. 施工阶段
C. 保修阶段　　D. 动用前准备阶段

7.【2010-76】建设项目工程总承包方的项目管理目标包括（ ）。
A. 施工方的质量目标　　B. 工程建设的安全管理目标
C. 项目的总投资目标　　D. 工程总承包方的成本目标
E. 工程总承包方的进度目标

8.【2009-46】某业主欲投资建造一座五星级宾馆，业主方项目管理的进度目标指的是（ ）。
A. 宾馆可以开业　　B. 项目竣工结算完成
C. 宾馆开始盈利　　D. 项目通过竣工验收

9.【2006-4】某建设工程项目业主委托工程咨询单位为其提供全过程项目管理服务，并委托工程监理单位实施监理，若采用建设工程项目总承包模式，则设计阶段项目质量目标的决策者应是（ ）。
A. 工程咨询单位　　B. 工程监理单位
C. 项目总承包单位　　D. 业主

10.【2005-71】设计方的项目管理工作主要在建设工程项目设计阶段进行，但也会涉及（ ）。等阶段。
A. 决策　　B. 施工
C. 动用前准备　　D. 保修
E. 运营

11.【2004-72】在建设工程项目各参与单位中，需对项目总投资或总造价进行目标管理的单位有（　）。

A. 业主方　　B. 设计方
C. 施工方　　D. 供货方
E. 项目总承包方

大立名师说

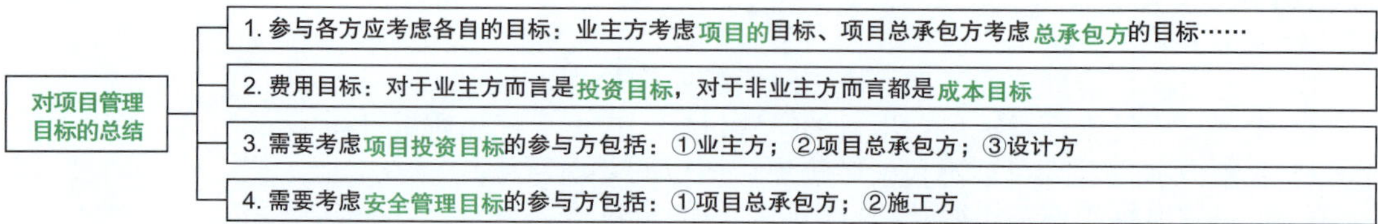

考点 4：工程总承包项目管理的主要内容 ★★

	工程总承包项目管理【P15】	业主方项目管理【P297】
主要内容	①任命项目经理，组建项目部 ②进行项目策划，编制项目计划 ③实施设计管理，采购管理，施工管理，试运行管理 ④进行项目范围管理，进度管理，费用管理，设备材料管理，资金管理，质量管理，安全、职业健康和环境管理等	①项目的审批、核准或备案手续，取得项目用地的使用权 ②完成拆迁补偿工作，使项目具备开工条件，并提供立项文件 ③可行性研究报告，项目建议书 ④项目建设资金等

经典题目

1.【2014-83】根据《建设项目工程总承包管理规范》（GB/T 50358—2005），工程总承包项目管理的主要内容包括（　）。

A. 任命项目经理，组建项目部　　B. 实施设计管理
C. 实施采购管理　　D. 进行项目可行性研究并报批
E. 进行项目范围管理

2.【2012-1】根据《建设项目工程总承包管理规范》（GB/T 50358—2005），不属于工程总承包项目管理内容的是（　）。

A. 任命项目经理　　B. 组建项目部
C. 确定项目建设资金　　D. 实施设计管理

3.【2011-82】根据《建设项目工程总承包管理规范》，工程总承包方项目管理的主要内容有（　）。

A. 编写和报批项目建议书、可行性研究报告
B. 任命项目经理，组建项目部
C. 确定和落实项目建设的资金
D. 实施设计管理
E. 编制项目计划

大立名师说

相近知识点归纳

1. 工程总承包项目管理的主要内容【P15】
2. 项目总承包方的工作程序【P43】
3.《建设项目工程总承包合同示范文本》中发包人与承包人的权利和义务【P297】

考点 5：施工方的责任划分 ★★

<table>
<tr><td>国际惯例</td><td>当采用指定分包商时，施工总承包方或施工总承包管理方应对合同规定的工期目标和质量目标负责【P15】</td><td rowspan="2">必须明确的是，对施工分包单位进行管理的第一责任主体是施工总承包单位或施工总承包管理单位【P325】</td></tr>
<tr><td>国内做法</td><td>施工总承包管理单位和施工总承包单位一样，要承担施工总体管理和目标控制的任务和责任【P46】</td></tr>
</table>

■ 经典题目

1.【2012-2】按国际工程惯例，当采用指定分包商时，应对分包合同规定的工期和质量目标负责的是（　）。

A. 业主　　B. 监理方　　C. 指定分包商　　D. 施工总承包管理方

2.【2011-3】按照国际工程的惯例，当建设工程采用指定分包时，（　）应对分包工程的工期目标和质量目标负责。

A. 业主方　　B. 监理方　　C. 施工总承包方　　D. 劳务分包方

3.【2010-8】在施工总承包管理模式下，施工项目总体管理和目标控制的责任由（　）承担。

A. 业主　　B. 分包单位　　C. 施工总包管理单位　　D. 施工总包单位

1Z201030 建设工程项目的组织

考点 1：系统的目标和系统的组织 ★

一、建设工程项目的特征

考点	内容
影响一个系统目标实现的主要因素	1. 组织；2. 人的因素；3. 方法与工具
目标能否实现的决定性因素	组织
控制项目目标的主要措施	1. 组织措施；2. 管理措施；3. 经济措施；4. 技术措施
控制项目目标最重要的措施	组织措施
系统的目标和系统的组织的关系	系统的目标决定了系统的组织

■ 经典题目

1.【2015-12】关于影响系统目标实现因素的说法，正确的是（　）。

A. 组织是影响系统目标实现的决定性因素

B. 系统组织决定了系统目标

C. 增加人员数量一定会有助于系统目标的实现

D. 生产方法与工具的选择与系统目标实现无关

2.【2013-2】下列影响建设工程项目管理目标实现的因素中，起决定性作用的是（　）。

A. 人　　B. 方法

C. 工具　　D. 组织

3.【模拟题】关于建设工程项目特征的说法，错误的是（　）。

A. 项目都是一次性的

B. 项目各阶段的工作目标是相同的

C. 项目各阶段的工作任务是不同的

D. 参与单位的合作多数不是固定的合作关系

考点 2：组织论的研究对象 ★★★

一、组织论的研究对象

组织论的三个研究对象	相互关系	主要类型	四大组织工具	
组织结构模式	静态的指令关系	1. 职能组织结构	组织结构图	两图两表
		2. 线性组织结构		
		3. 矩阵组织结构		
组织分工	静态的组织关系	1. 工作任务分工	工作任务分工表	
		2. 管理职能分工	管理职能分工表	
工作流程组织	动态的逻辑关系	1. 管理工作流程组织	工作流程图	
		2. 信息处理工作流程组织		
		3. 物质流程组织		

二、常用的组织结构模式

类型	主要特征	指令源数量	适用范围
职能组织结构	传统的组织结构模式	有多个矛盾的指令源 一个部门可能有多个下级 一个部门可能有多个上级	多个矛盾的指令源会影响企业管理机制的运行；也会严重影响项目管理机制的运行和项目目标的实现 我国多数的企业、学校和事业单位目前仍沿用该模式
线性组织结构	来自严谨的军事组织系统	唯一的指令源；不允许越级 每个部门可有多个直接的下级 但每个部门只能有一个直接的上级	在国际上，该模式是一种常用模式 但在一个特大的组织系统中，由于指令路径过长，有可能会造成组织系统运行的困难
矩阵组织结构	较新型的组织结构模式	有纵向和横向两个指令源【图 P26】 两个指令源发生矛盾时的处理办法	适宜用于大的组织系统

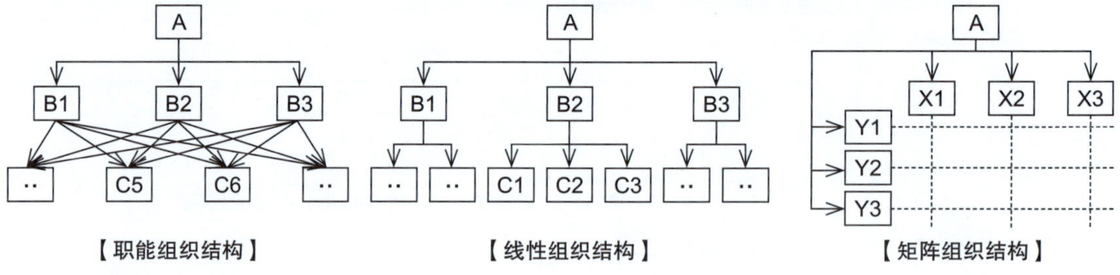

【职能组织结构】　【线性组织结构】　【矩阵组织结构】

三、工作流程组织的分类

分类	内容
管理工作流程组织	投资控制，进度控制，合同管理；付款和设计变更等
信息处理工作流程组织	数据处理流程
物质流程组织	设计工作流程，采购工作流程，施工工作流程等

■ 经典题目

1.【2015-37】承包商就已完工、经检验合格的工程提出支付申请，监理工程师复核后，业主批准支付申请，此工作程序属于（　）流程。

A. 物资采购工作　　B. 信息处理工作

C. 设计工作　　D. 管理工作

2.【2015-97】关于组织结构模式，组织分工和工作流程组织的说法，正确的有（　）。

A. 组织结构模式反映指令关系　　B. 工作流程组织反映工作间逻辑关系

C. 组织分工是指工作任务分工　　D. 组织分工和工作流程组织都是动态组织关系

E. 组织结构模式是一种相对静态的组织关系

3.【2010-4】业主确定的工程项目设计变更工作流程，属于工作流程组织中的（　）。
A. 管理工作流程　　B. 物质流程
C. 信息处理工作流程　　D. 设计工作流程

4.【2009-76】关于组织和组织工具的说法，正确的有（　）。
A. 组织分工一般包含工作任务分工和管理职能分工
B. 工作流程图反映一个组织系统中各项工作之间的指令关系
C. 工作流程图是一种重要的技术工具
D. 组织结构模式和组织分工是一种相对静态的组织关系
E. 在线性组织结构中，每一个工作部门的指令源是唯一的

5.【2007-71】组织分工反映了一个组织系统中各子系统或各元素的（　）。
A. 指令关系　　B. 工作任务分工
C. 管理职能分工　　D. 静态组织关系
E. 动态组织关系

考点 3：组织工具——四图与两表 ★★★

一、组织工具——四图

四图	表达的含义	连线	矩形框	主要特征
项目结构图	通过树状图的方式对一个项目的结构进行逐层分解，以反映组成该项目的所有工作任务 描述的是工作对象之间的关系	直线	工作任务 工作对象	同一个项目可有不同的分解方法 项目结构分解的原则【P20】 【考虑项目进展的总体部署、项目的组成】 【有利于项目实施任务的发包和进行、目标控制】 【结合合同结构、组织结构】 项目结构的编码依据项目结构图 项目结构图和项目结构编码是编制其他编码基础
组织结构图	反映一个组织系统中各组成部门之间的指令关系；反映的是各工作单位、各工作部门和各工作人员之间的组织关系	单向箭线	工作部门	既可在企业管理中运用、也可在项目管理中运用
工作流程图	用图的形式反映一个组织系统中各项工作之间的逻辑关系，是一种动态关系	单向箭线	工作	箭线表工作之间的逻辑关系；菱形框表判别条件 工作流程组织的任务即定义工作的流程
合同结构图	反映一个建设项目各参与单位之间的合同关系	双向箭线	参与单位	—

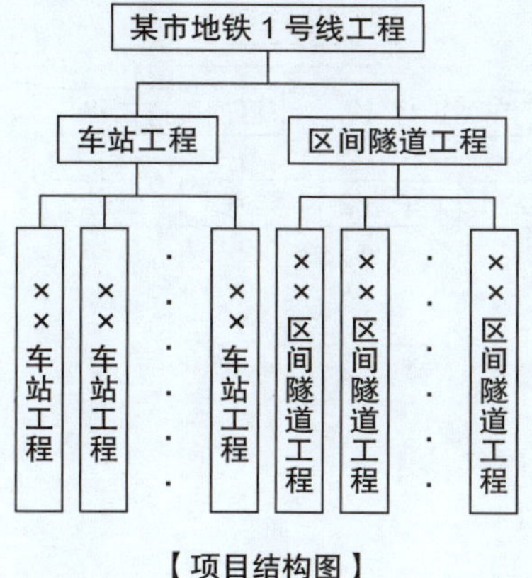

【项目结构图】

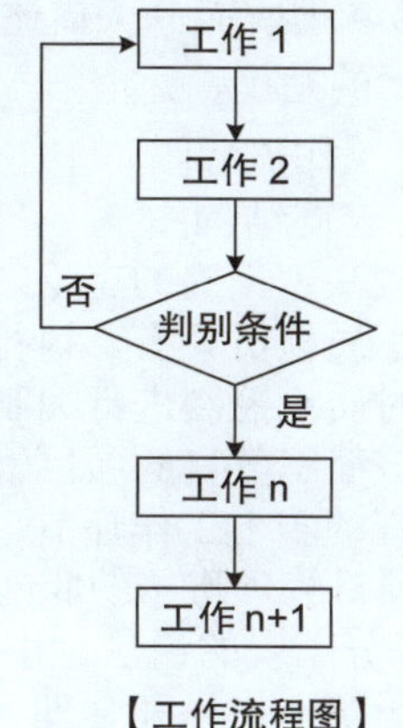

【工作流程图】

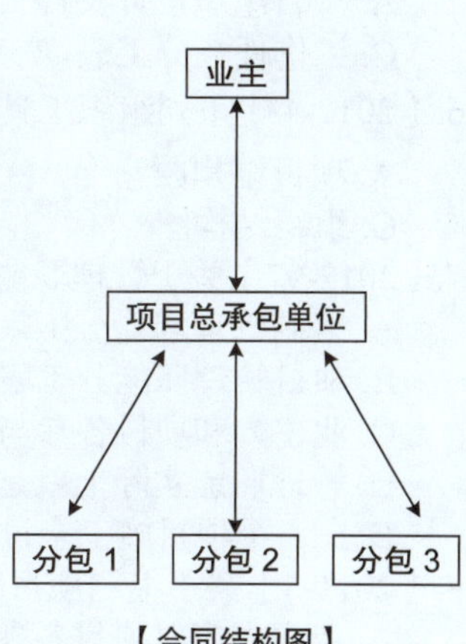

【合同结构图】

二、组织工具——两表

两表	编制步骤	作用	相同点
工作任务分工表	①对项目实施各阶段的管理任务进行详细分解 ②明确项目经理、主管工作部门或主管人员的工作任务 ③编制工作任务分工表 口诀：分解、分配、编制	应明确各项工作任务由哪个工作部门（或个人）负责，由哪些工作部门（或个人）配合或参与 口诀：分任务	①都是组织设计文件一部分； ②项目参与各方都应编制各自的； ③在项目的进展过程中，应视必要进行调整； ④描述的都是工作任务和工作部门的关系
管理职能分工表	管理是由多个环节组成的过程： ①提出问题 ②筹划 ③决策 ④执行 ⑤检查 如使用管理职能分工表还不足以明确每个工作部门的管理职能，则可辅以使用管理职能分工描述书	用表的形式反映项目管理班子内部项目经理、各工作部门和各工作岗位对各项工作任务的项目管理职能分工 口诀：定职能	

■ 经典题目

1.【2015-30】用来表示组织系统中各子系统或元素间指令关系的工具是（ ）。

A. 项目结构图　　B. 工作流程图
C. 组织结构图　　D. 职能分工表

2.【2014-39】关于工作流程组织的说法，正确的是（ ）。

A. 同一项目不同参与方都有工作流程组织任务
B. 工作流程组织不包括物质流程组织
C. 一个工作流程图只能有一个项目参与方
D. 一项管理工作只能有一个工作流程图

3.【2014-41】关于项目管理职能分工的说法，正确的是（ ）。

A. 项目管理职能分工表反映项目管理班子内部对各项工作任务的管理职能分工
B. 业主方和项目各参与方应编制统一的项目管理职能分工表
C. 项目管理职能分工表不适用于企业管理
D. 项目管理职能分工表和岗位职责描述书表达的内容完全一致

4.【2014-85】施工单位的项目管理任务分工表可用于确定（ ）的任务分工。

A. 项目各参与方　　B. 项目经理
C. 企业内部各部门　　D. 企业内部各工作人员
E. 项目各职能主管工作部门

5.【2013-3】管理是由多个环节组成的过程，为了说明组成管理的这些环节可以使用（ ）。

A. 项目组织设计文件　　B. 项目任务分期表
C. 工作任务分工表　　D. 管理职能分工描述书

6.【2012-4 】下列组织工具图，表示的是（ ）。

A. 项目结构图　　B. 工作流程图
C. 组织结构图　　D. 合同结构图

7.【2012-97】关于管理职能分工的说法，正确的有（ ）。

A. 编制管理职能分工表时，施工质检员只有“执行”职能
B. 项目管理职能分工表只需针对质量控制进行编制
C. 业主方和项目各参与方都应该编制各自的项目管理职能分工表
D. 管理职能实际上就是管理过程的多个工作环节
E. 在一个项目施工全过程中，项目管理班子的职能分工应该保持不变

8.【2011-5】关于编制项目管理任务分工表的说法，正确的是（ ）。

A. 业主方应对项目各参与方给予统一指导和管理

B. 首先应对项目实施各阶段的具体管理任务做详细分解
C. 首先要定义主管部门的工作任务
D. 同一类别的项目可以集中编制通用的分工表

9.【2011-74】关于项目管理组织结构模式说法正确的有（　）。
A. 矩阵组织结构适用于大型组织系统
B. 矩阵组织系统中有横向和纵向两个指令源
C. 职能组织结构中每一个工作部门只有一个指令源
D. 大型线性组织系统中的指令路径太长
E. 线性组织结构中可以跨部门下达指令

10.【2010-3】编制项目管理任务分工表时，首先进行管理任务的分解，然后（　）。
A. 确定项目管理的各项工作流程
B. 分析项目管理合同结构模式
C. 明确项目经理和各主管工作部门或主管人员的工作任务
D. 分析组织管理方面存在的问题

11.【2009-63】某建设工程项目的规模不大，参与单位不多，为提高管理效率，避免出现矛盾指令，宜采用（　）模式。
A. 线性组织结构　　B. 混合组织结构
C. 矩阵组织结构　　D. 职能组织结构

12.【2009-65】为了加快施工进度，施工协调部门根据项目经理的要求，落实有关夜间施工条件、组织夜间施工的工作，属于管理职能中的（　）环节。
A. 执行　　B. 检查
C. 决策　　D. 筹划

13.【2004-74】施工方项目管理职能分工表是以表的形式反映项目管理班子内部（　）对各项工作的管理职能分工。
A. 项目经理　　B. 各工作部门
C. 各工作岗位　　D. 总包与专业分包
E. 专业分包与劳务分包

大立名师说

关于“组织工具”这一知识点的考核，除了文字表述题这种高频题型以外，图形题也是特别常见的考核方式，考生在备考过程中应注意全面把握出题的角度。

1Z201040 建设工程项目策划

考点 1：项目策划的基本概念 ★★

项目策划的基本概念	1. 项目策划是针对项目的决策和实施，或决策和实施中的某个问题
	2. 项目策划是进行组织、管理、经济和技术等方面的科学分析和论证【注意：它不是一个文件】
	3. 项目策划的目的：旨在为项目建设的决策和实施增值
	4. 其实质是知识管理的过程；是一个开放性的工作过程

■ 经典题目

1.【2014-69】关于建设工程项目策划的说法，正确的是（　）。
A. 工程项目策划只针对建设工程项目的决策和实施
B. 旨在为项目建设的决策和实施增值

C. 工程项目策划是一个封闭性的工作过程
D. 其实质就是知识组合的过程

2.【2004-13】建设工程项目策划的最终目的是为了（ ）。
A. 分析和论证项目的投资目标
B. 选择项目的融资方式
C. 使项目建设的决策和实施增值
D. 确定项目管理的组织形式

大立名师说

考点 2：决策阶段策划和实施阶段策划的对比 ★★★

	决策阶段策划	实施阶段策划
主要任务	定义项目开发或建设的任务和意义【做什么？】	确定如何组织项目的开发或建设【怎么做？】
基本内容	①项目环境和条件的调查与分析 ②项目定义和项目目标论证 ③组织策划 ④管理策划 ⑤合同策划 ⑥经济策划 ⑦技术策划	①项目实施的环境和条件的调查与分析 ②项目目标的分析和再论证【P39】 【三大目标、两大规划、功能分解、面积分配】 ③项目实施的组织策划 ④项目实施的管理策划 ⑤项目实施的合同策划 ⑥项目实施的经济策划 ⑦项目实施的技术策划 ⑧项目实施的风险策划
关键词	“决策期”；“实施期…总体方案”；“运营期…总体方案”	采用“排除法”

经典题目

1.【2015-3】下列工程项目策划工作中，属于建设工程项目实施阶段管理策划的是（ ）。
A. 确定项目实施期管理总体方案
B. 确定生产运营期设施管理总体方案
C. 确定项目风险管理与工程保险方案
D. 确定生产运营期经营管理总体方案

2.【2015-52】下列工程项目策划工作中，属于项目决策阶段合同策划的是（ ）。
A. 组织方案设计竞赛
B. 确定项目设计合同结构方案
C. 拟定施工合同文本
D. 确定实施期合同结构总体方案

3.【2014-24】下列项目策划工作中，属于实施阶段管理策划的是（ ）。
A. 项目实施各阶段项目管理的工作内容策划
B. 项目实施期管理总体方案策划
C. 生产运营期设施管理总体方案策划
D. 生产运营期经营管理总体方案策划

4.【2013-4】下列建设工程项目决策阶段的工作内容中，属于组织策划的是（ ）。
A. 业主方项目管理的组织结构
B. 生产运营期经营管理总体方案
C. 编码体系的建立
D. 实施期组织总体方案

5.【2013-78】下列建设工程项目实施阶段策划的工作中，属于项目目标分析和再论证工作内容的有（　）。
A. 编制项目投资总体规划　　B. 编制项目建设总进度规划
C. 项目实施环境调查　　D. 项目功能分解
E. 建筑面积分配

6.【2012-5】关于项目实施阶段策划的说法，正确的是（　）。
A. 策划是一个封闭性的、专业性较强的工作过程
B. 项目目标的分析和再论证是其基本内容之一
C. 项目实施阶段策划的主要任务是进行项目实施的管理策划
D. 实施阶段策划的范围和深度有明确的统一规定

7.【2011-6】建设工程项目实施阶段策划的主要任务是（　）。
A. 定义项目开发或建设的任务　　B. 确定如何组织该项目的开发或建设
C. 确定建设项目的进度目标　　D. 编制项目投资总体规划

大立名师说

【2013-4】考核的是两阶段组织策划内容的区分；【2014-24】和【2015-3】考核两阶段中管理策划内容的区分；【2015-52】考核的是两阶段合同策划的内容区分。通过对这些历年真题的对比研究可以发现，随着时间的推移，建造师执业资格考试制度已日趋完善，其考核方式和考核内容都在不断的深入和细化，试题形式更加灵活多变。

需要提醒考生的是，在复习备考过程中一定要善于归纳总结，学会用关键词来概括、提炼核心知识点，删繁就简，去粗取精，这是能够事半功倍的通过考试的有力武器。对于本考点，决策阶段策划基本内容的关键词是"决策期"和"总体方案"，实施阶段策划的基本内容都不带这两个关键词，考试时运用排除法即可轻松应对。

1Z201050 建设工程项目采购的模式

考点 1：项目管理委托的模式 ★

项目管理咨询公司或咨询事务所或顾问公司	可以接受委托方的委托，提供代表委托方利益的项目管理服务
项目管理咨询公司所提供的这类服务的性质属于	工程咨询或工程顾问服务
在国际上，业主方项目管理的方式	1. 业主方自行项目管理；2. 咨询公司承担全部；3. 双方共同进行项目管理

■ 经典题目

1.【2011-48】在国际上，项目管理咨询公司所提供的代表委托方利益的项目管理服务性质属于（　）服务。
A. 工程采购　　B. 工程顾问
C. 工程监督　　D. 工程技术

2.【2010-17】可以接受业主方、施工方、供货方或建设项目总承包方的委托，提供代表委托方利益的项目管理服务的组织是（　）。
A. 项目管理咨询企业　　B. 建设单位
C. 设计单位　　D. 房地产公司

3.【2004-75】在国际上，业主方项目管理的方式有多种可能，在以下描述中，正确的是（　）。
A. 业主方自行完成其项目管理任务
B. 业主方委托项目管理咨询公司进行项目管理

C. 业主方与项目管理咨询公司共同进行项目管理任务
D. 业主方委托本工程的总承包管理公司完成其项目管理任务
E. 业主方委托本工程的项目总承包公司完成其项目管理任务

考点 2：设计任务委托的模式 ★

在国际上，对工业与民用建筑工程而言，起着主导作用的是	建筑师事务所
我国业主方选择设计方案和设计单位的方式	设计招标
设计任务委托的模式	1. 设计总承包模式；2. 平行委托模式

■ 经典题目

1.【2012-48】按照国际惯例，对工业与民用建筑工程的设计任务委托而言，下列专业设计事务所中，通常起主导作用的是（ ）。

A. 测量师事务所　B. 结构工程师事务所
C. 建筑师事务所　D. 水电工程师事务所

2.【2011-8】我国建设工程的业主方选择设计方案和设计单位的主要方式是（ ）。

A. 设计竞赛　B. 设计招标
C. 直接委托　D. 设计竞赛与设计招标结合

考点 3：项目总承包的模式 ★★★

一、项目总承包的内涵

内涵	①工程总承包企业受业主委托，对项目的勘察、设计、采购、施工、试运行等实行全过程或若干阶段的承包 ②工程总承包企业按照合同约定对工程项目的质量、工期、造价等向业主负责 ③工程总承包企业可依法将所承包工程中的部分工作发包给具有相应资质的分包企业 ④分包企业按照分包合同的约定对总承包企业负责； ⑤在国际上，民用项目总承包的招标多数采用项目功能描述的方式，而不采用项目构造描述的方式 ⑥即使采用总价包干的方式，稍大一些的项目也难以用固定总价包干，而多数采用变动总价合同 ⑦项目建设纲要或设计纲要，是项目总承包方编制项目设计建议书的依据
主要方式	1. DB【设计 - 施工总承包】 2. EPC【设计采购施工总承包】
基本出发点	①借鉴工业生产组织的经验 ②实现建设生产过程的组织集成化 ③克服由于设计与施工的分离致使投资增加 ④克服由于设计和施工的不协调而影响建设进度等弊病
主要意义	①不在于总价包干和“交钥匙” ②核心是通过设计与施工过程的组织集成，促进设计与施工的紧密结合 ③达到为项目建设增值的目的

二、项目总承包方的工作程序

阶段	工作内容
1. 项目启动	任命项目经理，组建项目部
2. 项目初始阶段	进行项目策划，编制项目计划
3. 设计阶段	编制初步设计或基础工程设计文件，进行设计审查，编制施工图设计或详细工程设计文件
4. 采购阶段	采买、催交、检验、运输、与施工办理交接手续
5. 施工阶段	施工开工前的准备，现场施工，竣工试验，移交工程资料，办理管理权移交，进行竣工决算
6. 试运行阶段	对试运行进行指导和服务
7. 合同收尾	取得合同目标考核证书，办理决算手续，清理各种债权债务，取得履约证书
8. 项目管理收尾	办理项目资料归档，进行项目总结，对项目部人员进行考核评价，解散项目部

经典题目

1.【2015-46】采用工程总承包模式的大型建设工程项目，建设周期三年，其合同计价方式一般采用（　）。

A. 固定总价合同　　B. 单价合同
C. 成本加酬金合同　　D. 变动总价合同

2.【2014-67】建设项目工程总承包的基本出发点是借鉴工业生产组织的经验，实现建设生产过程的（　）。

A. 管理现代化　　B. 施工机械化
C. 生产高效化　　D. 组织集成化

3.【2012-37】根据《建设项目工程总承包管理规范》（GB/T 50358—2005），工程总承包单位可以受业主委托，按合同约定对工程建设项目的（　）等实行全过程或若干阶段的承包。

A. 决策、设计、施工
B. 勘察、设计、施工、采购、试运行
C. 决策、设计、施工、采购
D. 设计、施工、采购、试运行、运行管理

4.【2011-7】在国际上，民用建筑项目工程总承包的招标多数采用（　）描述的方式。

A. 项目构造　　B. 项目功能
C. 项目结构　　D. 项目价值

5.【2010-91】根据《建设项目工程总承包管理规范》（GB/T 50358—2005），在项目管理收尾阶段，建设工程总承包方的工作内容有（　）。

A. 办理管理权移交　　B. 办理项目资料归档
C. 进行竣工决算　　D. 对项目人员进行考核评价
E. 解散项目部

6.【2009-83】关于建设项目工程总承包的说法，正确的有（　）。

A. 工程总承包企业应向项目业主负责
B. 总承包企业可依法将所承包工程中的部分工作发包给具有相应资质的分包企业
C. 总承包企业可按照合同约定对项目勘察、设计、采购、施工、试运转等实行全过程或若干阶段的承包
D. 工程分包企业应向总承包企业和业主负责
E. 建设项目工程总承包的主要意义在于总价包干和“交钥匙”

7.【2006-5】某工程采用建设工程项目总承包模式，业主依据总承包合同约定，委托一家装饰装修单位分包该工程项目的装饰装修任务，则该装饰装修单位应对（　）负责。

A. 业主　　B. 项目总承包单位
C. 工程监理单位　　D. 质量监督机构

8.【2006-75】建设工程项目总承包方式的核心是（　）。

A. 实行总价包干
B. 业主可得到“交钥匙工程”
C. 实现设计单位和施工单位的相互融合
D. 实现设计与施工过程的组织集成
E. 为项目建设增值

大立名师说

相近知识点归纳
- 工程总承包项目管理的主要内容　【P15】
- 项目总承包方的工作程序　【P43】

考点 4：施工任务委托的模式 ★★★

一、施工任务委托的模式

<table>
<tr><td rowspan="3">施工任务委托的模式</td><td colspan="2">1. 施工总承包模式</td></tr>
<tr><td>2. 施工总承包管理模式</td><td rowspan="2">施工总承包管理模式是从施工平行委托模式衍生出来的，二者唯一区别在组织与协调方面</td></tr>
<tr><td>3. 平行委托模式</td></tr>
</table>

二、施工总承包模式和施工总承包管理模式的对比

<table>
<tr><td></td><td colspan="3">施工总承包模式【总包】</td><td colspan="3">施工总承包管理模式【总管】</td></tr>
<tr><td>要点</td><td colspan="3">完整施工图设计全部结束后才进行招标【完整】
业主只需一次招标，只签订一个合同【一个】</td><td colspan="3">部分施工图完成后即可招标【部分】
业主需多次招标，签订多个合同【多个】</td></tr>
<tr><td>工作内容</td><td colspan="3">又管理，又施工</td><td colspan="3">只管理，不施工；要施工，须投标</td></tr>
<tr><td>投资控制</td><td colspan="3">①以施工图设计为投标报价基础，投标报价较有依据
②开工前就有较明确的合同价，有利于业主总投资控制
③若在施工过程中发生设计变更，可能会引发索赔</td><td colspan="3">①分包合同的投标报价和合同价以施工图为依据
②招标时只确定总承包管理费，而不确定工程总造价，这可能成为业主控制总投资的风险
③业主方与分包人直接签约，增加业主方的风险</td></tr>
<tr><td>进度控制</td><td colspan="3">建设周期长，这是该模式的最大缺点【总包长】</td><td colspan="3">有利于提前开工，缩短建设周期【总管短】</td></tr>
<tr><td>质量控制</td><td colspan="3">项目质量的好坏在很大程度上取决于总包单位的水平</td><td colspan="3">符合“他人控制”原则，对质量控制有利
对分包人的质量控制由总管单位进行</td></tr>
<tr><td>合同管理</td><td colspan="3">业主工作量小【业主只签订一个合同】</td><td colspan="3">业主工作量大【业主需签订多个合同】</td></tr>
<tr><td>组织与协调</td><td colspan="3">业主工作量小</td><td colspan="3">业主工作量小，这是采用该模式的基本出发点</td></tr>
<tr><td>合同关系</td><td colspan="3">①总包和分包签合同
②总包选择分包单位，业主认可
③总包付款</td><td colspan="3">①业主和分包签合同
②业主选择分包，总管认可
③业主付款
} 一般情况</td></tr>
<tr><td>相同点</td><td colspan="6">①总包和总管对分包单位的管理和服务相同；②总包和总管对项目目标控制承担的责任相同</td></tr>
<tr><td>不同点</td><td colspan="6">①工作开展程序不同；②合同关系不同；③分包单位的选择和认可不同；
④对分包单位的付款不同；⑤合同价格不同</td></tr>
<tr><td>总管模式与总包模式相比在合同价方面的优点</td><td colspan="6">①整个项目的合同总额的确定较有依据
②对业主方节约投资有利
③分包合同价对业主是透明的</td></tr>
</table>

■ 经典题目

1.【2015-66】关于建设工程项目施工总承包管理模式的说法，正确的是（　）。
  A. 施工总承包管理单位应参与全部具体工程的施工
  B. 业主进行施工总承包管理单位招标时，应先确定工程总造价
  C. 施工总承包管理单位负责所有分包合同的招标投标工作
  D. 业主不需要等待施工图设计完成后再进行施工总承包管理单位的招标

2.【2015-89】在施工总承包管理模式下，对分包单位管理的特点有（　）。
  A. 一般情况下，分包合同由施工总承包管理单位与分包单位签订
  B. 分包工程款可以通过施工总承包管理单位支付，也可由业主直接支付
  C. 分包合同价对业主是透明的，有利于业主方控制投资
  D. 施工总承包管理单位有责任对分包人的质量和进度进行控制
  E. 施工总承包管理单位有义务免费向分包人提供脚手架等设施

3.【2014-34】关于施工总承包模式与施工总承包管理模式相同之处的说法，正确的是（　）。
  A. 与分包单位的合同关系相同
  B. 对分包单位的付款方式相同
  C. 业主对分包单位的选择和认可权限相同
  D. 对分包单位的管理责任和服务相同

4.【2014-87】施工总承包管理模式与施工总承包模式相比，其优点有（　）。
A. 整个项目合同总额的确定较有依据　B. 投标人的报价较有依据
C. 可以为分包单位提供更好的管理和服务　D. 有利于业主节约投资
E. 可以缩短建设周期
5.【2013-6】采用施工总承包管理模式时，对各分包单位的质量控制由（　）进行。
A. 施工总承包单位　B. 施工总承包管理单位
C. 业主方　D. 监理方
6.【2013-96】关于施工总承包管理模式特点的说法，正确的有（　）。
A. 在开工前有较明确的合同价，有利于业主的总投资控制
B. 业主方的招标及合同管理工作量较大
C. 多数情况下，由业主方与分包人直接签约，这样有可能减少业主方的风险
D. 分包工程任务符合质量控制的“他人控制”原则，对质量控制有利
E. 各分包之间的关系可由施工总承包管理单位负责协调，这样可减轻业主方管理的工作量
7.【2012-60】关于施工总承包和施工总承包管理的说法，正确的是（　）。
A. 施工总承包招标和施工总承包管理招标均可以不依赖完整的施工图
B. 施工总承包管理模式下，分包合同价对业主是透明的
C. 业主在施工总承包和施工总承包管理模式下，对分包单位的选择和认可权限是相同的
D. 施工总承包管理单位负责施工现场的总体管理和协调，对项目目标控制不承担责任
8.【2011-88】关于项目施工总承包模式特点的说法，正确的有（　）。
A. 项目质量好坏在很大程度上取决于总承包单位的管理水平和技术水平
B. 开工日期不可能太早，建设周期会较长
C. 不利于投资控制
D. 与平行发包模式相比，组织协调工作量大
E. 业主选择承包方范围小

考点 5：物资采购的模式 ★

物资采购的模式	1. 业主方自行采购；2. 与承包商约定某些物资为指定供货商；3. 承包商采购等
《建筑法》的规定	按照合同约定，建筑材料、建筑构配件和设备由工程承包单位采购的，发包单位不得指定承包单位购入用于工程的建筑材料、建筑构配件和设备或者指定生产厂、供应商
采购管理的程序	①明确采购的要求、分工及责任；②进行采购策划，编制采购计划；③进行市场调查，建立名录；④实施评审工作，确定供应或服务单位；⑤签订采购合同⑥运输，验证，移交采购产品或服务；⑦处置不合格产品或不符合要求的服务；⑧采购资料归档

■ 经典题目

1.【2014-10】根据物资采购管理程序，物资采购首先应（　）。
A. 进行采购策划，编制采购计划
B. 明确采购产品或服务的基本要求
C. 进行市场调查，选择合格的产品供应单位
D. 采用招标或协商等方式确定供应单位
2.【2013-73】国际上业主方工程建设物资采购的模式主要有（　）。
A. 业主自行采购　B. 与承包商约定某些物资的指定供应商
C. 承包商采购　D. 业主规定价格、由承包商采购
E. 承包商询价、由业主采购
3.【2009-1】根据我国《建筑法》，合同约定由工程承包单位采购的工程建设物资，建设单位可以（　）。

A. 指定生产厂　　B. 指定供应商
C. 提出质量要求　　D. 指定具体品牌

大立名师说

<table>
<tr><td rowspan="10">建设工程项目采购的模式</td><td rowspan="8">设计—施工分离模式</td><td rowspan="2">设计</td><td>设计总承包模式</td></tr>
<tr><td>设计平行委托模式</td></tr>
<tr><td rowspan="3">施工</td><td>施工总承包模式</td></tr>
<tr><td>施工总承包管理模式</td></tr>
<tr><td>施工平行委托模式</td></tr>
<tr><td rowspan="3">物资</td><td>业主采购模式</td></tr>
<tr><td>约定指定供货商模式</td></tr>
<tr><td>承包商采购模式</td></tr>
<tr><td rowspan="2">项目总承包模式
【设计施工一体化模式】</td><td>DB</td><td>设计—施工总承包模式</td></tr>
<tr><td>EPC</td><td>设计—采购—施工总承包模式</td></tr>
</table>

1Z201060 建设工程项目管理规划的内容和编制方法

考点 1：项目管理规划的基本概念 ★★

<table>
<tr><td rowspan="7">项目管理规划的基本概念</td><td>1. 是指导项目管理工作的纲领性文件</td></tr>
<tr><td>2. 涉及项目整个实施阶段，它属于业主方项目管理的范畴【项目管理←→实施阶段】</td></tr>
<tr><td>3. 如果采用工程总承包的模式，业主方也可以委托工程总承包方编制项目管理规划</td></tr>
<tr><td>4. 项目的参与各方也需要编制各自的项目管理规划</td></tr>
<tr><td>5. 分类：项目管理规划大纲和项目管理实施规划</td></tr>
<tr><td>6. 内容涉及的范围和深度，在理论上和工程实践中并没有统一的规定，应视项目的特点而定</td></tr>
<tr><td>7. 项目管理规划必须随着情况的变化而进行动态调整</td></tr>
</table>

经典题目

1.【2015-53】根据《建设工程项目管理规范》(GB/T 50326—2006)，项目管理规划包括(　)。
A. 项目管理规划原则和内容
B. 项目管理规划大纲和配套措施
C. 项目管理规划大纲和实施大纲
D. 项目管理规划大纲和实施规划

2.【2012-82】关于建设工程项目管理规划的说法，正确的有(　)。
A. 建设工程项目管理规划仅涉及项目的施工阶段和保修期
B. 建设工程项目管理规划完成以后不需要调整
C. 除业主方以外，建设项目的其他参与单位也需要编制项目管理规划
D. 如果采用工程总承包模式，业主方可以委托工程总承包方编制建设工程项目管理规划
E. 建设工程项目管理规划内容涉及的范围和深度，应视项目的特点而定

3.【2007-6】建设工程项目管理规划是指导项目管理工作的(　)文件。
A. 操作性　　B. 实施性
C. 纲领性　　D. 作业性

4.【2004-76】对采用建设项目总承包模式的某建设工程项目，其项目管理规划可由(　)编制。

A. 业主方　　B. 业主方的项目管理单位

C. 设计方　　D. 施工监理方

E. 项目总承包方

考点2：项目管理规划大纲与项目管理实施规划的对比 ★★

	项目管理规划大纲	项目管理实施规划
内容	“规划”	“计划”、方案、图、措施、指标
编制者	组织的管理层或组织委托的项目管理单位	项目经理
编制依据	①可行性研究报告 ②设计文件、标准、规范与有关规定 ③招标文件及有关合同文件 ④相关市场信息与环境信息	①项目管理规划大纲 ②项目条件和环境分析资料 ③工程合同及相关文件 ④同类项目的相关资料
编制程序	①明确项目目标 ②分析项目环境和条件 ③收集项目的有关资料和信息 ④确定项目管理组织模式、结构和职责 ⑤明确项目管理内容 ⑥编制项目目标计划和资源计划 ⑦汇总整理、报送审批	①了解项目相关各方的要求 ②分析项目条件和环境 ③熟悉相关法规和文件 ④组织编制 ⑤履行报批手续

■ 经典题目

1.【2014-27】项目管理实施规划的编制过程包括：①熟悉相关法规和文件；②分析项目条件和环境；③履行报批手续；④组织编制。根据《建设工程项目管理规范》(GB/T 50326—2006)，正确的编制程序是(　)。

A. ①-②-③-④　　B. ②-①-④-③

C. ①-②-④-③　　D. ②-①-③-④

2.【2013-91】根据《建设工程项目管理规范》(GB/T 50326—2006)，项目管理规划大纲的编制依据包括(　)。

A. 项目可行性研究报告　　B. 相关市场和环境信息

C. 设计文件、标准、规范　　D. 项目建议书

E. 招标文件及有关合同文件

3.【2012-67】根据《建设工程项目管理规范》(GB/T 50326—2006)，项目管理实施规划应由(　)组织编制。

A. 项目技术负责人　　B. 项目经理

C. 企业生产经营负责人　　D. 企业技术负责人

4.【2010-54】根据《建设工程项目管理规范》(GB/T 50326—2006)，项目管理实施规划应包括(　)。

A. 职业健康安全和环境管理计划　　B. 项目采购与资源管理规划

C. 项目招标和发包工作程序　　D. 项目管理目标规划

1Z201070 施工组织设计的内容和编制方法

考点 1：施工组织设计的内容及分类 ★★★

一、施工组织设计的基本内容

基本内容	1. 工程概况	
	2. 施工部署及施工方案	全面部署施工任务、合理安排施工顺序、确定主要工程的施工方案；选择最佳方案
	3. 施工进度计划	反映了最佳施工方案在时间上的安排；使工期，成本，资源等达到优化配置
	4. 施工平面图	是施工方案及施工进度计划在空间上的全面安排；使整个现场能有组织的进行文明施工
	5. 主要技术经济指标	用以衡量组织施工的水平；是对施工组织设计文件的技术经济效益的全面评价

二、施工组织设计的分类

	施工组织总设计	单位工程施工组织设计	施工方案
编制对象	若干单位工程组成的群体工程或特大型项目	单位（子单位）工程	分部（分项）工程或专项工程
主要内容	1. 工程概况		
	2. 总体施工部署	2. 施工部署	2. 施工安排
	3. 施工总进度计划	3. 施工进度计划	
	4. 总体施工准备与主要资源配置计划	4. 施工准备与资源配置计划	
	5. 主要施工方法	5. 主要施工方案	5. 施工方法及工艺要求
	6. 施工总平面布置	6. 施工现场平面布置	

■ 经典题目

1.【2015-62】下列施工组织设计的内容中，属于施工部署及施工方案的是（　）。

A. 施工资源的需求计划　　B. 施工资源的优化配置

C. 投入材料的堆场设计　　D. 施工机械的分析选择

2.【2015-98】关于施工组织设计中施工平面图的说法，正确的有（　）。

A. 反映了最佳施工方案在时间上的安排

B. 反映了施工机具等资源的供应情况

C. 反映了施工方案在空间上的全面安排

D. 反映了施工进度计划在空间上的全面安排

E. 使整个现场能有组织地进行文明施工

3.【2014-78】根据《建筑施工组织设计规范》（GB/T 50502—2009），以分部（分项）工程或专项工程为主要对象编制的施工方案，其主要内容包括（　）。

A. 工程概况　　B. 施工部署

C. 施工方法和工艺要求　　D. 施工准备与资源配置计划

E. 施工现场平面布置

4.【2013-43】工程项目施工组织设计中，一般将施工顺序的安排写入（　）。

A. 施工进度计划　　B. 施工总平面图

C. 施工部署和施工方案　　D. 工程概况

5.【2013-81】单位工程施工组织设计和施工方案均应包括的内容有（　）。

A. 施工安全管理计划　　B. 工程概况

C. 施工特点分析　　D. 施工准备与资源配置计划

E. 主要技术经济指标

6.【2012-24】某施工企业承接了某住宅小区中10# 楼的土建施工任务，项目经理部针对该10# 楼编制的施工组织设计属于（ ）。

A. 施工组织总设计　　B. 单项工程施工组织设计

C. 单位工程施工组织设计　　D. 分部工程施工组织设计

7.【模拟题1】下列施工组织设计的基本内容中，可以反映现场文明施工组织的是（ ）。

A. 工程概况　　B. 施工部署

C. 施工平面图　　D. 技术经济指标

考点2：施工组织设计的编制和审批 ★★

一、施工组织设计的编制和审批

施工组织设计的类型	编制者	审批者
施工组织总设计	项目负责人	总承包单位技术负责人
单位工程施工组织设计		施工单位技术负责人
一般的施工方案		项目技术负责人
重点、难点分部（分项）工程和专项工程施工方案		施工单位技术负责人
由专业承包单位施工的分部（分项）工程或专项工程的施工方案		专业承包单位技术负责人

二、施工方案的分类

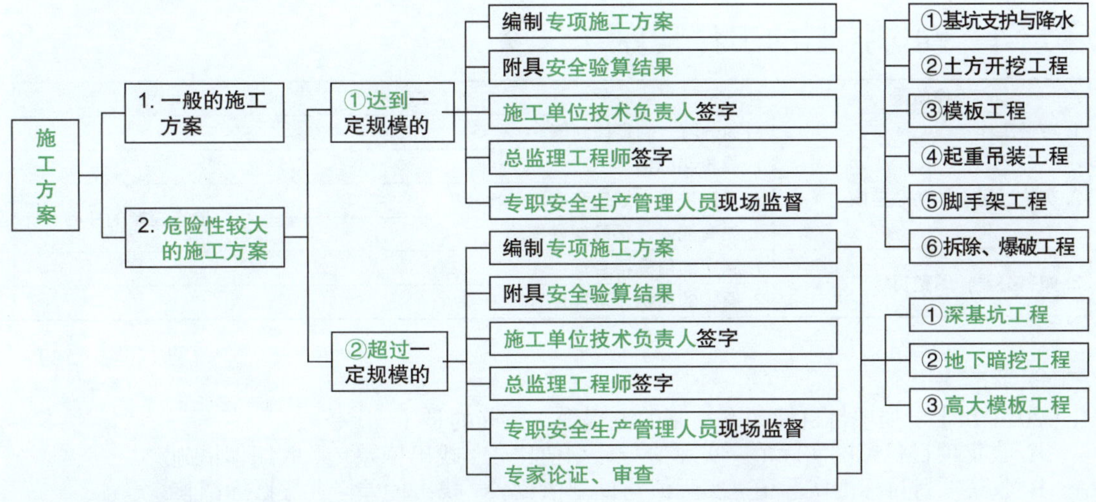

■ 经典题目

【2014-29】根据《建筑施工组织设计规范》（GB/T 50502—2009），施工组织设计应由（ ）主持编制。

A. 施工单位技术负责人　　B. 单位负责人

C. 项目技术负责人　　D. 项目负责人

大立名师说

相近知识点归纳

1. 施工组织设计的编制和审批 【P55】

2. 专项施工方案专家论证制度 【P231】

考点 3：施工组织设计的动态调整 ★

<table>
<tr><td>1. 进行修改或补充的情形</td><td>①工程设计有重大修改；②有关法律、法规、规范和标准实施、修订和废止；③主要施工方法有重大调整；④主要施工资源配置有重大调整；⑤施工环境有重大改变</td></tr>
<tr><td colspan="2">2. 经修改或补充的施工组织设计应重新审批后实施</td></tr>
<tr><td colspan="2">3. 项目施工前，施工组织设计应逐级交底</td></tr>
<tr><td colspan="2">4. 项目施工过程中，应对施工组织设计的执行情况进行检查、分析并适时调整</td></tr>
</table>

经典题目

【模拟题】施工过程中，发生下列（　）情况之一时，施工组织设计应及时进行修改或补充。

A. 工程设计有修改　　B. 有关法律、法规实施

C. 施工方法有调整　　D. 主要施工资配置有调整

E. 施工环境有重大改变

大立名师说

“施工组织设计的动态管理”这一考点，是项目管理科目第四版教材新增的知识点。在建筑实务科目的考试中曾经以简答题的形式出现过，但尚未在项目管理科目中考核过。

1Z201080 建设工程项目目标的动态控制

考点 1：动态控制的工作程序 ★★★

<table>
<tr><th>工作阶段</th><th colspan="2">工作步骤</th></tr>
<tr><td>1. 准备工作</td><td colspan="2">目标分解，确定计划值</td></tr>
<tr><td rowspan="3">2. 实施过程中的动态控制</td><td colspan="2">1. 收集实际值</td></tr>
<tr><td>2. 定期进行计划值和实际值比较</td><td rowspan="2">动态控制的核心</td></tr>
<tr><td>3. 如有偏差，采取纠偏措施</td></tr>
<tr><td rowspan="2">3. 如有必要，调整目标</td><td colspan="2">1. 原定的目标不合理</td></tr>
<tr><td colspan="2">2. 原定的目标无法实现</td></tr>
</table>

经典题目

1.【2014-14】下列项目目标动态控制的流程中，正确的是（　）。

A. 收集项目目标的实际值 - 实际值与计划值比较 - 找出偏差 - 采取纠偏措施

B. 收集项目目标的实际值 - 实际值与计划值比较 - 找出偏差 - 进行目标调整

C. 收集项目目标的实际值 - 实际值与计划值比较 - 采取控制措施 - 进行目标调整

D. 实际值与计划值比较 - 找出偏差 - 采取控制措施 - 收集项目目标的实际值

2.【2013-57】根据项目目标动态控制的工作程序，第一步工作是（　）。

A. 进行项目目标分解　　B. 收集项目目标的实际值

C. 进行目标的计划值与实际值比较　　D. 确定各种资源投入量

3.【模拟题】某建设工程项目经理部根据目标动态控制原理，将项目目标进行了分解。那么在项目目标实施过程中，首先应进行的工作是（　）。

A. 确定目标控制的计划值　　B. 定期比较目标计划值与实际值

C. 分析比较结果，采取纠偏措施　　D. 收集目标的实际值

大立名师说

重要基础理论	内容	说明	页码
	1. 动态控制理论	是项目管理最基本的方法论	【P57】
	2. 组织论	与项目管理学密切相关的非常重要的基础理论学科	【P1】

考点 2：动态控制的纠偏措施 ★★★

类型	具体措施
组织措施	与人有关、与组织论有关【组织结构、任务分工、管理职能分工、工作流程组织】
管理措施【包括合同措施】	管理的方法和手段、改变施工管理和强化合同管理
经济措施	资金
技术措施	设计技术和施工技术【调整设计、改进施工方法和改变施工机具】

■ 经典题目

1.【2015-45】某工程施工检查发现外墙面砖质量不合格，经调查发现是供应商的供货质量问题，项目部决定更换供应商，该措施属于项目目标控制的（　）。

A. 管理措施　　B. 组织措施

C. 经济措施　　D. 技术措施

2.【2014-92】下列项目目标动态控制的纠偏措施中，属于技术措施的有（　）。

A. 调整工作流程组织　　B. 调整进度管理的方法和手段

C. 改变施工机具　　D. 改变施工方法

E. 调整项目管理职能分工

3.【2013-27】某项目专业性强且技术复杂，开工后，由于专业原因该项目的项目经理不能胜任该项目，为了保证项目目标的实现，企业更换了项目经理。企业的此项行为属于项目目标动态控制的（　）。

A. 管理措施　　B. 经济措施

C. 技术措施　　D. 组织措施

4.【2009-69】在某大型工程项目的施工过程中，由于“下情不能上传，上情不能下达”，导致项目经理不能及时作出正确决策，拖延了工期，为了加快施工进度，项目经理修正了信息传递工作流程。这种纠偏措施属于动态控制的（　）。

A. 技术措施　　B. 管理措施

C. 经济措施　　D. 组织措施

考点 3：动态控制与主动控制 ★

目标控制	特点	核心
动态控制	过程控制	比较并纠偏
主动控制	事前控制	事前分析可能导致项目目标偏离的各种影响因素，采取有效的预防措施

■ 经典题目

1.【2007-7】建设工程项目目标动态控制的核心是（　）。

A. 合理确定计划值　　B. 认真收集实际值

C. 适当调整工程项目目标　　D. 比较分析，采取纠偏措施

2.【模拟题】项目实施的过程中，属于事前控制内容的有（　）。

A. 分析可能导致项目目标偏离的各种影响因素

B. 定期进行目标计划值和实际值的比较
C. 针对可能导致目标偏离的影响因素采取预防措施
D. 发现目标偏离时采取纠偏措施
E. 分析目标偏离产生的原因和影响

考点 4：动态控制的应用 ★★

<table>
<tr><th></th><th>主要特点</th><th>控制步骤</th></tr>
<tr><td>进度控制</td><td>1. 控制周期为一个月，重要项目为一旬或一周
2. 应是定量的数据比较
3. 比较的成果是进度跟踪和控制报告</td><td rowspan="3">1. 目标的逐层分解
2. 收集实际值
3. 定期进行计划值和实际值比较
4. 如有偏差采取纠偏措施
5. 如有必要，调整目标</td></tr>
<tr><td>投资控制</td><td>1. 控制周期为一个月
2. 区分投资的计划值和实际值的比较
2. 区分设计过程和施工过程中投资的计划值和实际值的比较</td></tr>
<tr><td>投资控制中计划值与实际值的比较</td><td>1. 不同阶段的投资：①投资规划②概算③预算④合同价⑤工程款支付⑥决算
2. 投资的计划值和实际值是相对而言的
3. 牢记先后顺序：排在前面的是后面的计划值，排在后面的是排在前面的实际值
4. ①和②，②和③是在设计过程中投资的计划值和实际值的比较
5. ④⑤⑥中只要出现任意一项，就是在施工过程中投资的计划值和实际值的比较
即：④和前其两项的比较，⑤和其前三项的比较，⑥和⑤的前三项比较</td></tr>
</table>

■ 经典题目

1.【2012-35】应用动态控制原理控制项目投资时，若将工程合同价作为投资的实际值，则可作投资计划值的是（　）。
A. 工程概算和工程款支付值　　B. 工程概算和工作决算
C. 工程决算和工程款支付值　　D. 工程概算和工程预算

2.【2010-96】运用动态控制原理控制建设工程项目投资，可以采取的纠偏措施有（　）。
A. 调整投资控制的方法和手段　　B. 应用价值工程的方法
C. 制定节约投资的奖励措施　　D. 优化施工方法
E. 调整施工进度计划

3.【2007-75】建设工程项目施工过程中，投资的计划值和实际值的比较包括（　）的比较。
A. 工程概算与投资规划　　B. 工程预算与工程概算
C. 工程合同价与工程概算　　D. 工程款支付与工程概算
E. 工程决算与工程概算

1Z201090 施工企业项目经理的工作性质、任务和责任

考点 1：项目经理的工作性质 ★★★

一、项目经理的工作性质

	国内	国际
项目经理的工作性质	指受企业法定代表人委托，对工程项目施工过程全面负责的项目管理者，是建筑施工企业法定代表人在工程项目上的代表人； 项目经理是一个工作岗位；建造师是一种专业人士；建造师是否担任项目经理，由建筑企业自主决定	不一定是一个企业法定代表人在工程项目上的代表人【在国内，是“代表代”，在国际，不是“代表代”】 项目经理不是一个技术岗位；而是一个管理岗位
《施工合同（示范文本）》中的相关条款	1. 项目经理应为合同当事人所确认的人选，并在专用合同条款中明确项目经理的相关事项 2. 项目经理应是承包人正式聘用的员工，承包人应向发包人提交①劳动合同；②缴纳社会保险的有效证明 3. 项目经理应常驻施工现场，且每月在施工现场时间不得少于专用合同条款约定的天数 4. 项目经理不得同时担任其他项目的项目经理 5. 项目经理确需离开施工现场时，应事先通知监理人，并取得发包人的书面同意 6. 承包人需要更换项目经理的，应提前 14 天书面通知发包人和监理人，并征得发包人书面同意 7. 发包人要换项目经理的，承包人接到更换通知后 14 天内提出书面的改进报告；应在接到第二次更换通知的 28 天内进行更换 8. 项目经理因特殊情况授权下属履行某项职责的，应提前 7 天书面通知监理人，并征得发包人书面同意	

■ 经典题目

1.【2015-54】根据《建设工程施工合同（示范文本）》（GF-2013-0201），承包人应在首次收到发包人要求更换项目经理的书面通知后（　）天内向发包人提出书面改进报告。

A. 28　　B. 21
C. 14　　D. 7

2.【2012-19】根据《国务院关于取消第二批行政审批项目和改变一批行政审批项目管理方式的规定》（国发 [2003]5 号），取得建造师注册证书的人员是否担任工程项目施工的项目经理，由（　）决定。

A. 建设行政主管部门　　B. 项目业主
C. 建筑施工企业　　D. 项目监理单位

3.【2012-25】关于建造师和项目经理的说法，正确的是（　）。

A. 大中型工程项目的项目经理必须由取得建造师注册证书的人员担任
B. 取得建造师注册证书的人员均可成为施工项目经理
C. 建造师是管理岗位，项目经理是技术岗位
D. 取得建造师注册证书的人员只能担任施工项目经理

4.【2009-44】建筑施工企业项目经理是受企业（　）委托对工程项目施工过程全面负责的项目管理者。

A. 董事会　　B. 总工程师
C. 法定代表人　　D. 股东代表大会

考点 2：项目经理的职责和权限 ★★★

一、项目经理的职责和权限

	职责	权限
在承担工程项目施工管理过程中的规定	①贯彻执行国家、政府的法律法规和政策，执行企业的各项管理制度 ②严格财务制度，加强财经管理 ③执行项目承包合同中的各项条款 ④对工程项目施工进行有效控制，确保工程质量和工期 ⑤实现安全、文明生产，努力提高经济效益	①组织项目管理班子 ②以企业法定代表人的代表身份处理与所承担的工程项目有关的外部关系，受托签署有关合同 ③指挥工程项目建设的生产经营活动，调配并管理进入工程项目的生产要素 ④选择施工作业队伍 ⑤进行合理的经济分配
《建设工程项目管理规范》中的规定	①项目管理目标责任书规定的职责 ②主持编制项目管理实施规划，并对项目目标进行系统管理 ③对资源进行动态管理 ④建立各种专业管理体系，并组织实施 ⑤进行授权范围内的利益分配 ⑥收集工程资料，准备结算资料，参与工程竣工验收 ⑦接受审计，处理项目经理部解体的善后工作 ⑧协助组织进行项目的检查、鉴定和评奖申报工作	①参与项目招标、投标和合同签订 ②参与组建项目经理部 ③参与选择并使用具有相应资质的分包人 ④参与选择物资供应单位 ⑤决定授权范围内的项目资金的投入和使用 ⑥在授权范围内协调与项目有关的内、外部关系 ⑦主持项目经理部工作 ⑧制定内部计酬办法 【四个参与、两个授权范围、一个主持、一个制定】

二、项目管理目标责任书

编制者	应在项目实施之前，由项目经理与法定代表人或其授权人协商制定
编制依据	项目合同文件；项目管理规划大纲；组织的管理制度；组织的经营方针和目标

三、项目经理的相关责任

管理责任	项目经理在工程施工中处于中心地位，对工程项目施工负有全面管理的责任
处罚责任	项目经理由于主观原因、或工作失误有可能承担法律责任和经济责任 政府主管部门将追究的主要是法律责任，企业将追究的主要是经济责任 如果由于项目经理的违法行为而导致企业的损失，企业也有可能追究其法律责任

■ 经典题目

1.【2014-95】根据《建设工程项目管理规范》（GB/T 50326—2006），项目经理的职责有（ ）。
A. 主持编制项目管理实施规划　　B. 对资源进行动态管理
C. 进行授权范围内的利益分配　　D. 主持项目经理部工作
E. 在授权范围内协调与项目有关的内外部关系

2.【2013-29】根据《建设工程项目管理规范》（GB/T 50326—2006），项目管理目标责任书应在项目实施之前，由（ ）制定。
A. 项目技术负责人　　B. 法定代表人
C. 项目经理与项目承包人协商　　D. 法定代表人与项目经理协商

3.【2013-80】项目经理在承担项目施工管理过程中，需履行的职责有（ ）。
A. 贯彻执行国家和工程所在地政府的有关法律、法规和政策
B. 确定项目部和企业之间的利益分配
C. 对工程项目施工进行有效控制
D. 严格财务制度，加强财务管理
E. 确保工程质量和工期，实现安全、文明生产

4.【2012-89】根据《建设工程项目管理规范》（GB/T 50326—2006），项目经理的权限有（ ）。
A. 签订工程施工承包合同　　B. 进行授权范围内的利益分配

C. 参与组建项目经理部　　　　　　D. 参与选择物资供应单位
E. 参与工程竣工验收

5.【2011-59】施工项目经理在承担工程项目施工的管理过程中，是以（　）身份处理与所承担的工程项目有关的外部关系。
A. 施工企业决策者　　　　　　B. 施工企业法定代表人
C. 施工企业法定代表人的代表　　　　D. 建设单位项目管理者

6.【2010-57】某项目经理在一栋高层建筑的施工中，由于工作失误，致使施工人员伤亡造成施工项目重大经济损失，施工企业对该项目经理的处理方式是（　）。
A. 追究社会责任　　　　　　B. 吊销其建造师资格证书
C. 追究经济责任　　　　　　D. 追究法律责任

7.【2009-27】建筑施工企业项目经理在承担工程项目施工管理工作中，行使的管理权力有（　）。
A. 调配并管理进入工程项目的各种生产要素
B. 负责组建项目经理部
C. 执行项目承包合同约定的应由项目经理负责履行的各项条款
D. 负责选择并使用具有相应资质的分包人

8.【2004-8】在建设工程项目施工中处于中心地位，对建设工程项目施工负责有全面管理责任的是（　）。
A. 项目总监理工程师　　　　　　B. 派驻施工现场的业主代表
C. 施工企业项目经理　　　　　　D. 施工现场技术负责人

大立名师说

项目承包合同	由项目经理与本企业法定代表人签订 合同当事人是施工企业内部的两个人
工程承包合同	由建设施工企业与建设单位签订 合同当事人是两个单位

考点 3：沟通方法 ★★

沟通方法	1. 沟通过程的五要素	①主体；②客体；③介体；④环境；⑤渠道
	2. 沟通能力	表达能力、争辩能力、倾听能力和设计能力（形象、动作、环境）
	3. 沟通的两个要素	思维与表达
	4. 沟通的两个层面	思维的交流和语言的交流
	5. 沟通障碍的来源	①发送者的障碍；②接受者的障碍；③沟通通道的障碍
	6. 沟通障碍的形式	①组织的沟通障碍；②个人的沟通障碍

经典题目

1.【2015-44】沟通过程的五要素包括（　）。
A. 沟通主体、沟通客体、沟通介体、沟通环境和沟通渠道
B. 沟通主体、沟通客体、沟通介体、沟通内容和沟通渠道
C. 沟通主体、沟通客体、沟通介体、沟通环境和沟通方法
D. 沟通主体、沟通客体、沟通介体、沟通内容和沟通方法

2.【2015-71】关于沟通障碍的说法，正确的有（　）。
A. 从信息发送者的角度看，影响信息沟通的因素可能是信息译码不准确
B. 沟通障碍来自发送者的障碍、接受者的障碍和沟通通道的障碍
C. 沟通障碍包括组织的沟通障碍和能力的沟通障碍两种形式

D. 从信息接收者的角度看，影响信息沟通的因素可能是心理上的障碍
E. 选择沟通媒介不当是沟通通道障碍的一个方面

3.【2014-16】一般来说，沟通者的沟通能力包含（　）。
A. 表达能力、争辩能力、倾听能力和设计能力
B. 思维能力、争辩能力、倾听能力和设计能力
C. 思维能力、表达能力、把控能力和说服能力
D. 想象能力、表达能力、说法能力和设计能力

4.【2013-68】下列项目各参与方的沟通障碍中，属于组织沟通障碍的是（　）。
A. 机构组织庞大，中间层次太多构成的障碍
B. 知识、经验水平的差距导致的障碍
C. 对信息的看法不同造成的障碍
D. 下属对上级的恐惧心理而形成的障碍

考点 4：人力资源管理 ★

人力资源管理	1. 目的	调动所有项目参与人的积极性，建立有效的工作机制，以实现项目目标
	2. 控制内容	人力资源的选择；订立劳务分包合同；教育培训和考核
	3. 劳动用工管理	①建筑施工企业应当按照相关规定办理用工手续，不得使用零散工 ②施工企业与劳动者建立劳动关系，应当自用工之日起订立书面劳动合同 ③劳动合同应一式三份，双方当事人各持一份，所在工地保留一份备查 ④总包和承包企业应当加强对劳务分包企业与劳动者签订劳动合同的监督 ⑤施工企业应当将每个项目中管理、作业人员劳务档案有关情况如实填报
	4. 工资支付管理	①施工企业不得以工程款被拖欠、结算纠纷等理由克扣劳动者工资 ②施工企业应当每月对劳动者工资进行核算、签字，至少每月支付一次 ③施工企业应当将工资直接发放给劳动者本人，不得将工资发放给包工头 ④施工企业应当对劳动者出勤情况进行记录，作为发放工资的依据 ⑤施工企业因暂时生产经营困难可延期支付工资，延期最长不得超过 30 日

■ 经典题目

1.【2014-37】项目人力资源管理的目的是（　）。
A. 提高员工的业务水平
B. 建立广泛的人际关系
C. 降低项目的人力成本
D. 调动所有项目参与人员的积极性

2.【2011-50】关于建筑施工企业劳动用工的说法，错误的是（　）。
A. 建筑施工企业与劳动者应当自试用期满后，按照劳动合同法规的规定签订书面劳动合同
B. 建筑施工企业应当按相关规定办理用工手续，不得使用零散工
C. 建筑施工企业应当将每个工程项目中的施工管理、作业人员劳务档案中有关情况在当地建筑业企业信息管理系统中按规定如实填报
D. 劳动合同应一式三份，双方当事人各持一份，劳动者所在工地保留一份备查

1Z201100 建设工程项目的风险和风险管理的工作流程

考点 1：风险的内涵 ★★

一、风险的基本概念

风险的内涵	风险	指的是损失的不确定性
	风险量	反映不确定的损失程度和损失发生的概率

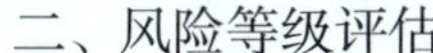

二、风险等级评估

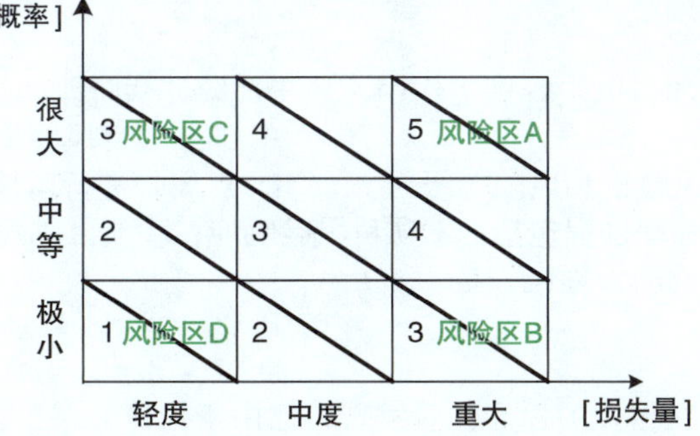

■ 经典题目

1.【2015-47】根据《建设工程项目管理规范》（GB/T 50326—2006）条文中的风险等级评估表，如果某个风险事件将对项目造成中度损失，且发生的可能性很大。则该事件的风险等级为（　）级。

A. 5　　B. 4

C. 3　　D. 2

2.【模拟题】某事件经过风险评估，位于事件风险区域图中的风险区 A，则采取适当措施降低其（　）。

A. 发生概率，使它移位至风险区 D

B. 损失量，使它移位至风险区 C

C. 发生概率，使它移位至风险区 C

D. 损失量，使它移位至风险区 B

E. 发生概率，使它移位至风险区 B

考点 2：风险的类型 ★★

组织风险	人、组织论【组织，流程，分工】
经济与管理风险	经济、资金、合同、计划、防火设施的可用性及数量
工程环境风险	自然灾害、地质、气象、引起火灾和爆炸的因素
技术风险	勘测资料、设计文件、施工方案、物资、机械

■ 经典题目

1.【2014-86】下列建设工程项目风险中，属于组织风险的有（　）。

A. 人身安全控制计划

B. 工作流程组织

C. 引起火灾和爆炸的因素

D. 任务分工和管理职能分工

E. 设计人员和监理工程师的能力

2.【2013-47】下列影响建设工程项目实施的风险因素中，属于技术风险的是（　）。

A. 工程勘察资料

B. 气象条件

C. 公用防火设施的数量

D. 人身安全控制计划

3.【2010-14】下列风险因素中，属于组织风险的是（　）。

A. 工程资金供应的条件

B. 现场防火设施的可用性

C. 施工方案

D. 业主方人员的能力

考点 3：风险管理的工作流程 ★★★

风险识别【定性】	收集风险信息、确定风险因素、编制风险识别报告	口诀：【识估响控】
风险评估【定量】	分析风险发生的概率、分析风险的损失量、确定风险量和风险等级	
风险响应	风险对策：规避、减轻、自留、转移及其组合【向保险公司投保是风险转移】	
风险控制	预测、监控、预警	

经典题目

1.【2014-18】下列工程项目风险管理工作中，属于风险评估阶段的是（　）。

A. 确定风险因素
B. 编制项目风险识别报告
C. 确定各种风险的风险量和风险等级
D. 对风险进行监控

2.【2013-30】项目风险管理过程包括：①项目风险响应；②项目风险评估；③项目风险识别；④项目风险控制，其正确的管理流程是（　）。

A. ③ - ② - ① - ④
B. ③ - ② - ④ - ①
C. ② - ③ - ④ - ①
D. ① - ③ - ② - ④

3.【2011-65】某投标人在招标工程开标后发现自己由于报价失误，比正常报价少报 18%，虽然被确定为中标人，但拒绝与业主签订施工合同，该投标人所采用的风险对策是（　）。

A. 风险规避
B. 风险减轻
C. 风险自留
D. 风险转移

4.【2009-20】下列工程项目风险管理工作中，属于风险识别阶段的工作是（　）。

A. 分析各种风险的损失量
B. 分析各种风险因素发生的概率
C. 确定风险因素
D. 对风险进行监控

大立名师说

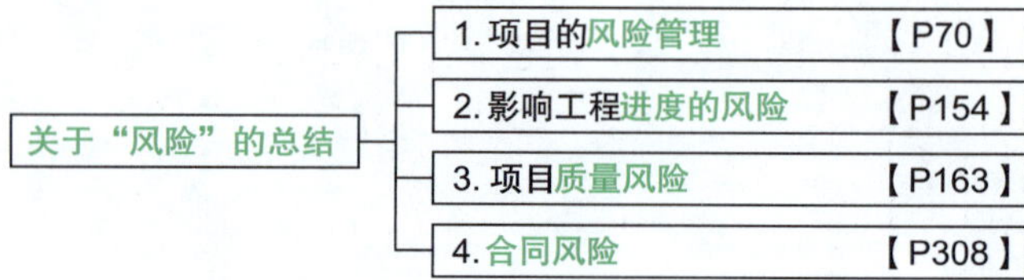

1Z201110 建设工程监理的工作性质、工作任务和工作方法

考点 1：监理的工作性质 ★★

特点	服务性	监理是一种高智能的有偿技术服务；将尽一切努力进行目标控制，但它不可能保证目标一定实现	口诀：【复读功课】
	独立性	在组织上和经济上不能依附于监理工作的对象	
	公平性	以事实为依据，以法律和合同为准绳，在维护业主的合法权益时，不损害承包商的合法权益	
	科学性	拥有专业人士——监理工程师	
性质		工程监理是一种高智能的有偿技术服务；我国的工程监理属于国际上业主方项目管理的范畴；在国际上，把这类服务归为工程咨询或工程顾问服务	

经典题目

1.【2015-13】关于工程监理单位工作性质的说法，正确的是（　）。

A. 工程监理单位接受业主的委托必须保证项目目标的实现
B. 工程监理单位在组织上不能依附于监理工作的对象
C. 工程监理单位从事监理工作的人员均应是注册监理工程师
D. 工程监理单位以独立的第三方身份处理业主和承包商的冲突

2.【2012-22】下列建设市场主体中，其工作性质属于业主方项目管理范畴的是（　）。

A. 设备供货单位　　　　B. 建设监理单位
C. 工程施工总承包单位　　　　D. 工程设计单位

3.【2009-61】当业主方和施工方发生利益冲突或矛盾时，受业主的委托进行工程建设监理活动的监理机构应该以事实为依据，以法律和合同为准绳进行处理。这体现了监理的（　）。

A. 服务性　　　　B. 公正性
C. 科学性　　　　D. 独立性

考点 2：监理的工作任务 ★★

一、《建设工程质量管理条例》的有关规定

未经监理工程师签字	建筑材料，建筑构配件和设备不得在工程上使用或安装
	施工单位不得进行下一道工序的施工
未经总监理工程师签字	建设单位不拨付工程款
	不进行竣工验收
监理的形式	旁站，巡视和平行检验

二、《建设工程安全生产管理条例》的有关规定

监理单位审查内容	安全技术措施或者专项施工方案是否符合工程建设强制性标准	
发现存在安全事故隐患的	监理单位应当要求施工单位整改	施工单位拒不整改或者不停止施工的，监理单位应当及时向有关主管部门报告
情况严重的	监理单位应当要求施工单位暂时停止施工，并及时报告建设单位	

■ 经典题目

1.【2013-75】根据《建设工程质量管理条例》，在工程项目建设监理过程中，未经监理工程师签字，（　）。

A. 建筑材料、构配件不得在工程上使用　　　　B. 建筑设备不得在工程上安装
C. 施工单位不得进行下一道工序的施工　　　　D. 建设单位不得进行竣工验收
E. 施工单位不得更换施工作业人员

大立名师说

教材 P4 中“项目实施的几个主要阶段监理工作的主要任务”这个内容在【2009-81】、【2010-83】、【2012-43】先后考核过三次，但这类知识点仍然不应作为复习备考的重点。

著名的“二八定律”也适用建造师执业资格考试，即 80% 的考题来源于教材上 20% 的重要知识点。在学习过程中，考生应遵循历年考试的出题规律，牢牢的掌握住这 20% 的高频知识点，做到烂熟于心。而对于自己难以掌握、且在考试中出现几率小的知识点，应能适当取舍。考生应当明晰，我们的目标是能够顺利的通过考试，而不是拿满分。

考点 3：监理的工作方法 ★★★

一、监理的工作方法

监理←→建设单位	实施建筑工程监理前，建设单位应当将委托的工程监理单位，监理的内容及监理权限，书面通知被监理的建设施工企业
监理←→施工单位	工程监理人员认为工程施工不符合工程设计要求，施工技术标准，和合同约定的，有权要求建筑施工企业改正
监理←→设计单位	工程监理人员发现工程设计不符合建筑工程质量标准或者合同约定的质量要求的，应当报告建设单位要求设计单位改正

二、监理规划与监理实施细则对比

	监理规划	监理实施细则
编制时间	应在签订委托监理合同及收到设计文件后开始编制，并应在召开第一次工地会议前报送业主	应在工程施工开始前编制完成
编制者	由总监理工程师主持；专业监理工程师参加编制	由各有关专业的专业工程师参与编制
审批者	监理单位技术负责人	总监理工程师
编制依据	①相关法律、法规及项目审批文件 ②与项目有关的标准、设计文件和技术资料 ③监理大纲、委托监理合同 ④项目相关的合同文件	①已批准的监理规划 ②相关专业工程的标准、设计文件和技术资料 ③施工组织设计
内容	①建设工程概况 ②监理工作范围 ③监理工作内容 ④监理工作目标 ⑤监理工作依据 ⑥项目监理机构的组织形式 ⑦项目监理机构的人员配备计划 ⑧项目监理机构的人员岗位职责 ⑨监理工作程序 ⑩监理工作方法及措施 ⑪监理工作制度 ⑫监理设施	①专业工程的特点 ②监理工作的流程 ③监理工作的控制要点及目标值 ④监理工作的方法和措施

■ 经典题目

1.【2015-74】根据《建设工程监理规范》（GB/T 50319—2013），编制工程建设监理实施细则的依据有（　）。

A. 工程建设标准　　B. 监理大纲
C. 监理委托合同　　D. 施工组织设计
E. 工程设计文件

2.【2014-43】根据《建设工程监理规范》（GB/T 50319—2013），工程建设监理实施细则应在工程施工开始前编制完成并必须经（　）批准。

A. 专业监理工程师　　B. 发包人代表
C. 总监理工程师　　D. 总监理工程师代表

3.【2011-51】工程建设监理规划编制完成后，必须经（　）审核批准。

A. 业主　　B. 总监理工程师
C. 监理单位技术负责人　　D. 专业监理工程师

4.【2011-81】根据《建筑法》，工程监理人员认为工程施工不符合（　）的，有权要求建筑施工企业改正。

A. 工程设计要求　　B. 合同约定
C. 监理规划　　D. 施工技术标准
E. 监理实施细则

5.【2007-76】根据《建设工程监理规范》，编制工程建设监理规划应遵循的程序和依据是（　）。

A. 在收到设计文件后开始编制
B. 在签订委托监理合同前编制完成
C. 完成后必须经监理单位技术负责人审核批准
D. 应由总监理工程师主持编制
E. 依据项目审批文件编制

参考答案

1Z201000 建设工程项目的组织与管理

1Z201010 建设工程管理的内涵和任务

考点 1：建设工程管理的内涵 ★★

1. D　2. D

1Z201020 建设工程项目管理的目标和任务

考点 1：建设工程项目管理的内涵 ★★

1. D　2. B　3. D

考点 2：全寿命周期的组成 ★

1. D　2. ABDE　3.A　4. C

考点 3：参与各方项目管理的目标和任务 ★★★

1.C　2.ACE　3.D　4.B　5.ABC　6.B　7.BCDE
8.A　9.D　10.BCD　11.ABE

考点 4：工程总承包项目管理的主要内容 ★★

1.ABCE　2.C　3.BDE

考点 5：施工方的责任划分 ★★

1.D　2.C　3.C

1Z201030 建设工程项目的组织

考点 1：系统的目标与系统的组织 ★

1.A　2.D　3.B

考点 2：组织论的研究对象 ★★★

1.D　2.ABE　3.A　4.ADE　5.BC

考点 3：组织工具——四图与两表 ★★★

1.C　2.A　3.A　4.BE　5.D　6.A
7.CD　8.B　9.ABD　10. C　11. A　12.A　13.ABC

1Z201040 建设工程项目策划

考点 1：项目策划的基本概念 ★★

1.B　2.C

考点 2：决策阶段策划和实施阶段策划的对比 ★★★

1.C　2.D　3.A　4.D　5.ABDE　6. B　7.B

1Z201050 建设工程项目采购的模式

考点 1：项目管理委托的模式 ★

1.B　2.A　3.ABC

考点 2：设计任务委托的模式 ★

1.C　2.B

考点 3：项目总承包的模式 ★★★

1.D　2.D　3.B　4.B　5.BDE　6.ABC　7.B　8.CDE

考点 4: 施工任务委托的模式★★★

1.D　2.BCD　3.D　4.ADE　5.B
6.BDE　7.B　8.AB

考点 5：物资采购的模式 ★

1.B　2.ABC　3.C

1Z201060 建设工程项目管理规划的内容和编制方法

考点 1：项目管理规划的基本概念 ★★

1.D　2.CDE　3.C　4.ABE

考点 2：项目管理大纲与项目管理实施规划的对比★★

1.B　2.ABCE　3.B　4.A

1Z201070 施工组织设计的内容和编制方法

考点 1：施工组织设计的内容及分类 ★★★

1.D　2.CDE　3.ACD　4.C　5.BD　6.C　7.C

考点 2：施工组织设计的编制和审批 ★★

1.D

考点 3：施工组织设计的动态管理 ★

1.BE

1Z201080 建设工程项目目标的动态控制

考点 1：动态控制的工作程序 ★★★

1.A　2.A　3.D

考点 2：动态控制的纠偏措施 ★★★

1.B　2.CD　3.D　4.D

考点 3：动态控制与主动控制 ★

1.D　2.AC

考点 4：动态控制的应用 ★★

1.D　2.ABCD　3.CDE

1Z201090 施工企业项目经理的工作性质、任务和责任

考点 1：项目经理的工作性质 ★★★

1.C　2.C　3.A　4.C

考点 2：项目经理的职责和权限 ★★★

1.ABC　2.D　3.ACDE　4.CD
5.C　6.C　7.A　8.C

考点 3：沟通方法 ★★

1.A　2.BDE　3.A　4.A

考点 4：人力资源管理 ★

1.D　2.A

1Z201100 建设工程项目的风险和风险管理的工作流程

考点 1：风险的内涵 ★★

1.B　2.BE

考点 2：风险的类型 ★★

1.BDE　2.A　3.D

考点 3：风险管理的工作流程 ★★★

1.C　2.A　3.A　4.C

1Z201110 建设工程监理的工作性质、工作任务和工作方法

考点 1：监理的工作性质 ★★

1.B　2.B　3.B

考点 2：监理的工作任务 ★★

1.ABC

考点 3：监理的工作方法 ★★★

1.ADE　2.C　3.C　4.ABD　5.ACDE

第二章

1Z202000 建设工程项目施工成本控制

1Z202000 建设工程项目施工成本控制

【本章历年考情分析】

1Z202000	2016 年		2015 年		2014 年		2013 年		2012 年	
	单选	多选	单选	多选	单选	多选	单选	多选	单选	多选
1Z202010 施工成本管理的任务与措施	2	2	2	2	2		2	2	1	
1Z202020 施工成本计划	2	2	2	2	2	2	2	2	3	2
1Z202030 施工成本控制	3	2	2	2	2	2	2		2	2
1Z202040 施工成本分析	3	2	2	2	2	2	2	2	1	2
1Z202000 单选合计 / 多选合计	10	8	8	8	8	6	8	6	7	6
1Z202000 总计	18		16		14		14		13	

【章节知识框架】

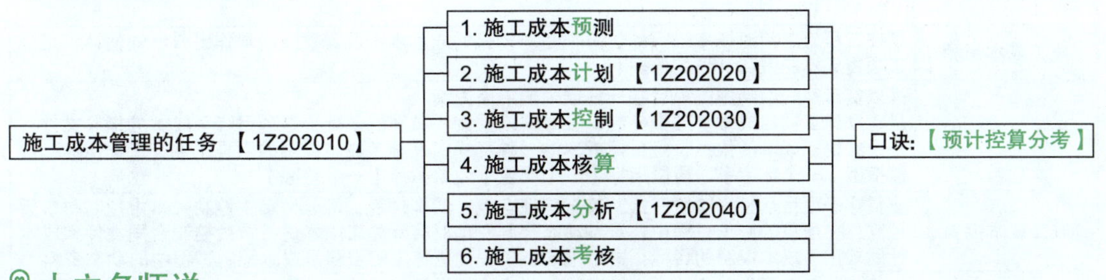

大立名师说

掌握本章的知识框架体系，应着重理解两个问题：

第一，施工成本管理的六项任务，即施工成本管理的六个环节，它们是有先后顺序的，每一个环节都是相邻的后一环节的基础和依据。

第二，“施工成本管理”与“施工成本控制”这两个概念，是包含与被包含的关系。如下图所示：“施工成本管理”包含着“施工成本控制”，而“施工成本控制”是“施工成本管理”过程中的一个环节。

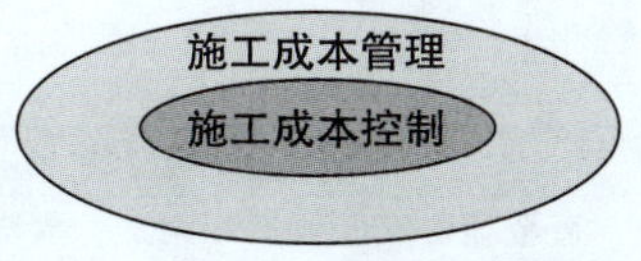

1Z202010 施工成本管理的任务与措施

考点 1：施工成本管理的任务 ★★★

一、施工成本与施工成本管理

施工成本	直接成本	是指施工过程中耗费的构成工程实体或有助于工程实体形成的各项费用支出是可以直接计入对象的费用，包括人、材、机
	间接成本	是指准备施工，组织和管理施工生产的全部费用支出是非直接用于也无法直接计入工程对象，但为进行工程施工所必须发生的费用，包括管理人员工资、办公费、差旅交通费
施工成本管理	就是要在保证工期和质量满足要求的情况下，采取相应管理措施，把成本控制在计划范围内，并进一步寻求寻求最大程度的成本节约	

二、施工成本管理的任务

施工成本预测	是在工程施工前对成本进行的估算；是对未来的成本水平及其发展趋势作出科学的估计；是施工项目成本决策和计划的依据
施工成本计划	是以货币形式编制施工项目在计划期内的书面方案 是建立施工项目成本管理责任制、开展成本控制和核算的基础、是项目降低成本的指导文件，是设立目标成本的依据，是目标成本的一种形式，是施工成本控制的指导文件。三类指标：数量指标【一个数字】，质量指标【一个比值】效益指标【一个差额】
施工成本控制	应贯穿于项目从投标阶段开始，直至保证金返还的全过程，可分为事先控制，事中控制和事后控制，在项目的施工过程中，需按动态控制原理对实际施工成本进行有效控制合同文件和成本计划规定了成本控制的目标；进度报告、工程变更与索赔资料是成本控制过程中的动态资料
施工成本核算	一般以单位工程为对象；成本核算是对成本计划是否实现的最后检验 形象进度、产值统计、实际成本归集“三同步”，即三者的取值范围应是一致的 竣工工程现场成本←→项目经理部←→考核项目管理绩效；竣工工程完全成本←→企业财务部门←→考核企业经营效益
施工成本分析	是在施工成本核算的基础上，对成本的形成过程和影响成本升降的因素进行分析，以寻求进一步降低成本的途径 施工成本分析贯穿于施工成本管理的全过程；成本偏差的控制，分析是关键、纠偏是核心
施工成本考核	是指在施工项目完成后，评定施工项目成本计划的完成情况和各责任者的业绩，是衡量成本降低的实际成果，也是对成本指标完成情况的总结和评价，成本考核的主要指标：施工成本降低额和施工成本降低率

三、和时间范畴有关的总结

	时间范畴	
施工成本管理	应从工程投标报价开始，直至项目保证金返还为止，贯穿于项目实施的全过程	【P78】
施工成本控制	应贯穿于项目从投标阶段开始，直至保证金返还的全过程	【P81】
施工成本分析	贯穿于施工成本管理的全过程	【P82】

■ 经典题目

1.【2015-8】根据建设工程项目施工成本的组成，属于直接成本的是（ ）。

A. 工具用具使用费　　B. 职工教育经费

C. 机械折旧费　　D. 管理人员工资

2.【2015-61】施工成本核算要求的归集“三同步”是指（ ）的取值范围应当一致。

A. 形象进度、产值统计、实际成本　　B. 成本预测、成本计划、成本分析

C. 目标成本、预算成本、实际成本　　D. 人工成本、材料成本、机械成本

3.【2015-96】下列指标中，属于项目部施工成本考核的有（　）。
A. 施工成本降低额　　B. 施工成本降低率
C. 施工生产总成本　　D. 劳动力不均衡系数
E. 生产能力利用率

4.【2014-55】关于施工成本分析的说法，正确的是（　）。
A. 施工成本分析的实质是在施工之前对成本进行估算
B. 施工成本分析是科学的预测成本水平及其发展趋势
C. 施工成本分析贯穿于施工成本管理的全过程
D. 施工成本分析是预测成本控制的薄弱环节

5.【2013-34】关于施工成本及其管理的说法，正确的是（　）。
A. 施工成本是指施工过程中消耗的构成工程实体的各项费用支出
B. 施工成本管理就是在保证工期和满足质量要求的情况下，采取相应措施把成本控制在计划范围内，并最大限度的节约成本
C. 施工成本预测是以货币形式编制施工项目在计划期内的生产费用、成本水平、成本降低率及降低成本措施的书面方案
D. 施工成本考核是在施工成本核算的基础上，对成本形成过程和影响成本升降的因素进行分析，以寻求进一步降低成本的途径

6.【2009-10】施工成本分析是在（　）的基础上，对成本的形成过程和影响因素进行分析。
A. 施工成本计划　　B. 施工成本预测
C. 施工成本核算　　D. 施工成本考核

7.【2007-12】成本计划通常有三类指标，即（　）。
A. 拟完工作预算成本指标、已完工作预算成本指标和成本降低率指标
B. 成本计划的数量指标、质量指标和效益指标
C. 预算成本指标、计划成本指标和实际成本指标
D. 人、财、物成本指标

8.【2007-13】项目经理部对竣工工程成本核算的目的是（　）。
A. 考核项目管理绩效　　B. 寻求进一步降低成本的途径
C. 考核企业经营效益　　D. 分析成本偏差的原因

9.【2007-80】某施工项目，拟对施工成本进行预测，预测得到的成本估算可以用作该施工项目（　）的依据。
A. 成本决策　　B. 成本计划　　C. 成本控制
D. 成本管理　　E. 成本考核

考点 2：施工成本管理的措施 ★★★

组织措施	关键词	人、组织论	是其他各类措施的前提和保障，一般不需要增加额外的费用，应用得当可以取得良好的效果
	特殊措施	编制施工成本控制工作计划、施工采购计划 加强施工定额管理和施工任务单管理 控制活劳动和物化劳动的消耗	
技术措施	关键词	施工方案、施工方法、施工机械、设备、材料	运用技术纠偏措施的关键，一是要能提出多个不同的技术方案，二是要选择最佳方案
	特殊措施	进行技术经济分析，确定最佳施工方案	
经济措施	关键词	资金、支出、费用、工程款	是最易为人们所接受和采用的措施
	特殊措施	对施工成本管理目标进行风险分析，制定防范性对策	
合同措施	关键词	合同结构、索赔、以防被对方索赔	—
	特殊措施	识别和分析风险因素，采取必要的风险对策	

经典题目

1.【2014-40】下列施工管理措施中属于组织措施的是（　）。

A. 选用合适的分包项目合同结构

B. 确定合适的施工成本控制工作流程

C. 确定合适的施工机械设备使用方案

D. 对施工成本管理目标进行风险分析，并制定防范性对策

2.【2013-17】下列施工成本管理的措施中，属于技术措施的是（　）。

A. 加强施工任务单的管理　　B. 编制施工成本控制工作计划

C. 寻求施工过程中的索赔机会　　D. 确定最合适的施工机械方案

3.【2013-94】工程项目施工成本管理的基础工作包括（　）。

A. 建立成本管理责任体系　　B. 建立企业内部施工定额

C. 及时进行成本核算　　D. 编制项目成本计划

E. 科学设计成本核算账册

4.【2012-30】下列施工成本管理的措施中，属于组织措施的是（　）。

A. 确定最佳的施工方案

B. 对施工成本管理目标进行风险分析，并制定防范性对策

C. 选用合适的合同结构

D. 加强施工定额管理和施工任务单管理，控制活动和物化活动的消耗

5.【2009-84】下列施工成本管理措施中，属于经济措施的有（　）。

A. 编制资金使用计划

B. 及时准确记录、收集、整理、核算实际发生的成本

C. 选用最合适的施工机械

D. 编制施工成本控制的工作计划

E. 使用先进、高效的机械设备

6.【2006-13】在施工成本管理的各类措施中，一般不需增加费用，而且是其他各类措施的前提和保障的是（　）。

A. 过程控制措施　　B. 经济措施

C. 技术措施　　D. 组织措施

大立名师说

对于教材 P83 中“施工成本管理的基础工作”这一知识点，最常见的考核方式是用施工成本管理的六项任务作为干扰选项，让考生来判断施工成本管理的基础工作包括哪些？因此，考生不需要死记硬背施工成本管理基础工作的内容，而只要记住“预测、计划、控制、核算、分析、考核”即施工成本管理的六项任务不是施工成本管理的基础工作，应用排除法即可轻松应对考试。

注意，成本管理责任体系的建立是施工成本管理中最根本最重要的基础工作。

1Z202020 施工成本计划

考点 1：施工成本计划的类型 ★★★

计划类型	编制阶段	主要特征	编制依据
竞争性成本计划	施工项目投标及签订合同阶段	估算成本计划，战略性成本计划，比较粗略	招标文件
指导性成本计划	选派项目经理阶段	预算成本计划，是项目经理的责任成本目标 按照企业的预算定额标准制定	合同价
实施性成本计划	项目施工准备阶段	施工预算成本计划，以落实项目经理责任目标为出发点，采用企业的施工定额通过施工预算的编制而形成	项目实施方案

■ 经典题目

1.【2014-5】实施性成本计划是在项目施工准备阶段，采用（　）编制的施工成本计划。
A. 估算指标　　B. 概算定额
C. 施工定额　　D. 预算定额

2.【2010-11】施工企业在工程投标阶段编制的估算成本计划是一种（　）成本计划。
A. 作业性　　B. 竞争性
C. 实施性　　D. 指导性

3.【2007-14】项目施工准备阶段的成本计划是以项目实施方案为依据，采用（　）编制而形成的实施性施工成本计划。
A. 概算定额　　B. 单位估价表
C. 预算定额　　D. 施工定额

4.【2007-77】施工项目的成本计划按其作用可分为（　）。
A. 单位工程成本计划　　B. 分部分项工程成本计划
C. 竞争性成本计划　　D. 指导性成本计划
E. 实施性成本计划

大立名师说

相近知识点归纳 1
- 施工成本计划的三个类型【P85】— 竞争性、指导性和实施性成本计划
- 施工成本计划的三类指标【P80】— 数量指标、质量指标和效益指标

相近知识点归纳 2
- 施工成本计划的三个类型【P85】— 竞争性、指导性和实施性成本计划
- 不同功能的进度计划系统【P122】— 控制性、指导性和实施性进度计划

考点 2：“两算”对比 ★★

一、“两算”对比

	施工预算	施工图预算
编制依据	施工定额	预算定额
适用范围	施工企业内部	承包人、发包人都适用
发挥作用	承包人组织生产，编制施工计划，签发任务书，进行经济核算等	投标报价的主要依据

二．“两算”对比的内容与方法

“两算”对比的方法	①实物对比法；②金额对比法
“两算”对比的内容	①人工量及人工费的对比分析；　②材料消耗量及材料费的对比分析 ③施工机具费的对比分析；　④周转材料使用费的对比分析
“两算”对比的要点	施工预算的人工数量及人工费低于施工图预算 施工预算的材料消耗量及材料费也低于施工图预算

■ 经典题目

1.【2015-18】关于施工预算、施工图预算“两算”对比的说法，正确的是（　）。
A. 施工预算的编制以预算定额为依据，施工图预算的编制以施工定额为依据
B. “两算”对比的方法包括实物对比法
C. 一般情况下，施工图预算的人工数量及人工费比施工预算低

D. 一般情况下，施工图预算的材料消耗及材料费比施工预算低

2.【2011-31】关于施工图预算和施工预算的说法，错误的是（　）。

A. 施工预算的材料消耗量一般低于施工图预算的材料消耗量
B. 施工预算是施工企业内部管理的一种文件，与建设单位无直接关系
C. 施工图预算中的脚手架是根据施工方案确定的搭设方式和材料计算的
D. 施工预算的用工量一般比施工图预算的用工量低

考点 3：施工成本计划的编制依据 ★★★

编制依据	1. 投标报价文件	如果所编制的成本计划达不到目标成本要求时，就必须组织有关人员重新研究，寻找降低成本的途径，重新进行编制
	2. 企业定额、施工预算	
	3. 施工组织设计或施工方案	
	4. 人工、材料、机械台班的市场价	
	5. 人工、材料、机械台班的企业指导价	
	6. 已签订的工程合同、分包合同	
	7. 施工成本预测	
	8. 拟采取的降低施工成本的措施等	

■ 经典题目

1.【2014-91】某施工项目为实施成本管理收集了以下资料，其中可以作为编制施工成本计划依据的有（　）。

A. 施工预算　　B. 签订的工程合同
C. 分包合同　　D. 施工图预算
E. 资源市场价格

2.【2010-19】施工项目管理班子成员编制的施工项目成本计划达不到目标要求时，则应（　），并重新编制成本计划。

A. 重新分解落实成本目标　　B. 修订企业定额
C. 寻找降低成本的途径　　D. 对项目成本进行再分解

3.【2009-32】建筑施工企业编制成本计划时，宜以（　）为依据。

A. 施工图预算成本　　B. 工程概算成本
C. 施工预算成本　　D. 施工结算成本

4.【2009-92】建设工程项目施工成本计划的编制依据有（　）。

A. 建设投资估算书　　B. 投标报价文件
C. 施工组织设计或施工方案　　D. 施工成本预测资料
E. 施工招标公告

考点 4：施工成本计划的编制方法 ★★★

一、编制要点

编制要点	1. 施工成本计划的编制以成本预测为基础，关键是确定目标成本
	2. 一般情况下，施工成本计划总额应控制在目标成本的范围内，并建立在切实可行的基础上

二、编制方法

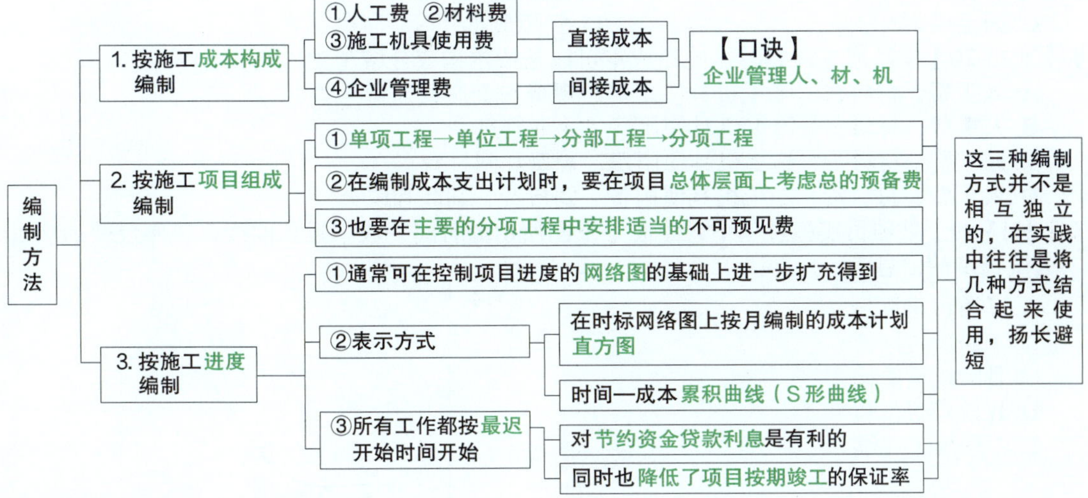

经典题目

1.【2015-15】某项目按施工进度编制的施工成本计划如下图，则4月份计划成本是（　）万元。

A. 300
B. 400
C. 750
D. 1150

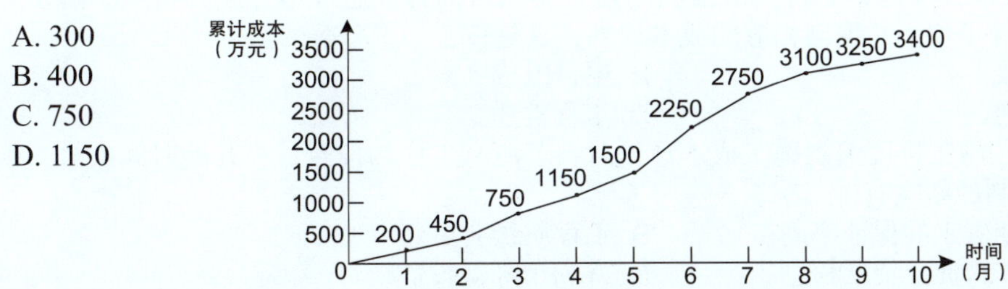

2.【2015-77】按最早开始时间编制的施工计划及各工作每月成本强度（单位：万元/月）如下图，D工作可以按最早开始时间或最迟开始时间进行安排，则4月份的施工成本计划值可以是（　）万元。

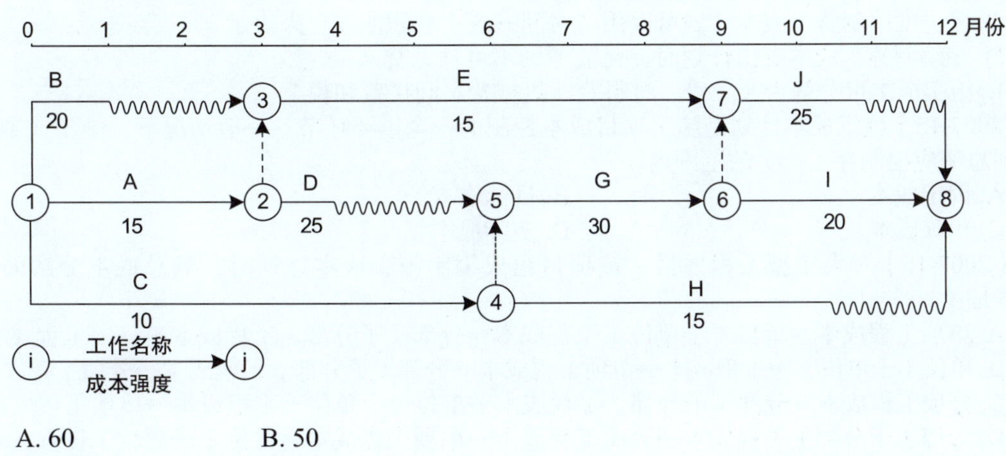

A. 60　　B. 50
C. 25　　D. 15
E. 10

3.【2014-11】施工成本计划的编制以成本预测为基础，关键是确定（　）。

A. 目标成本　　B. 预算成本

C. 固定成本　　D. 实际成本

4.【2013-20】编制成本计划时，施工成本可以按成本构成分解为（　）。

A. 人工费、材料费、施工机具使用费、规费和企业管理费

B. 人工费、材料费、施工机具使用费、企业管理费

C. 人工费、材料费、施工机具使用费、规费和间接费

D. 人工费、材料费、施工机具使用费、间接费、利润和税金

5.【2013-89】某项目实施过程中，绘制了下图所示的时间—成本累积曲线，该图反映的项目进度正确的信息有（　）。

A. Ⅱ阶段进度慢

B. Ⅰ阶段进度慢

C. Ⅲ阶段进度慢

D. Ⅳ阶段进度慢

E. 工程施工连续

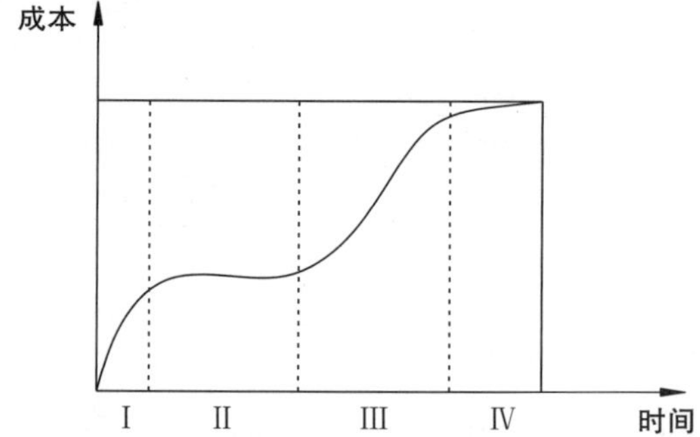

6.【2012-9】某施工承包企业将其承接的高速公路项目的目标总成本分解为桥梁、隧道、道路工程成本等子项，并编制相应的成本计划，这是按（　）分解的。

A. 成本组成　　B. 项目组成

C. 工程类别　　D. 工程性质

7.【2012-80】按施工进度编制施工成本计划时，若所有工作均按照最早开始时间安排，则对项目目标控制的影响有（　）。

A. 工程按期竣工的保证率高　　B. 工程质量会更好

C. 不利于节约资金贷款利息　　D. 有利于降低投资

E. 不能保证工程质量

8.【2010-93】关于施工成本计划编制的说法，正确的有（　）。

A. 编制施工成本计划可利用控制项目进度的网络进度计划

B. 编制施工成本计划的关键是确立目标成本

C. 按进度编制施工成本计划可以用“时间—成本累积曲线”来表示

D. 在编制施工成本支出计划时，无需考虑不可预见费

E. 施工成本可分解为人工费、材料费、机械费、间接费和税金

9.【2007-15】施工成本计划是施工项目成本控制的一个重要环节。一般情况下，施工成本计划总额应控制在（　）的范围内。

A. 固定成本　　B. 目标成本

C. 预算成本　　D. 实际成本

10.【2007-16】对大中型工程项目，按项目组成编制施工成本计划时，其总成本分解的顺序是（　）。

A. 单项工程成本→单位（子单位）工程成本→分部（子分部）工程成本→分项工程成本

B. 单位（子单位）→工程成本→单项工程成本→分部（子分部）工程成本→分项工程成本

C. 分项工程成本→分部（子分部）工程成本→单位（子单位）工程成本→单项工程成本

D. 分部（子分部）工程成本→分项工程成本→单项工程成本→单位（子单位）工程成本

11.【2007-17】如按工程进度编制施工成本计划，在编制网络计划时应充分考虑进度控制对项目分解深度的要求，同时还应考虑施工成本支出计划对（　）的要求。

A. 成本目标　　B. 项目目标
C. 成本分解　　D. 项目划分

12.【2005-13】建设工程项目施工成本计划可分别按施工成本组成、子项目组成和工程进度编制，在工程实践中经常（　）。
A. 按施工成本组成编制　　B. 按子项目组成编制
C. 按工程进度编制　　D. 将三种方法结合起来

13.【2004-78】常用的建设工程项目施工成本设计可按（　）编制。
A. 施工成本组成　　B. 人力资源需求
C. 子项目组成　　D. 工程进度
E. 材料种类使用

1Z202030 施工成本控制

考点 1：施工成本控制的依据 ★

施工成本控制的依据		
施工成本控制的依据	1. 工程承包合同　2. 施工成本计划	成本控制的目标
	3. 进度报告　4. 工程变更	成本控制过程中的动态资料
	5. 施工组织设计　6. 分包合同	

■ 经典题目

1.【2010-99】工程项目施工成本控制的依据有（　）。
A. 施工组织设计　　B. 工程造价
C. 工程承包合同　　D. 进度报告
E. 工程变更

考点 2：施工成本控制的步骤 ★★

程序	步骤	关系
管理行为控制程序【基础】	①建立项目施工成本管理体系的评审组织和评审程序	两个程序 相对独立 相互联系 相互补充 相互制约 相互交叉
	②建立项目施工成本管理体系运行的评审组织和评审程序	
	③目标考核，定期检查	
	④制定对策，纠正偏差	
指标控制程序【重点】	①确定成本目标【项目的成本管理目标和月度成本计划目标】	
	②收集成本数据，监测成本形成过程	
	③分析偏差原因，制定对策	
	④用成本指标考核管理行为，用管理行为来保证成本指标	

■ 经典题目

1.【2014-36】关于施工成本控制的说法，正确的是（　）。
A. 施工成本管理体系由社会有关组织进行评审和认证
B. 要做好施工成本的过程控制，必须制定规范化的过程控制程序
C. 管理行为控制程序是进行成本过程控制的重点
D. 管理行为控制程序和指标控制程序是相互独立的

考点 3：施工成本控制的方法 ★★★

一、施工成本控制的方法

<table>
<tr><td rowspan="5">施工成本的过程控制方法</td><td>1. 人工费的控制</td><td>“量价分离”</td><td colspan="2"></td></tr>
<tr><td rowspan="2">2. 材料费的控制</td><td rowspan="2">“量价分离”</td><td>① 材料用量</td><td>定额控制、指标控制、计量控制、包干控制</td></tr>
<tr><td>② 材料价格</td><td>主要由材料采购部门控制</td></tr>
<tr><td>3. 施工机械使用费的控制</td><td colspan="3">① 台班数量；②台班单价</td></tr>
<tr><td>4. 施工分包费用的控制</td><td colspan="3">① 做好分包工程的询价
② 订立平等互利的分包合同
③ 建立稳定的分包关系网络
④ 加强施工验收和分包结算等</td></tr>
</table>

二、赢得值法

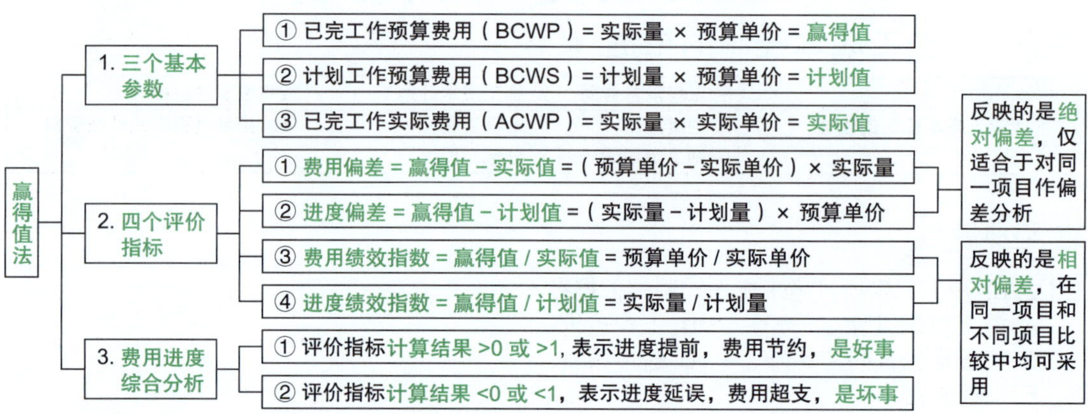

【赢得值法例题—2010 年 12】某施工企业进行土方开挖，按合同约定 3 月份的计划工程量为 2400m³，计划单价是 12 元 /m³；到月底检查时，确认承包商实际完成的工程量是 2000m³，实际单价是 15 元 /m³。则该工程的进度偏差和进度绩效指数分别为（　）。

A. -0.6 万元；0.83　　B. -0.48 万元；0.83

C. 0.6 万元；0.80　　D. 0.48 万元；0.80

【解析】

三个基本参数：已完工作预算费用（BCWP）= 实际量 × 预算单价 = 赢得值
计划工作预算费用（BCWS）= 计划量 × 预算单价 = 计划值
已完工作实际费用（ACWP）= 实际量 × 实际单价 = 实际值

四个评价指标：进度偏差 = 赢得值 − 计划值 =（实际量 − 计划量）× 预算单价
=（2000-2400）×12
=-0.48 万元

费用偏差 = 赢得值 − 实际值 =（预算单价 − 实际单价）× 实际量
=（12-15）×2000
=-0.6 万元

进度绩效指数 = 赢得值 / 计划值 = 实际量 / 计划量 =2000/2400=0.83

费用绩效指数 = 赢得值 / 实际值 = 预算单价 / 实际单价 =12/15=0.8

三、偏差分析的表达方法

偏差分析的表达方法	1. 横道图法	① 形象、直观、一目了然	口诀：横表曲
		② 准确表达出费用的绝对偏差，直观地表明偏差的严重性	
		③ 信息量少、一般在较高管理层应用	
	2. 表格法	① 最常用的一种方法	
		② 灵活、适用性强；③信息量大；④可借助于计算机，大大提速	
	3. 曲线法	① 已完工作预算费用 - 计划工作预算费用 = 进度累积偏差 ②已完工作预算费用 - 已完工作实际费用 = 费用累积偏差	

经典题目

1.【2015-9】某施工项目部根据以往项目的材料实际耗用情况，结合具体施工项目要求，制定领用材料标准控制发料，这种材料用量控制方法是（　）。

A. 定额控制　　B. 计量控制
C. 指标控制　　D. 包干控制

2.【2015-25】某工程每月所需混凝土量相同，混凝土用量 3200m³，计划 4 个月完成，混凝土综合价格为 1000 元 /m³；实际混凝土用量为 5000m³，用时 5 个月，从第 1 个月至第 5 个月各月混凝土价格指数（%）为 100,115,110,105,115。则根据赢得值法，前 3 个月的费用偏差为（　）万元。

A. -30　　B. -25
C. -22　　D. -20

3.【2014-100】根据施工成本的过程控制方法，其控制要点有（　）。

A. 材料费的控制实行量价分离的方法
B. 实行弹性需求的劳务管理制度
C. 编好施工机械配件和工程材料采购计划
D. 材料价格由项目经理负责控制
E. 对分包费用的控制，主要做好分包工程的询价、施工验收和分包结算

4.【2013-16】下列施工成本材料费的控制中，可以影响材料价格的因素是（　）。

A. 材料领用的指标　　B. 材料的投料计量
C. 材料消耗量的大小　　D. 材料的采购运输

5.【2013-50】对总额 1000 万元的工程项目进行期中检查，截止检查时已完成工作预算费用 410 万元，计划工作预算费用为 400 万元，已完工作实际费用为 430 万元，则其费用绩效指数为（　）。

A. 0.953　　B. 0.430
C. 0.930　　D. 1.075

6.【2012-34】应用曲线法进行施工成本偏差分析时，已完工作实际成本曲线与已完工作预算成本曲线的竖向距离，表示（　）。

A. 成本偏差　　B. 进度偏差
C. 进度局部偏差　　D. 成本局部偏差

7.【2011-83】关于项目费用偏差分析方法的说法，正确的有（　）。

A. 横道图法是最常用的一种方法　　B. 横道图法形象、直观
C. 曲线法能够直接用于定量分析　　D. 表格法反映信息量大
E. 表格法具有灵活，适用性强的特点

8.【2007-23】工程成本偏差分析可采用不同的表达方法，常用的有（　）。

A. 横道图法、表格法和曲线法　　B. 网络图法、横道图法和表格法
C. 比较法、因素分析法和差额计算法　　D. 网络图法、表格法和曲线法

9.【2004-79】横道图法是分析建设工程项目施工成本偏差的常用方法，其特点包括（　）。
A. 能够直观地显示偏差分析所需用的资料
B. 能够准确表达施工成本的绝对偏差
C. 能够准确表达施工成本的相对偏差
D. 能够直观地显示施工成本的局部偏差和累计偏差
E. 能够直观地显示偏差的严重程度

1Z202040 施工成本分析

考点 1：施工成本分析的依据 ★★

1. 会计核算	①主要是价值核算
	②会计要素：资产、负债、所有者权益、收入、费用和利润
2. 业务核算	①其范围比会计、统计核算要广
	②不但可以核算已经完成的项目，而且可以对尚未发生或正在发生的经济活动进行核算
	③业务核算目的在于迅速取得资料，以便在经济活动中及时采取措施，进行调整
3. 统计核算	计量尺度比会计宽，可以用货币计算，也可以用实物或劳动量计量

■ 经典题目

1.【2009-58】业务核算是施工成本分析的依据之一，其目的是（　）。
A. 预测成本变化发展的趋势　　B. 迅速取得资料，及时采取措施调整经济活动
C. 计算当前的实际成本水平　　D. 记录企业的一切生产经营活动

2.【2006-22】在施工成本的各种核算方法中，业务核算比（　）。
A. 会计核算和统计核算的范围广　　B. 会计核算的范围窄，比统计核算的范围广
C. 会计核算的范围广，比统计核算的范围窄　　D. 会计核算和统计核算的范围窄

3.【2005-21】施工企业进行会计核算时的会计要素包括（　）。
A. 资产、负债、利息　　B. 负债、存货、折旧
C. 资产、负债、所有者权益　　D. 利息、存货、所有者权益

4.【2005-22】对已经发生的、正在发生的和尚未发生的经济活动进行核算，属于（　）。
A. 会计核算　　B. 业务核算
C. 动态核算　　D. 统计核算

考点 2：施工成本分析的方法 ★★★

一、施工成本分析的基本方法

基本方法	1. 比较法	口诀：还因 2B 铅笔差	对比技术经济指标，检查目标的完成情况，分析产生差异的原因，进而挖掘降低成本的方法
	2. 因素分析法		可用来分析各种因素对成本的影响程度【熟练掌握计算例 1Z202042-1】
	3. 差额计算法		是因素分析法的一种简化形式【熟练掌握计算例 1Z202042-2】
	4. 比率法		相关比率法；构成比率法；动态比率法【口诀：动态构想】

<table>
<tr><td rowspan="7">综合成本的分析方法</td><td>1. 分部分项工程成本分析</td><td>①分部分项工程成本分析是施工项目成本分析的基础
②分部分项工程成本分析的对象为已完成分部分项工程
③分析的方法是：进行预算成本、目标成本和实际成本的“三算”对比
④资料来源：预算成本来自投标报价成本；目标成本来自施工预算；实际成本来自实际工程量，实耗人工和实耗材料
⑤无法也没有必要对每一个分部分项工程都进行成本分析
⑥对主要分部分项工程必须进行成本分析，且从开工到竣工进行系统的成本分析</td></tr>
<tr><td>2. 月（季）度成本分析</td><td>月（季）度成本分析的依据是当月（季）的成本报表</td></tr>
<tr><td>3. 年度成本分析</td><td>①企业成本要求一年结算一次，不得将本年成本转入下一年度
②年度成本分析的依据是年度成本报表
③重点是针对下一年度的施工进展情况制定成本管理措施，以保证施工项目成本目标的实现</td></tr>
<tr><td>4. 竣工成本的综合分析</td><td>竣工成本分析；主要资源节超对比分析；主要技术节约措施及经济效果分析</td></tr>
<tr><td colspan="2">成本项目的分析方法</td><td>人工费分析；材料费分析；机械使用费分析；管理费分析</td></tr>
<tr><td colspan="2">专项成本分析方法</td><td>成本盈亏异常分析；工期成本分析；资金成本分析</td></tr>
</table>

【因素分析法例题—例 1Z 202042-1】商品混凝土目标成本为 443040 元，实际成本为 473697 元，比目标成本增加 30657 元，资料见下表。分析成本增加的原因。

商品混凝土目标成本与实际成本对比表

项目	单位	目标	实际	差额
产量	m^3	600	630	+30
单价	元	710	730	+20
损耗率	%	4	3	-1
成本	元	443040	473697	+30657

【解析】

商品混凝土成本变动因素分析表

替换顺序	产量（m^3）	单价（元）	损耗率（%）	连环替代成本计算	因素分析
目标成本	600	710	4	600×710×（1+4%）=443040	
第一次替换产量	630	710	4	630×710×（1+4%）=465192	465192-443040=22152 由于产量增加导致成本增加 22152 元
第二次替换单价	630	730	4	630×730×（1+4%）=478296	478296-465192=13104 由于单价提高导致成本增加 13104 元
第三次替换损耗率	630	730	3	630×730×（1+3%）=473697	473697-478296=-4599 损耗降低导致成本减少 4599 元
合计	实际成本 - 目标成本 =473697-443040=30657				22152+13104-4599=30657 元，与实际成本与目标成本的总差额相等，三个因素的影响之和为 30657 元

替换原则总结：①替换顺序：量，价，率；
②每次只替换一个因素，其他因素保持不变；
③每次替换后，.相邻两个成本值计算成本差额。

二、综合成本的分析方法

综合成本的分析方法

- 1. 分部分项工程成本分析
  - ①分部分项工程成本分析是施工项目成本分析的基础
  - ②分部分项工程成本分析的对象为已完成分部分项工程
  - ③分析的方法是：进行预算成本、目标成本和实际成本的“三算”对比
  - ④资料来源
    - 预算成本来自投标报价成本
    - 目标成本来自施工预算
    - 实际成本来自实际工程量、实耗人工和实耗材料
  - ⑤无法也没有必要对每一个分部分项工程都进行成本分析
  - ⑥对主要分部分项工程必须进行成本分析，且从开工到竣工进行系统的成本分析
- 2. 月（季）度成本分析
  - ①月（季）度成本分析的依据是当月（季）的成本报表
  - ②通过实际成本与预算成本的对比，分析当月（季）的成本降低水平
  - ③通过实际成本与目标成本的对比，分析目标成本的落实情况
  - ④通过对各成本项目的成本分析，了解成本总量的构成比例和成本管理薄弱环节
  - ⑤通过对技术组织措施执行效果的分析，寻求更加有效的节约途径
- 3. 年度成本分析
  - ①企业成本要求一年结算一次，不得将本年成本转入下一年度
  - ②年度成本分析的依据是年度成本报表
  - ③重点是针对下一年度的施工进展情况制定成本管理措施，以保证成本目标实现
- 4. 竣工成本的综合分析
  - ①竣工成本分析应以单位工程竣工成本分析资料为基础和依据
  - ②内容
    - 竣工成本分析
    - 主要资源节超对比分析
    - 主要技术节约措施及经济效果分析

三、成本项目的分析方法

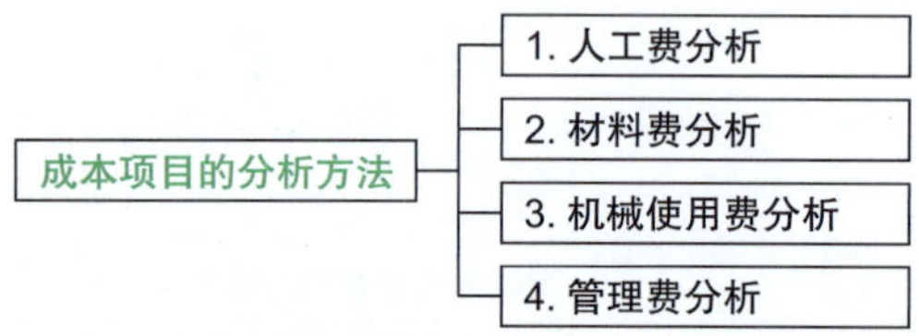

四、专项成本分析方法

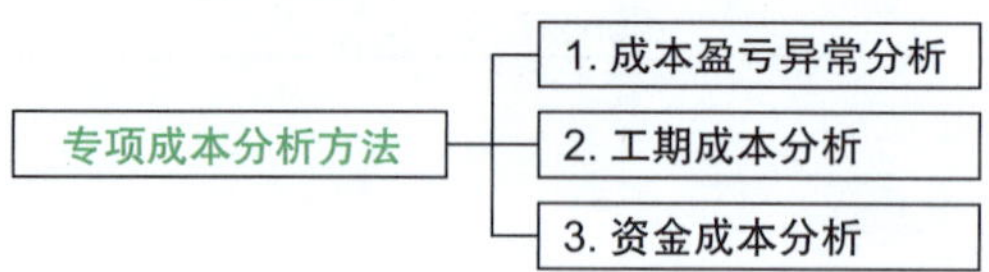

■ 经典题目

1.【2015-38】某项目施工成本数据如下表，根据差额计算法，成本降低率提高对成本降低额的影响程度为（　）万元。

项目	单位	计划	实际	差额
成本	万元	220	240	20
成本降低率	%	3	3.5	0.5
成本降低额	万元	6.6	8.4	1.8

A. 0.6　　B. 0.7
C. 1.1　　D. 1.2

2.【2015-64】在建设工程项目施工成本分析中，成本盈亏异常分析属于（　）方法。
A. 因素分析　　B. 综合成本分析
C. 专项成本分析　　D. 成本项目分析

3.【2014-51】下列施工成本分析方法中，用来分析各种因素对成本影响程度的是（　）。
A. 相关比率法　　B. 连环置换法
C. 比重分析法　　D. 动态比率法

4.【2014-73】单位工程竣工成本分析的内容包括（　）。
A. 专项成本分析　　B. 竣工成本分析
C. 成本总量构成比例分析　　D. 主要资源节超对比分析
E. 主要技术节约措施及经济效果分析

5.【2013-11】施工项目年度成本分析的重点是（　）。
A. 通过实际成本与目标成本的对比，分析目标成本落实情况
B. 通过对技术组织措施执行效果的分析，寻求更加有效的节约途径
C. 通过实际成本与计划成本的对比，分析成本降低水平
D. 针对下一年度进展情况，规划切实可行的成本管理措施

6.【2013-62】分部分项工程成本分析“三算”对比分析，是指（　）的比较。
A. 预算成本、目标成本、实际成本
B. 概算成本、预算成本、决算成本
C. 月度成本、季度成本、年度成本
D. 预算成本、计划成本、目标成本

7.【2012-72】关于分部分项工程施工成本分析的说法，正确的有（　）。
A. 分部分项工程成本分析的对象为已完成分部分项工程
B. 分部分项工程成本分析是施工项目成本分析的基础
C. 必须对施工项目中的所有分部分项工程进行成本分析
D. 分部分项工程成本分析的方法就是进行实际成本与目标的成本比较
E. 对主要分部分项工程要做到从开工到竣工进行系统的成本分析

8.【2011-66】某分项工程的混凝土成本数据如下表所示。应用因素分析法分析各因素对成本的影响程度，可得到的正确结论是（　）。

项目	单位	目标	实际
产量	m^2	800	850
单价	元	600	640
损耗率	%	5	3

A. 由于产量增加 50，成本增加 21300 元
B. 由于单价提高 40，成本增加 35020 元
C. 实际成本与目标成本的差额为 56320 元
D. 由于损耗下降 2%，成本减少 9600 元

9.【2010-95】工程项目施工成本分析的基本方法有（　）。
A. 统计核算法　　B. 比较法
C. 因素分析法　　D. 差额计算法
E. 比率法

10.【2006-81】施工项目月度成本分析的依据是当月的成本报表,分析的方法和内容包括(　　)。
A. 通过实际成本与预算成本的对比，分析当月的成本降低水平
B. 通过实际成本与目标成本的对比，分析目标成本的落实情况
C. 通过累计实际成本与累计预算成本的对比，分析竣工成本降低水平
D. 通过对各成本项目的成本分析，了解成本总量的构成比例
E. 通过对技术组织措施执行效果的分析，寻求更加有效的节约途径

11.【2005-23】能够通过技术经济指标的对比检查目标的完成情况，分析产生差异的原因，进而挖掘内部潜力的分析方法是（　　）。
A. 因素分析法　　B. 差额计算法
C. 比率法　　D. 比较法

12.【2005-81】常用于施工成本分析的比率法有（　　）。
A. 相关比率法　　B. 构成比率法
C. 置换比率法　　D. 动态比率法
E. 连环比率法

参考答案

1Z202000 建设工程项目施工成本控制

1Z202010 施工成本管理的任务与措施

考点 1：施工成本管理的任务 ★★★

1.C　2.A　3. AB　4.C　5.B

6.C　7.B　8.A　9.AB

考点 2：施工成本管理的措施 ★★★

1.B　2.D　3.ABE　4.D　5.AB　6.D

1Z202020 施工成本计划

考点 1：施工成本计划的类型 ★★★

1. C　2. B　3. D　4. CDE

考点 2：“两算”对比 ★★

1. B　2. C

考点 3：施工成本计划的编制依据 ★★★

1. ABCE　2. C　3. C　4. BCD

考点 4：施工成本计划的编制方法 ★★★

1. B　2. BC　3. A　4. B　5. AD　6. B　7. AC

8. ABC　9. B　10. A　11. D　12. D　13. ACD

1Z202030 施工成本控制

考点 1：施工成本控制的依据 ★

1.ACDE

考点 2：施工成本控制的步骤 ★★

1.B

考点 3：施工成本控制的方法 ★★★

1.C　2.B　3.ABC　4.D

5.A　6.A　7.BDE　8.A　9.BE

1Z202040 施工成本分析

考点 1：施工成本分析的依据 ★★

1.B　2.A　3.C　4.B

考点 2：施工成本分析的方法 ★★★

1.D　2.C　3.B　4.BDE　5.D　6.A

7.ABE　8.C　9.BCDE　10.ABDE　11.D　12.ABD

第三章

1Z203000
建设工程项目进度控制

1Z203000 建设工程项目进度控制

【本章历年考情分析】

1Z203000	2016 年		2015 年		2014 年		2013 年		2012 年	
	单选	多选	单选	多选	单选	多选	单选	多选	单选	多选
1Z203010 建设工程项目进度控制与进度计划系统	1		1		1		2	2	2	
1Z203020 建设工程项目总进度目标的论证	1	2	1	2	2	2	1		1	2
1Z203030 建设工程项目进度计划的编制和调整方法	7	4	7	4	5	4	2	2	4	4
1Z203040 建设工程项目进度控制的措施	1	2	2	2	1	2	2	2	2	2
1Z203000 单选合计 / 多选合计	10	8	11	8	9	8	7	6	9	8
1Z203000 总计	18		19		17		13		17	

【章节知识框架】

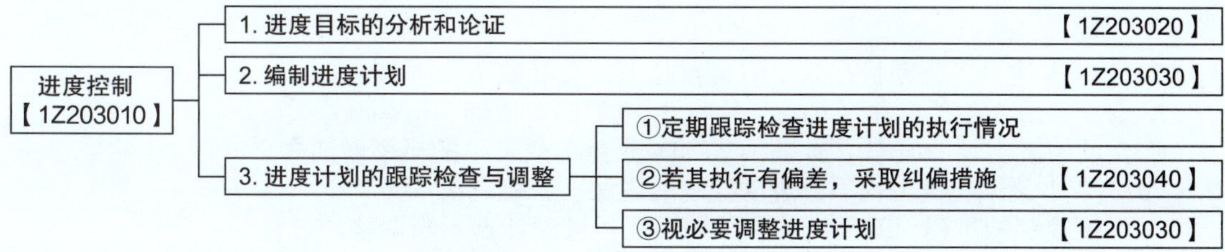

1Z203010 建设工程项目进度控制与进度计划系统

考点 1：进度控制的动态管理过程 ★★★

1. 进度目标的分析和论证	目的是①论证进度目标是否合理；②进度目标是否有可能实现
2. 编制进度计划	在收集资料和调查研究的基础上
3. 进度计划的跟踪检查与调整	①定期跟踪检查进度计划的执行情况；②若其执行有偏差，采取纠偏措施；③视必要调整进度计划

■ 经典题目

1.【2011-58】关于项目进度控制的说法，正确的是（　）。

A. 进度控制必须要保证工程质量和成本

B. 进度目标的分析和论证是进度控制的首要工作

C. 项目进度控制的依据是实施性进度计划

D. 进度计划软件是基于横道图原理开发的

2.【2011-92】建设工程项目进度控制的主要工作环节包括（　）。

A. 分析论证进度目标　　B. 跟踪检查进度计划执行情况

C. 确定进度目标　　D. 编制进度计划

E. 采取纠偏措施

3.【2010-9】对建设工程项目进度目标进行分析和论证，其目的是（　）。
A. 论证进度目标实现的经济性　　B. 确定调整进度目标的方法
C. 制定进度控制措施　　D. 论证进度目标是否合理

大立名师说

相近知识点归纳
- 1. 进度控制的动态管理过程　【P120】
- 2. 进度控制的主要工作环节　【P154】

考点 2：进度控制与进度控制的目的 ★★

1. 进度控制的目的	是通过控制以实现工程的进度目标
2. 进度控制	①进度控制的过程也就是随着项目的进展，进度计划不断调整的过程 ②不是正常有序地施工而盲目赶工，会导致施工质量问题和施工安全问题出现，并且会引起施工成本的增加 ③最基本的工程管理原则，即在确保工程质量的前提下，控制工程的进度

经典题目

1.【2015-60】建设工程项目在施工时盲目赶工，会导致（　）。
A. 安全事故发生的概率减小　　B. 施工成本增加的概率减小
C. 文明施工实现的概率增加　　D. 质量事故发生的概率增加

2.【2013-77】关于建设工程项目进度控制的说法，正确的有（　）。
A. 进度控制的过程，就是随着项目的进展，进度计划不断调整的过程
B. 施工方进度控制的目的就是尽量缩短工期
C. 项目各参与方进度控制的目标和时间范畴是相同的
D. 施工进度控制直接关系到工程的质量和成本
E. 进度控制的目的是通过控制以实现工程的进度目标

3.【2009-7】在进行施工进度控制下，必须树立和坚持的最基本的工程管理原则是（　）。
A. 在确保工程质量的前提下，控制工程的进度
B. 在确保投资的前提下，达到进度、成本的平衡
C. 在确保工程投资的前提下，控制工程的进度
D. 在满足各项目参与方利益最大化的前提下，控制工程的进度

大立名师说

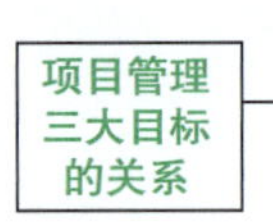

- 施工成本管理就是要在保证工期和质量满足要求的情况下，把成本控制在计划范围内，并进一步寻求最大限度的成本节约　【P78】
- 在工程施工实践中，必须树立和坚持一个最基本的工程管理原则，即在确保工程质量的前提下，控制工程的进度　【P120】

项目管理的三大目标排序：
①质量；②进度；③成本

考点 3：进度控制的任务 ★★★

<table>
<tr><td>1. 业主方</td><td>控制整个项目实施阶段的进度</td><td rowspan="4">各方都有进度控制的任务，但其控制的目标和时间范畴并不相同</td></tr>
<tr><td>2. 设计方</td><td>①依据设计任务委托合同控制设计工作进度
②设计方应尽可能使设计工作的进度与招标、施工和物资采购等工作进度相协调
③出图计划是设计方进度控制的依据，也是业主方控制设计进度的依据</td></tr>
<tr><td>3. 施工方</td><td>①依据施工任务委托合同控制施工进度
②编制深度不同的控制性、指导性和实施性施工的进度计划
③编制不同计划周期（年度、季度、月度和旬）的施工计划</td></tr>
<tr><td>4. 供货方</td><td>依据供货合同控制供货进度</td></tr>
</table>

■ 经典题目

1.【2014-9】采用平行委托施工的单项工程，其施工总进度计划应由（　）编制。
A. 业主方　B. 设计方
C. 施工方　D. 投资方

2.【2013-15】建设工程施工进度控制中，业主方的任务是控制整个项目（　）的进度。
A. 实施阶段　B. 决策阶段
C. 项目全寿命周期　D. 使用阶段

3.【2012-17】在项目实施过程中，设计方编制的设计工作进度应尽可能与招标、施工和（　）等工作进度相协调。
A. 项目选址　B. 可行性研究
C. 竣工验收　D. 物资采购

4.【2011-37】建设项目设计方进度控制的任务是依据（　）对设计工作进度的要求，控制设计工作进度。
A. 可行性研究报告　B. 设计大纲
C. 设计总进度纲要　D. 设计任务委托合同

5.【2010-44】施工方视项目特点和进度控制的需要，编制（　）。
A. 主要设备采购工作计划　B. 设计进度计划
C. 施工进度计划　D. 项目动用前准备工作计划

6.【2009-97】为了有效地控制工程项目的施工进度，施工方应根据工程项目的特点和施工进度控制的需要，编制（　）。
A. 项目动用前准备阶段的工作计划
B. 年度、季度、月度和旬的施工计划
C. 采购计划、供货进度计划
D. 设计准备工作计划、设计进度计划
E. 控制性、指导性和实施性的施工进度计划

7.【2007-28】工程项目的业主和参与方都有进度控制的任务，各方（　）。
A. 控制的目标相同，但控制的时间范畴不同
B. 控制的目标不同，但控制的时间范畴相同
C. 控制的目标和时间范畴均相同
D. 控制的目标和时间范畴各不相同

考点 4：项目进度计划系统 ★★

1. 内涵	①项目进度计划系统是由多个相互关联的进度计划组成的系统 ②项目进度计划系统是项目进度控制的依据 ③项目进度计划系统的建立和完善也有一个过程，它是逐步形成的
2. 类型	①不同计划深度：总进度规划、子系统进度规划、子系统中的单项工程进度计划【口诀：总子单】 ②不同计划功能：控制性进度规划、指导性进度规划、实施性（操作性）进度计划 ③不同项目参与方：业主方、设计、施工和设备安装、采购和供货进度计划 ④不同计划周期：5 年、年度、季度、月度和旬计划

■ 经典题目

1.【2013-12】如果一个进度计划系统由总进度计划、项目子系统进度计划、项目子系统的单项工程进度计划组成，该进度计划系统是由（　　）的计划组成的计划系统。

A. 不同功能　　B. 不同项目参与方
C. 不同深度　　D. 不同周期

2.【2009-08】在建设工程项目进度计划系统中，由业主方、设计方、施工和设备安装方编制的进度计划应与（　　）编制的进度计划相互协调。

A. 监理方　　B. 政府行政主管部门
C. 投资方　　D. 采购和供货方

3.【2005-25】作为建设工程项目进度控制的依据，建设工程项目进度计划系统应（　　）。

A. 在项目的前期决策阶段建立　　B. 在项目的初步设计阶段完善
C. 在项目的进展过程中逐步形成　　D. 在项目的准备阶段建立

4.【2004-81】在建设工程项目进度计划系统中，按计划的深度不同划分的进度计划包括（　　）。

A. 总进度规划　　B. 设计进度计划
C. 项目子系统进度计划　　D. 施工进度计划
E. 业主方项目实施进度计划

大立名师说

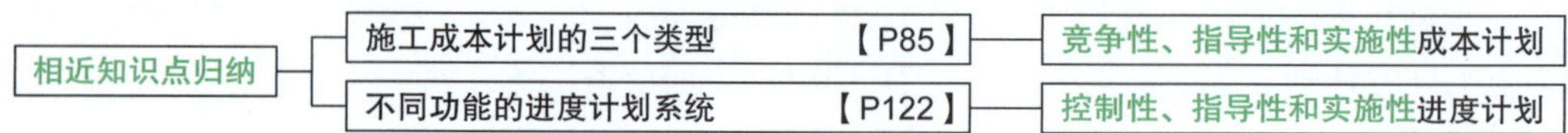

考点 5：计算机辅助项目进度控制 ★

1. 我国进度计划的软件都是在工程网络计划原理的基础上编制的	
2. 计算机辅助工程网络计划编制的意义	①计算量大；②计算的准确性；③及时调整；④有利于编制资源需求计划
3. 为使业主方各工作部门和项目各参与方方便快捷地获取进度信息，可利用项目信息门户作为基于互联网的信息处理平台辅助进度控制	

■ 经典题目

1.【2014-23】为使业主方各工作部门和项目各参与方协同工作，可利用（　　）进行基于互联网的辅助进度控制。

A. P3 项目管理软件　　B. 项目信息门户
C. MS Project　　D. MS Visio

2.【2005-84】用项目管理专用软件编制工程网络计划能够（　）。
A. 确保工程网络计划计算的准确性　　B. 确保工程网络计划原始资料的准确性
C. 确保工程网络计划的按时完成　　D. 有利于工程网络计划的及时调整
E. 有利于编制资源需求计划

3.【2004-83】建设工程项目进度计划系统的内容包括（　）。
A. 总进度纲要　　B. 二级进度计划
C. 进度计划审批程序　　D. 进度计划实施效果分析
E. 工程实际进度信息

1Z203020 建设工程项目总进度目标的论证

考点 1：项目总进度目标论证的工作内容 ★★★

1. 项目的总进度目标指的是整个工程项目的进度目标，它是在项目决策阶段项目定义时确定的	
2. 在进行建设工程项目总进度目标控制前，首先应分析和论证进度目标实现的可能性	
3. 大型建设工程项目总进度目标论证的核心工作是，通过编制总进度纲要论证总进度目标实现的可能性	
4. 总进度纲要的主要内容	①项目实施的总体部署 ②总进度规划 ③各子系统进度规划 ④确定里程碑事件的计划进度目标 ⑤总进度目标实现的条件和应采取的措施

■ 经典题目

1.【2015-22】关于大型建设工程项目总进度目标论证的说法，正确的是（　）。
A. 大型建设工程项目总进度目标论证的核心工作是编制总进度纲要
B. 大型建设工程项目总进度目标论证首先开展的工作是调查研究和收集资料
C. 大型建设工程项目总进度目标的确定应在项目的实施阶段进行
D. 若编制的总进度计划不符合项目的总进度目标，应调整总进度目标

2.【2015-76】建设工程项目总进度目标论证的主要任务有（　）。
A. 总进度规划编制　　B. 工程实施条件分析
C. 工程实施策划　　D. 项目总进度目标确定
E. 项目经济评价

3.【2014-59】关于建设工程项目总进度目标论证的说法，正确的是（　）。
A. 建设工程项目总进度目标指的是整个工程项目的施工进度目标
B. 建设工程项目总进度目标的论证应分析项目实施阶段各项工作的进度和关系
C. 大型建设工程项目总进度目标论证的核心工作是编制项目进度计划
D. 建设工程项目总进度纲要应包含各子系统中的单项工程进度规划

4.【2012-95】建设工程项目总进度纲要的主要内容包括（　）。
A. 项目实施的总体部署　　B. 总进度规划
C. 项目结构分析　　D. 确定里程碑事件的计划进度目标
E. 总进度目标实现的条件

5.【2010-67】在进行建设工程项目总进度目标控制前，首先应（　）。
A. 分析和论证进度目标实现的可能性　　B. 制定项目进度控制的措施
C. 编制施工总进度规划　　D. 对项目实施进行总体部署

6.【2007-81】在建设工程项目的实施阶段，项目总进度应包括（　）等。
A. 设计工程进度　　B. 施工前准备工作进度

C. 工程物资采购工作进度　　D. 项目动用前准备工作进度
E. 项目后评价工作进度

7.【2004-33】大型建设工程项目总进度目标论证的核心工作是通过（　）。
A. 编制总进度纲要，论证总进度目标实现的可能性
B. 分析工程发包组织方式，论证总进度目标分解的合理性
C. 分析施工技术方面的资料，论证总进度目标的控制措施
D. 分析施工组织资料，论证总进度目标实现的条件

考点 2：项目总进度目标论证的工作步骤 ★★★

1. 调查研究和收集资料	
2. 项目结构分析	是根据编制总进度纲要的需要，将整个项目进行逐层分解，并确立相应的工作目录
3. 进度计划系统的结构分析	
4. 项目的工作编码	应考虑：①计划层；②计划对象；③工作
5. 编制各层进度计划	
6. 编制总进度计划	
7. 若所编制的总进度计划不符合项目的进度目标，则设法调整【进度计划】	
8. 若经过多次调整，进度目标无法实现，则报告项目决策者	

经典题目

1.【2014-96】建设工程项目总进度目标论证时，调查研究和收集资料工作包括（　）。
A. 收集类似项目进度资料　　B. 收集与进度有关的该项目的组织资料
C. 了解该项目的总体部署　　D. 了解有关前期该项目进度目标的确定资料
E. 了解项目的编码资料

2.【2013-26】根据建设工程项目总进度目标论证的工作步骤，在完成“项目结构分析”工作之后应立即进行的工作是（　）。
A. 调查研究和收集资料　　B. 进度计划系统的结构分析
C. 项目的工作编码　　D. 编制各层进度计划

3.【2012-26】将一个子项目进度计划分解为若干个工作项，属于项目总进度目标论证工作的（　）。
A. 项目的结构分析　　B. 项目的工作编码
C. 各层进度计划的关系协调　　D. 进度计划系统的结构分析

4.【2011-33】建设工程项目总进度目标的工作包括：1. 项目结构分析；2. 编制各层进度计划；3. 进度计划系统的结构分析；4. 项目的工作编码。其正确的工作顺序是（　）。
A. 1-3-4-2　　B. 1-3-2-4
C. 3-2-1-4　　D. 4-1-3-2

5.【2006-32】论证大型建设工程项目总进度目标时，项目结构分析是指（　）。
A. 根据建立进度计划系统的需要，分析进度计划之间的关系
B. 根据项目合同体系，分析影响总进度目标实现的合同交界面
C. 根据建立进度计划系统的需要，分析确定进度计划的层次
D. 根据编制总进度纲要的需要，将整个项目逐层分解并确定相应的工作目录

6.【2006-84】在建设工程项目总进度目标论证过程中，项目的工作编码应考虑对不同的（　）进行标识。
A. 计划形式　　B. 计划层
C. 计划对象　　D. 计划方法
E. 资源类别

大立名师说

在考点2“项目总进度目标论证的工作步骤”中，步骤2和步骤3都是结构分析，顺序是先分析“项目”的结构，然后再分析“进度计划系统”的结构。步骤5和步骤6都是编制进度计划，顺序是先编制“各层进度计划”，然后再编制“总进度计划”。至此，理顺一下工作步骤：分析大结构→分析小结构→编号→编制小计划→编制大计划。仔细观察可以发现其中的规律，以步骤4为中心，呈现镜像关系。

1Z203030 建设工程项目进度计划的编制和调整方法

考点1：进度计划的类型和主要特点 ★★★

一、进度计划的类型

1. 横道图进度计划	优点：最简单、运用最广泛、传统的、简洁性、表达方式较直观、易看懂计划编制的意图	
	缺点： ①逻辑关系可以设法表达，但不易表达清楚【不能表达是错误说法】 ②适用于手工编制计划 ③没有通过严谨的计算，不能确定计划的关键工作、关键路线与时差 ④计划调整只能用手工方式进行，其工作量较大 ⑤难以适应大的进度计划系统	
2. 工程网络计划	常用的工程网络计划类型	①双代号网络计划；②双代号时标网络计划； ③单代号网络计划；④单代号搭接网络计划
	按工作持续时间特点分类	①肯定型问题；②非肯定型问题；③随机网络计划【口诀：哨飞机】

二、常用的工程网络计划类型的主要特点

	双代号网络计划	双代号时标网络计划	单代号网络计划
工作的内涵	用一条箭线和其箭尾与箭头处两个节点来表示一项工作	以时间坐标为尺度编制的网络计划，以实箭线表示工作，以波形线表示工作的自由时差	每一个节点表示一项工作 节点宜用圆圈或矩形表示
工作的表达	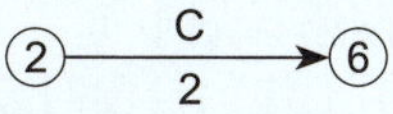 ② C 2 ⑥	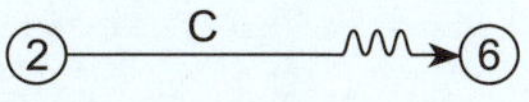 ② C ⑥	 5 C 2
箭线	母条箭线表示一项工作	实箭线表示工作	箭线表示紧邻工作之间的逻辑关系，既不占用时间，也不消耗资源
虚箭线	虚箭线是虚设工作，既不占用时间，也不消耗资源，一般起着工作之间的联系、区分和断路三个作用	虚箭线表示虚工作	工作之间的逻辑关系容易表达，且不用虚箭线；当网络图中有多项起点节点或多项终点节点时，应在网络图的两端分别设置一项虚工作
网络图	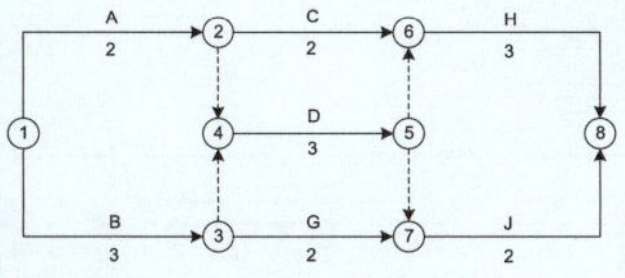	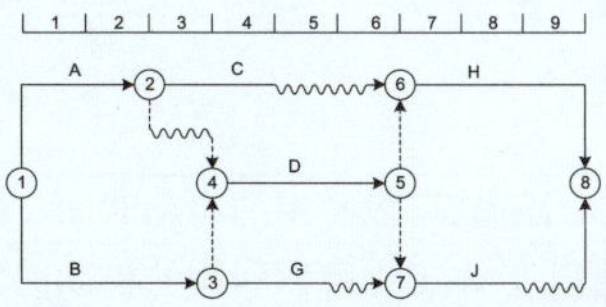	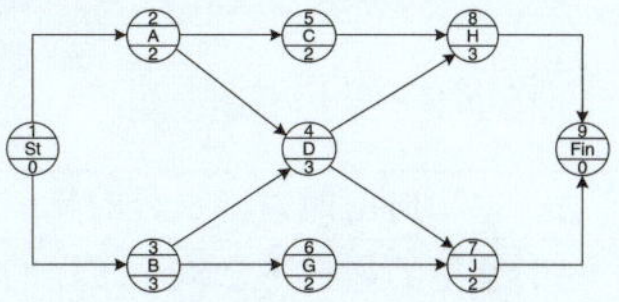

■ 经典题目

1.【2015-28】一般情况下，横道图能反应出工作的（　）。
A. 总时差　　B. 最迟开始时间
C. 持续时间　　D. 自由时差

2.【2015-55】关于虚工作的说法，正确的是（　）。
A. 虚工作只在双代号网络计划中存在
B. 虚工作一般不消耗资源但占用时间
C. 虚工作可以正确表达工作间逻辑关系
D. 双代号时标网络计划中虚工作用波形线表示

3.【2015-92】在双代号网络图中，虚箭线的作用有（　）。
A. 指向　　B. 联系
C. 区分　　D. 过桥
E. 断路

4.【2014-12】某双代号网络图如下图所示，存在的错误是（　）。

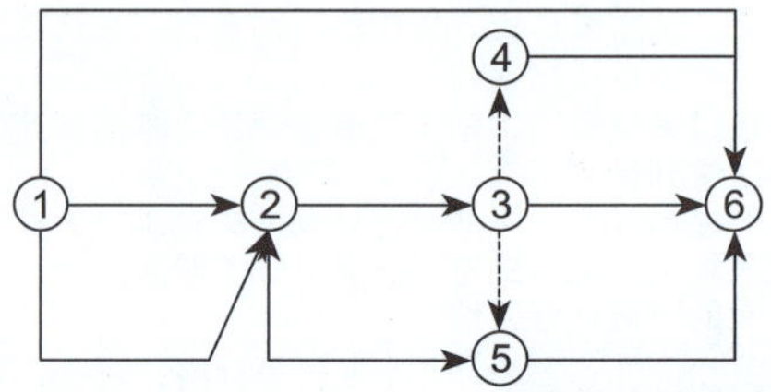

A. 工作代号相同　　B. 出现无箭头连线
C. 出现无箭头节点箭头　　D. 出现多个起点节点

5.【2006-26】与工程网络计划方法相比，横道图进度计划方法的缺点是不能（　）。
A. 直观表示计划中工作的持续时间　　B. 确定实施计划所需要的资源数量
C. 直观表示计划完成所需要的时间　　D. 确定计划中的关键工作和时差

6.【2006-82】按工作持续时间的特点不同，工程网络计划可划分为（　）。
A. 肯定型网络计划　　B. 随机型网络计划
C. 分级型网络计划　　D. 事件型网络计划
E. 非肯定型网络计划

7.【2004-27】根据《工程网络计划技术规程》，在双代号时标网络计划中（　）。
A. 以波形线表示工作，以虚箭线表示虚工作，以实箭线表示工作的自由时差
B. 以波形线表示工作，以实箭线表示虚工作，以虚箭线表示工作的自由时差
C. 以实箭线表示工作，以波形线表示虚工作，以虚箭线表示工作的自由时差
D. 以实箭线表示工作，以虚箭线表示虚工作，以波形线表示工作的自由时差

考点 2：基本概念 ★★★

一、总时差与自由时差

<table>
<tr><td colspan="2">1. 总时差和自由时差都是针对某一项工作而言可以利用的机动时间</td></tr>
<tr><td colspan="2">2. 总时差指的是在不影响总工期的前提下，本工作可以利用的机动时间</td></tr>
<tr><td colspan="2">3. 自由时差指的是在不影响其紧后工作最早开始时间的前提下，本工作可以利用的机动时间</td></tr>
<tr><td colspan="2">4. 对同一项工作而言，总时差≥自由时差</td></tr>
<tr><td rowspan="2">5. 当某工作实际进度偏差＞自由时差时</td><td>影响到什么？　影响到其紧后工作的最早开始时间，但不一定影响总工期</td></tr>
<tr><td>影响了多少？　实际进度偏差－自由时差</td></tr>
</table>

6. 当某工作实际进度偏差＞总时差时	影响到什么？　影响到总工期，且肯定影响其紧后工作的最早开始时间
	影响了多少？　实际进度偏差－总时差

二、关键工作与关键线路

	关键线路	关键工作
双代号网络计划	1. 线路上总的工作持续时间最长的线路为关键线路 2. 自始至终全部由关键工作组成的线路为关键线路	持续时间最长的工作，是关键工作［错误结论］
双代号时标网络计划	自始至终没有波形线的线路为关键线路	没有波形线的工作，是关键工作［错误结论］ 【一项工作没有波形线，只能说明该工作的自由时差为零】
单代号网络计划	1. 线路上总的工作持续时间最长的线路为关键线路 2. 从起点节点开始到终点节点均为关键工作，且所有工作的时间间隔为 0 的线路为关键线路	与紧后工作时间间隔为 0 的工作，是关键工作［错误结论］ 【与紧后工作时间间隔为 0，只能说明该工作自由时差为零】
三种网络计划的共同点	1. 一个网络计划可能有一条或几条关键线路 2. 在网络计划执行过程中，关键线路有可能转移 3. 关键线路上可能有虚工作存在，但不能有波形线存在	1. 总时差最小的工作是关键工作【这是唯一的判别准则】 2. 最迟完成时间－最早完成时间差值【即总时差】最小的工作 3. 最迟开始时间－最早开始时间差值【即总时差】最小的工作 4. 当计划工期等于计算工期时，总时差为零的工作是关键工作 5. 关键线路上的工作，都是关键工作
总结	1. 关键线路是从起点节点沿箭头方向到达终点节点的一条"通路" 2. 对不同的工程网络计划类型，其判别准则不同	1. 关键工作是关键线路上面的一个"点" 2. 对不同的工程网络计划类型，其判别准则相同 3. 关键工作的唯一判别准则：总时差最小的工作是关键工作

三、三种工期

类型	内涵	符号
计算工期	根据网络计划时间参数计算出来的工期	T_c
要求工期	任务委托人所要求的工期	T_r
计划工期	根据要求工期和计算工期所确定的、作为实施目标的工期 当已规定了要求工期时，计划工期不应超过要求工期，即 $T_p \leq T_r$ 当未规定要求工期时，可令计划工期等于计算工期，即 $T_p=T_c$	T_p

■ 经典题目

1.【2014-48】关于关键工作和关键线路的说法，正确的是（　）。

A. 关键线路上的工作全部是关键工作　　B. 关键工作不能在非关键线路上

C. 关键线路上不允许出现虚工作　　D. 关键线路上的工作总时差均为零

2.【2012-64】某工程网络计划中，工作 M 的自由时差为 2 天，总时差为 5 天。实施进度检查时发现该工作的持续时间延长了 4 天，则工作 M 的实际进度（　）。

A. 不影响总工期，但将其紧后工作的最早开始时间推迟 2 天

B. 既不影响总工程，也不影响其后续工作的正常进行

C. 将使总工期延长 4 天，但不影响其后续工作的正常进行

D. 将其后续工作的开始时间推迟 4 天，并使总工期延长 1 天

3.【2011-22】在工程网络计划中，如果某项工作的拖延时间超过其自由时差但没有超过总时差，则（　）。

A. 该项工作使其紧后工作不能按最早时间开始

B. 该项工作的延误会影响工程总工期

C. 该项工作会变成关键工作
D. 该项工作对后续工作及工程总工期无影响

4.【2011-76】关于双代号工程网络计划说法正确的有（　）。
A. 总时差最小的工作为关键工作
B. 网络计划中以终点节点为完成节点的工作，其自由时差和总时差相等
C. 关键线路上允许有虚箭线和波形线的存在
D. 每项工作的自由时差为零，其总时差必为零
E. 除了以网络计划终点为完成节点的工作，其他工作的最迟完成时间应等于其紧后工作最迟开始时间的最小值

5.【2010-94】关于关键线路和关键工作的说法，正确的有（　）。
A. 关键线路上相邻工作的时间间隔为零
B. 关键工作的总时差一定为零
C. 关键工作的最早开始时间等于最迟开始时间
D. 关键线路上各工作持续时间之和最长　　E. 关键线路可能有多条

6.【2009-91】在工程网络计划中，当计划工期等于计算工期时，关键工作的判定条件是（　）。
A. 该工作的总时差为零
B. 该工作与其紧后工作之间的时间间隔为零
C. 该工作的最早开始时间与最迟开始时间相等
D. 该工作的自由时差最小
E. 该工作的持续时间最长

7.【2006-29】在工程网络计划中，关键线路是指（　）。
A. 单代号网络计划中总的工作持续时间最长的线路
B. 双代号网络计划中由关键节点组成的线路
C. 单代号搭接网络计划中总的工作持续时间最长的线路
D. 双代号时标网络计划中无虚箭线的线路

8.【2006-83】在工程网络计划中，关键工作是指（　）的工作。
A. 双代号网络计划中持续时间最长
B. 单代号网络计划中与紧后工作之间时间间隔为零
C. 最迟完成时间与最早完成时间的差值最小
D. 最迟开始时间与最早开始时间的差值最小
E. 双代号时标网络计划中无波形线

考点 3：绘图规则 ★★★

通用规则	①必须正确表达已确定的逻辑关系【理解紧前工作与紧后工作的涵义】 ②不允许出现循环回路【检查是否有向左的箭线】 ③不能出现带双向箭头或无箭头的连线【一根单向箭线】 ④不能出现没有箭尾节点的箭线和没有箭头节点的箭线【两个节点】 ⑤箭线不宜交叉【注意：箭线不能交叉是错误说法】 ⑥只应有一个起点节点和一个终点节点 ⑦节点的编号顺序应从小到大，可不连续，但不允许重复【小数→大树】	单代号与双代号网络计划的绘图规则基本相同 区别是：单代号网络计划无虚箭线 单代号网络计划可能有虚工作
常见考法	①关键线路有几条？关键线路是什么？ ②绘图规则找错 [图形题与文字题] ③逻辑关系的判断。	

■ 经典题目

1.【2015-50】某网络计划如下图，逻辑关系正确的是（　）。

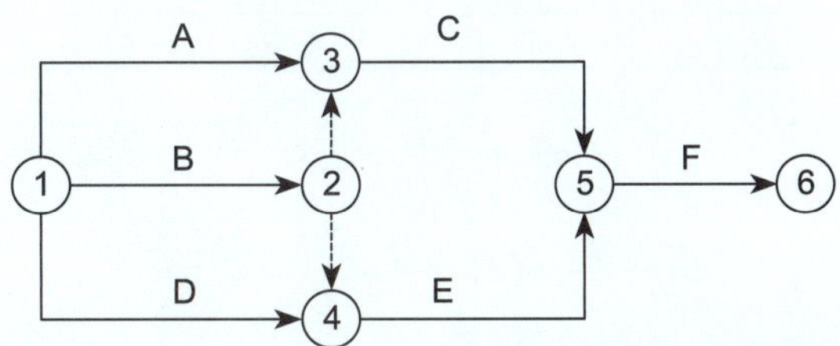

A. E 的紧前工作是 B、D　　B. A 完成后同时进行 C、F

C. A、B 均完成后进行 E　　D. F 的紧前工作是 D、E

2.【2014-35】某双代号网络图如下图所示，正确的是（　）。

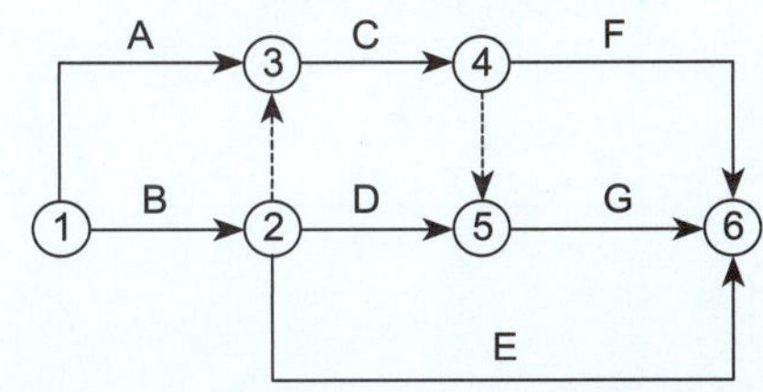

A. 工作 C、D 应同时开始　　B. 工作 B 的紧后工作只有 C、D

C. 工作 C、D 完成后即可进行工作 G　　D. 工作 D 完成后即可进行工作 F

3.【2014-79】某单代号网络图如下图所示，存在的错误有（　）。

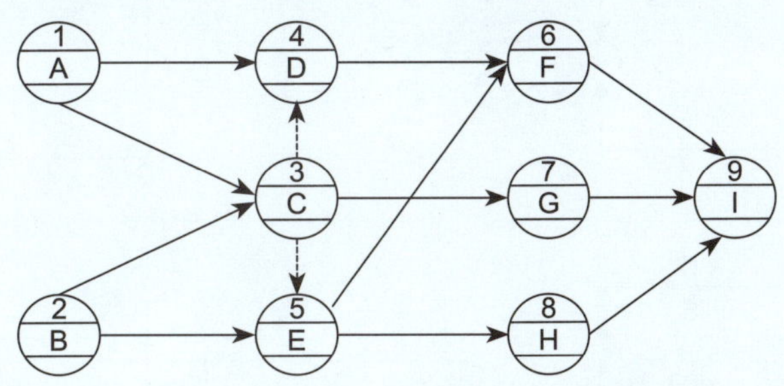

A. 多个起点节点　　B. 有多余虚箭线

C. 出现交叉箭线　　D. 没有终点节点

E. 出现循环回路

4.【2013-86】某分部工程双代号网络计划如下图所示，其存在的绘图错误有（　）。

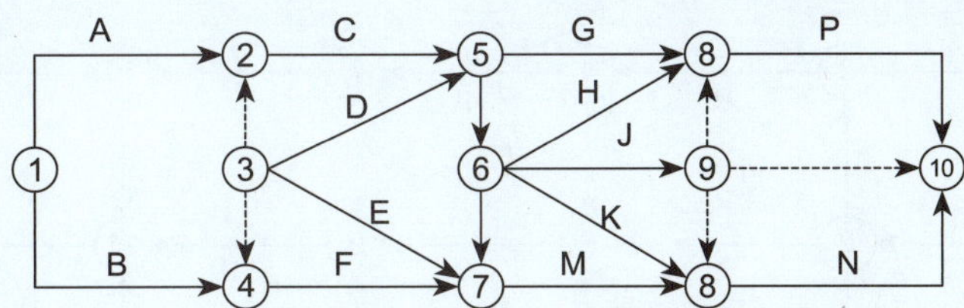

A. 多个终点节点　　B. 多个起点节点

C. 节点编号有误　　D. 存在循环回路

E. 有多余虚工作

5.【2012-33】根据下列逻辑关系表绘制的双代号网络图如下图所示，其存在的错误是（　）。

工作名称	A	B	C	D	E	G	H
紧前工作			A	A	A、B	C	E

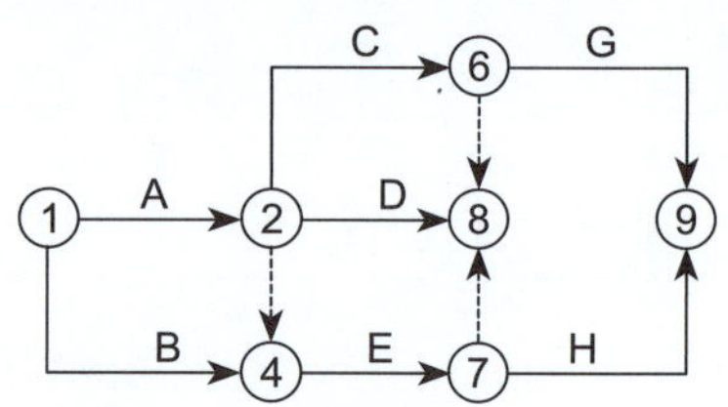

A. 节点编号不对　　B. 逻辑关系不对
C. 有多个终点节点　　D. 有多个起点节点

6.【2007-30】某分部工程单代号网络计划如下图所示，其对应的双代号网络计划是（　）。

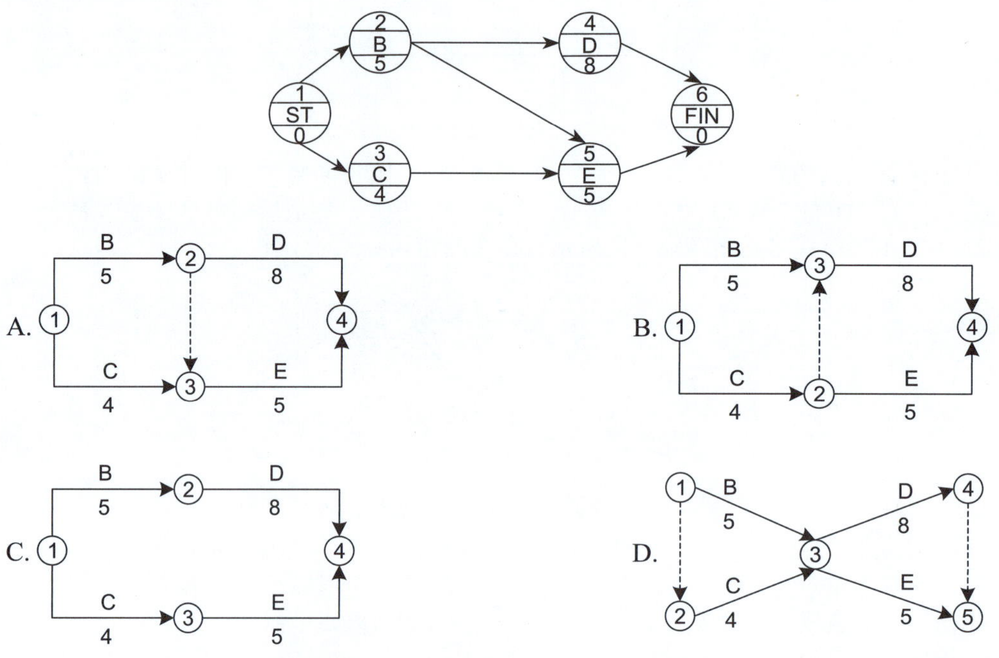

7.【2006-27】某工程双代号网络计划如下图所示，其关键线路有（　）条。

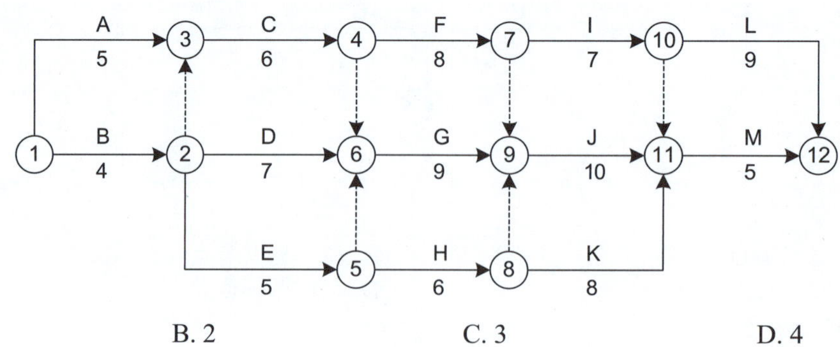

A. 1　　B. 2　　C. 3　　D. 4

考点 4. 双代号时标网络计划【熟练掌握计算】

双代号时标网络计划	1. 双代号时标网络计划是以时间坐标为尺度编制的网络计划
	2. 实箭线表示工作，虚箭线表示虚工作，波形线表示工作的自由时差
	3. 能在图上直接显示出各项工作的开始与完成时间、工作的自由时差及关键线路
	4. 双代号时标网络计划宜按各个工作的最早开始时间编制
	5. 自始至终没有波形线的线路，为关键线路；关键线路可能不止一条
	6. 某工作的总时差：从本工作开始到网络图的终点节点，所有线路中波形线之和的最小值【必须包括本工作的自由时差】

经典题目

1.【2013-54】双代号时标网络计划中，当某工作之后有虚工作时，则该工作的自由时差为（　）。

A. 该工作的波形线的水平长度

B. 本工作与紧后工作间波形线水平长度和的最大值

C. 本工作与紧后工作间波形线水平长度和的最小值

D. 后续所有线路段中波形线中水平长度和的最小值

2.【2012-36】某工程双代号时标网络计划如下图所示（时间单位：周），工作 A 的总时差为（　）周。

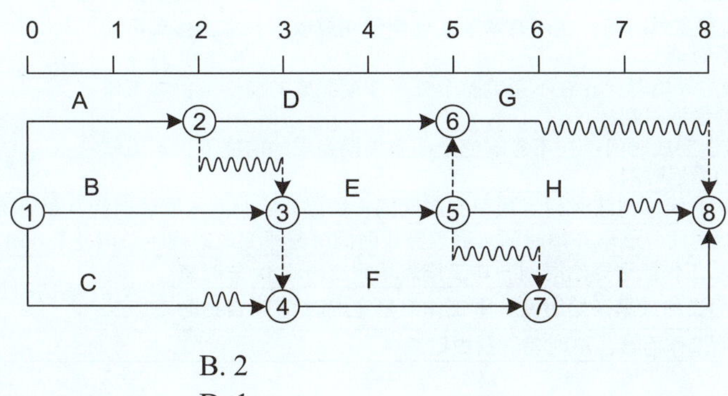

A. 0　　B. 2

C. 3　　D. 1

3.【2010-70】双代号时标网络计划中，波形线表示工作的（　）。

A. 总时差　　B. 自由时差

C. 相干时差　　D. 工作时间

4.【2009-48】双代号时标网络计划的特点之一是（　）。

A. 可以在图上直接显示工作开始与结束时间和自由时差，但不能显示关键线路

B. 不能在图上直接显示工作开始与结束时间，但可以直接显示自由时差和关键线路

C. 可以在图上直接显示工作开始与结束时间，但不能显示自由时差和关键线路

D. 可以在图上直接显示工作开始与结束时间、自由时差和关键线路

5.【2006-28】某工程双代号时标网络计划如下图所示（时间单位：周），在不影响总工期的前提下，工作 B 可利用的机动时间为（　）周。

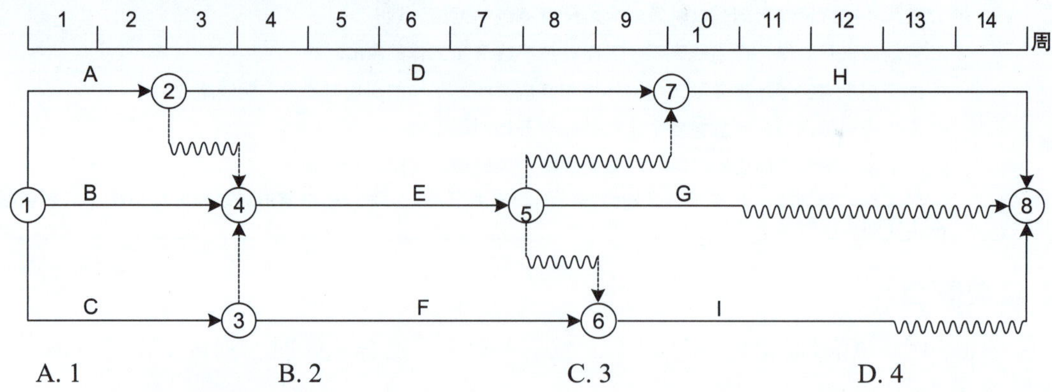

A. 1　　B. 2　　C. 3　　D. 4

考点 5. 双代号网络计划【熟练掌握计算】

一、时间参数的基本概念

双代号网络计划	1. ES －最早开始时间：在所有紧前工作全部完成以后，本工作有可能开始的最早时刻	强调某一时刻
	2. EF －最早完成时间：在所有紧前工作全部完成以后，本工作有可能完成的最早时刻	
	3. LS －最迟开始时间：在不影响整个任务按期完成的前提下，本工作必须开始的最迟时刻	
	4. LF －最迟完成时间：在不影响整个任务按期完成的前提下，本工作必须完成的最迟时刻	
	5. 最早开始时间 + 持续时间 = 最早完成时间；最迟开始时间 + 持续时间 = 最迟完成时间	
	6. 最迟开始时间 − 最早开始时间 = 最迟完成时间 − 最早完成时间 = 总时差【开始 − 开始 = 完成 − 完成】	
	7. Min[紧后工作最迟开始时间 − 本工作最早完成时间]= 总时差	强调一个时间段
	8. Min[紧后工作最早开始时间 − 本工作最早完成时间]= 自由时差	
	9. 对同一项工作而言，总时差≥自由时差	

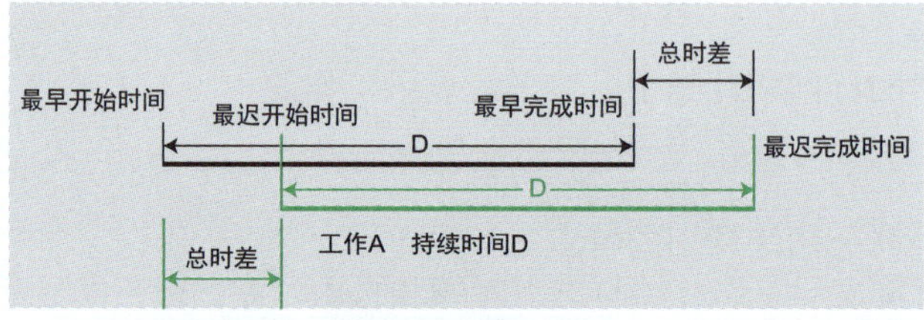

[总时差的内涵]

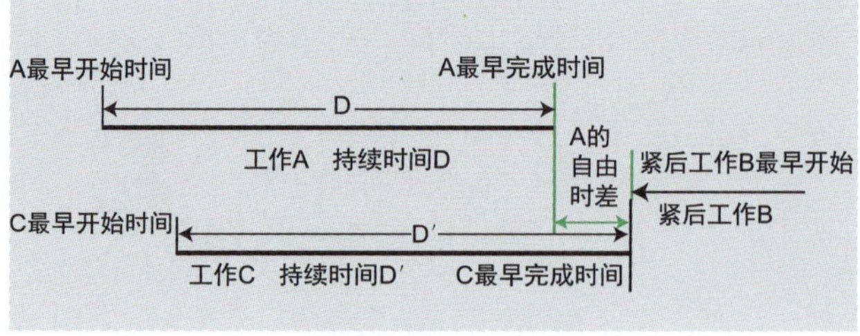

[自由时差的内涵]

■ 经典题目

1.【2013-13】有分部工程双代号网络计划如下图所示，则工作 C 的自由时差为（　）天。

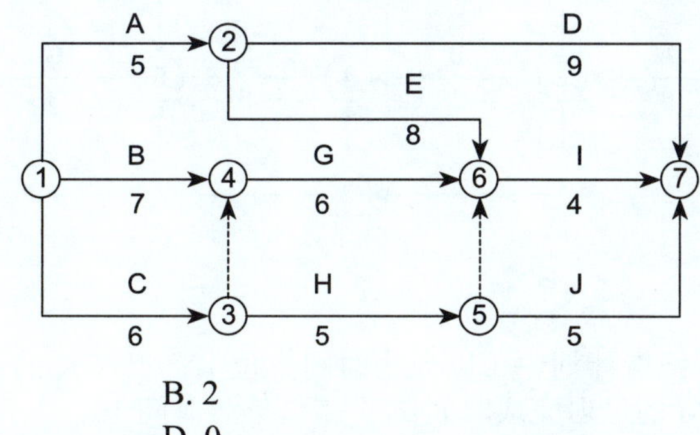

A. 1　　B. 2
C. 3　　D. 0

2.【2012-76】某工程双代号网络计划如下图所示（时间单位：天），图中已标出各项工作的最早开始时间 ES 和最迟开始时间 LS，该计划表明（　）。

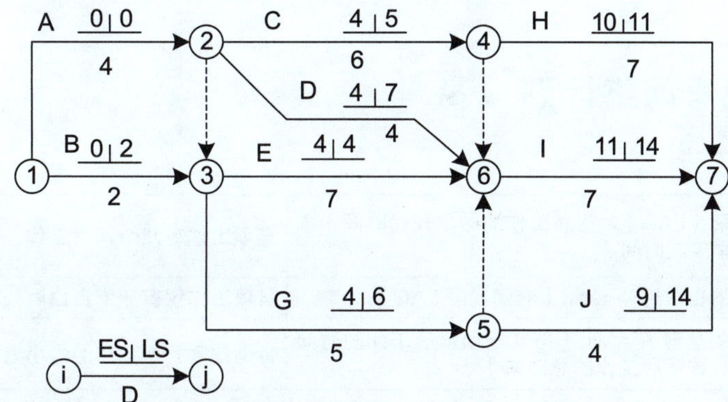

A. 工作 1 ～ 3 的总时差和自由时差相等
B. 工作 2 ～ 6 的总时差和自由时差相等
C. 工作 2 ～ 4 和工作 3 ～ 6 均为关键工作
D. 工作 3 ～ 5 的总时差和自由时差分别为 2 和 0 天
E. 工作 5 ～ 7 的总时差和自由时差相等

3.【2011-76】关于双代号工程网络计划说法正确的有（　）。
A. 总时差最小的工作为关键工作
B. 网络计划中以终点节点为完成节点的工作，其自由时差和总时差相等
C. 关键线路上允许有虚箭线和波形线的存在
D. 每项工作的自由时差为零，其总时差必为零
E. 除了以网络计划终点为完成节点的工作，其他工作的最迟完成时间应等于其紧后工作最迟开始时间的最小值

4.【2010-36】某工程网络计划中，工作 F 的最早开始时间为第 11 天，持续时间为 5 天；工作 F 有三项紧后工作，它们的最早开始时间分别为第 20 天、第 22 天和第 23 天，最迟开始时间分别为第 21 天，第 24 天和第 27 天，工作 F 的总时差和自由时差分别为（　）天。
A. 5；4　　B. 5；5
C. 4；4　　D. 11；7

5.【2009-60】某双代号网络计划如下图所示（时间：天），则工作 D 的自由时差是（　）天。

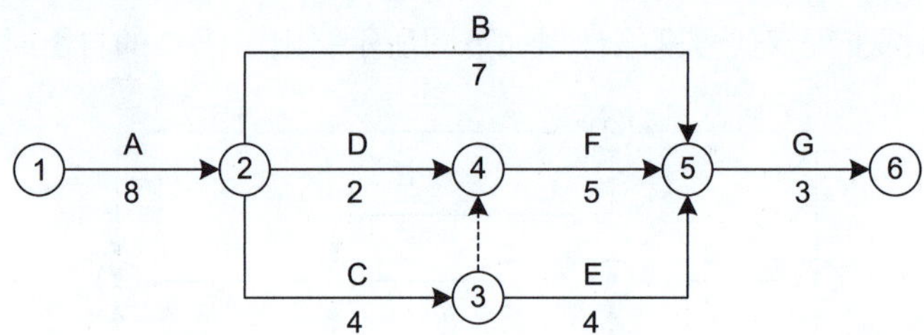

A. 3　　B. 2
C. 1　　D. 0

6.【2007-33】某双代号网络计划中（以天为时间单位），工作 K 的最早开始时间为 6，工作持续时间为 4；工作 M 的最迟完成时间 22，工作持续时间 10；工作 N 的最迟完成时间为 20，工作持续时间为 5，已知工作 K 只有 M、N 两项紧后工作，工作 K 的总时差为（　）天。

A. 2　　B. 3
C. 5　　D. 6

考点 6：单代号网络计划 ★★

一、时间参数的基本概念

单代号网络计划	1. 时间间隔【LAG】= 紧后工作的最早开始时间 - 本工作的最早完成时间	某项工作有几个紧后工作，就有几个时间间隔
	2. 某工作的自由时差 =Min【时间间隔 LAG】	某项工作仅有一个自由时差
	3. 某工作的总时差 =Min【与某一项紧后工作的时间间隔 LAG+ 该紧后工作的总时差】	特别注意：是“和的最小值”

■ 经典题目

1.【2015-17】已知工作 F 有且仅有两项并行的幕后工作 G 和 H，G 工作的最迟开始时间为第 12 天，最早开始时间为第 8 天，H 工作的最迟完成时间为第 14 天，最早完成时间为第 12 天；工作 F 与 G、H 的时间间隔分别为 4 天和 5 天，则 F 工作的总时差为（　）天。

A. 0　　B. 5
C. 7　　D. 9

2.【2014-50】某工作有且仅有两个紧后工作 C、D，其中 C 工作最早开始时间为 10 天（计算坐标系，下同），最迟完成时间为 18 天，持续时间为 5 天；D 工作最早完成时间为 18 天，最迟完成时间为 20 天，持续时间为 6 天；该工作与 C 工作间的时间间隔为 2 天，与 D 工作间的时间间隔为 4 天，则该工作的总时差为（　）天。

A. 3　　B. 4
C. 5　　D. 6

3.【2011-11】已知工作 A 的紧后工作是 B 和 C，B 工作的最迟开始时间为第 20 天，最早开始时间为第 14 天，C 工作的最迟完成时间为第 16 天，最早完成时间为第 14 天，A 工作的自由时差为第 5 天，则 A 工作的总时差为（　）天。

A. 0　　B. 7
C. 5　　D. 9

考点 7：实际进度前锋线

1. 实际进度在检查日期的左侧	进度延误；延误的时间等于实际进展点与检查日期的水平投影长度
2. 实际进度在检查日期的右侧	进度超前；超前的时间等于实际进展点与检查日期的水平投影长度
3. 实际进度与检查日期重合	进度一致
4. 判断实际进度对总工期的影响	当延误时间超过该工作的总时差时，才会影响到总工期；影响的天数 = 实际延误天数 – 该工作总时差

■ 经典题目

1.【2015-94】某工程项目的双代号时标网络计划，当计划执行到第 4 周末及第 10 周末时，检查得出实际进度前锋线如下图所示，检查结果表明（ ）。

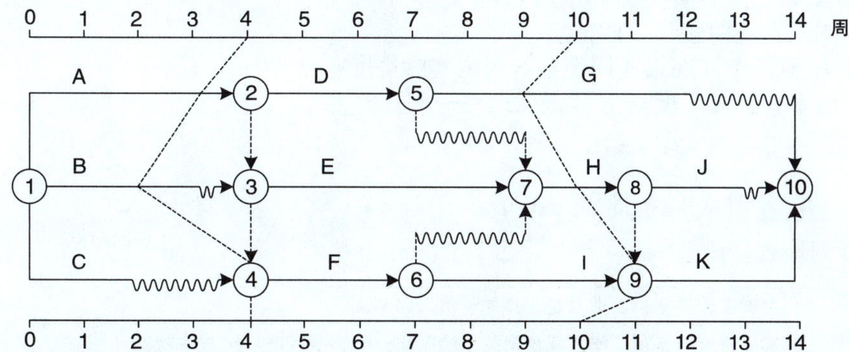

A. 第 4 周末检查时工作 B 拖后 1 周，但不影响总工期
B. 第 4 周末检查时工作 A 拖后 1 周，影响总工期 1 周
C. 第 10 周末检查时工作 G 拖后 1 周，但不影响总工期
D. 第 10 周末检查时工作 I 提前 1 周，可使总工期提前 1 周
E. 在第 5 周到第 10 周内，工作 F 和工作 I 的实际进度正常

2.【2014-94】某工程双代号时标网络计划，在第 5 天末进行检查得到的实际进度前锋线如下图所示，正确的有（ ）。

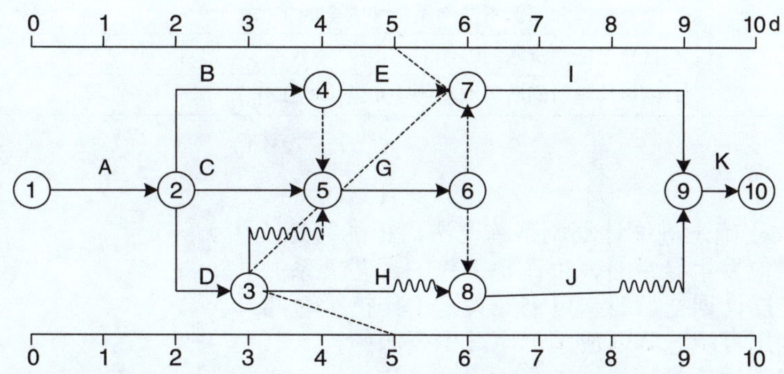

A. H 工作还剩 1 天机动时间
B. 总工期缩短 1 天
C. H 工作影响总工期 1 天
D. E 工作提前 1 天完成
E. G 工作进度落后 1 天

3.【2011-93】某分部工程时标网络计划如下图所示，当计划执行到第 3 周末时和第 6 周末时，检查得到的实际进度如图中的实际进度前锋线所示，该图说明（ ）。

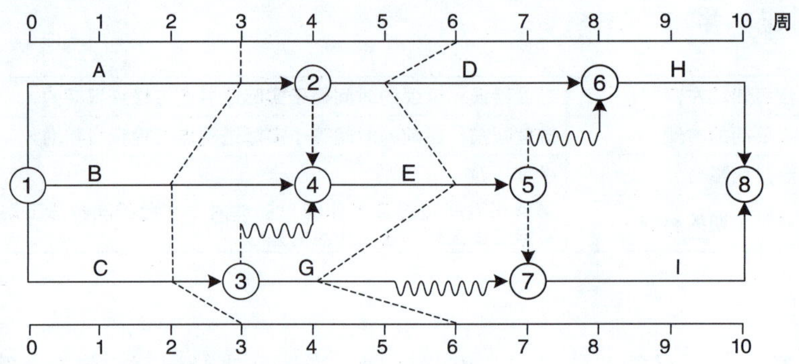

A. 第 3 周末检查时预计工期拖后一周
B. 工作 A 和工作 D 在第 4 周至第 6 周内实际进度正常
C. 第 6 周末检查时预计工期拖后一周
D. 工作 B 和工作 E 在第 4 周至第 6 周内实际进度正常
E. 第 6 周末检查时工作 G 实际进度拖后一周

考点 8：进度计划的调整 ★★

一、网络计划检查与调整

<table>
<tr><td>网络计划
检查的内容</td><td colspan="3">1. 关键工作进度；2. 非关键工作的进度及时差</td></tr>
<tr><td></td><td colspan="3">3. 实际进度对各项工作之间逻辑关系的影响；4. 资源状况；5. 成本状况</td></tr>
<tr><td rowspan="4">网络计划
调整的内容</td><td rowspan="2">1. 调整关键线路的长度</td><td>当实际进度拖后时</td><td>选择资源强度小或费用低的后续关键工作，缩短其持续时间</td></tr>
<tr><td>当实际进度提前时</td><td>选用资源占用量大或者直接费用高的后续关键工作，延长其持续时间</td></tr>
<tr><td>2. 调整非关键工作时差</td><td colspan="2"></td></tr>
<tr><td colspan="3">3. 增、减工作项目；　4. 调整逻辑关系；　5. 调整工作的持续时间；　6. 调整资源的投入</td></tr>
</table>

二、在选择缩短持续时间的关键工作时宜考虑因素

考虑因素	1. 缩短持续时间而不影响质量和安全的工作
	2. 有充足备用资源的工作
	3. 缩短持续时间所需增加的费用最少的工作

■ 经典题目

1.【2015-39】关于施工进度计划调整的说法，正确的是（　）。
A. 当资源供应发生异常时，可调整工作的工艺关系
B. 当实际进度计划拖后时，可缩短关键工作持续时间
C. 为充分利用资源、降低成本，应减少资源的投入
D. 任何情况下均不允许增减工作项目

2.【2012-54】关于进度调整的说法，正确的是（　）。
A. 根据计划检查的结果在必要时进行计划的调整
B. 网络计划中某项工作进度超前，不需要进行计划的调整
C. 非关键线路上的工作不需要进行调整
D. 当某项工作实际进度拖延的时间超过其总时差时，只需要考虑总工期的限制

3.【2010-41】当关键线路的实际进度比计划进度拖后时，应在尚未完成的关键工作中，选择（ ）的工作，压缩其作业持续时间。
A. 资源强度小且持续时间短　B. 资源强度小或费用低
C. 资源强度大或持续时间短　D. 资源强度大且费用高

4.【2010-92】当计算工期超过计划工期时，可压缩关键工作的持续时间以满足要求。在确定缩短持续时间的关键工作时，宜选择（ ）。
A. 有多项紧前工作的工作　B. 缩短持续时间而不影响质量和安全的工作
C. 有充足备用资源的工作　D. 缩短持续时间所增加的费用相对较少的工作
E. 单位时间消耗资源量大的工作

5.【2009-80】当工程施工的实际进度与计划进度不符时，需要对网络计划做出调整，调整的内容有（ ）。
A. 调整关键线路的长度　B. 调整非关键工作时差
C. 调整组织结构　D. 增、减工作项目
E. 调整资源的投入

1Z203040 建设工程项目进度控制的措施

考点 1：进度控制的措施 ★★★

一、进度控制的措施

	具体措施	关键词
组织措施	1. 健全项目管理的组织体系 2. 专门的工作部门和专人负责进度控制工作 3. 编制项目进度控制的工作流程 4. 定义项目进度计划系统的组成 5. 各类进度计划的编制、审批和计划调整程序 6. 进度控制会议的组织设计	组织 人 流程 系统 程序 会议
管理措施 【包括合同措施】	1. 用工程网络计划的方法编制进度计划 2. 承发包模式的选择 3. 选择合理的合同结构 4. 工程物资的采购模式 5. 分析影响工程进度的风险 6. 重视信息技术（软件、局域网、互联网以及数据处理设备）的应用	管理的方法 承发包模式 合同 采购模式 风险 管理的手段
经济措施	1. 资金需求计划 2. 资金供应条件 3. 经济激励措施 4. 资源需求计划	资金 资金 激励 资源
技术措施	1. 设计技术（设计理念、设计技术路线、设计方案） 2. 施工技术（施工方案、施工方法和施工机械）	设计 施工

二、进度控制在管理观念方面存在的主要问题

存在的主要问题	1. 缺乏进度计划系统的观念 2. 缺乏动态控制的观念 3. 缺乏进度计划多方案比较和优选的观念	【口诀：多动（症）系统】

三、进度控制的主要工作环节

进度控制的主要工作环节	1. 进度目标的分析和论证
	2. 编制进度计划
	3. 定期跟踪进度计划的执行情况
	4. 采取纠偏措施
	5. 调整进度计划

■ 经典题目

1.【2015-40】为赶上已拖延的施工进度，项目部决定采用混凝土泵代替原来的塔吊运输混凝土，该纠偏措施属于（　）。

A. 管理措施　B. 组织措施

C. 经济措施　D. 技术措施

2.【2015-56】运用建设工程的项目信息门户辅助施工项目进度控制，属于进度控制的（　）措施。

A. 技术　B. 管理

C. 经济　D. 组织

3.【2015-88】下列建设工程项目进度控制措施中，属于管理措施的有（　）。

A. 选择合同结构　B. 分析工程风险

C. 建立管理组织体系　D. 确定物资采购模式

E. 明确管理职能

4.【2014-70】下列进度控制措施中，属于组织措施的是（　）。

A. 编制网络进度计划　B. 编制资源需求计划

C. 编制先进完整的施工方案　D. 编制进度控制的工作流程

5.【2014-75】项目进度控制时，进度控制会议的组织设计的内容有（　）。

A. 会议的具体流程　B. 会议的类型

C. 会议的主持人　D. 会议的召开时间

E. 会议文件的整理

6.【2013-37】为了实现项目的进度目标应选择合理的合同结构，以避免过多的合同交界面而影响工程的进展，这属于进度控制的（　）。

A. 组织措施　B. 经济措施

C. 技术措施　D. 管理措施

7.【2013-76】下列进度控制的措施中，属于组织措施的有（　）。

A. 选择承发包模式　B. 进行工程进度的风险分析

C. 落实资金供应的条件　D. 编制项目进度控制的工作流程

E. 进行有关进度控制会议的组织设计

8.【2012-29】下列建设工程项目进度控制的措施中，属于技术措施的是（　）。

A. 优选工程项目施工方案　B. 确定各类进度计划的审批程序

C. 选择合理的合同结构　D. 选择工程承包发包模式

9.【2012-32】为实现进度目标而采取的经济激励措施所需要的费用，应在（　）中考虑。

A. 工程预算　B. 投标报价

C. 投资估算　D. 工程概算

10.【2012-94】下列进度控制措施中，属于经济措施的有（　）。

A. 编制进度控制工作流程　B. 选用恰当的承发包形式

C. 按时支付工程款项　D. 设立提前完工奖

E. 拖延完工予以处罚

11.【2011-29】下列建设工程项目进度控制的措施中，属于技术措施的是（　）。
A. 确定各类进度计划的审批程序
B. 优选工程项目设计、施工方案
C. 选择合理的合同结构
D. 选择工程承发包模式

12.【2011-77】为顺利地实施建设工程项目的进度控制，项目管理者应当强化（　）的管理理念。
A. 与供方互利
B. 系统方法
C. 动态控制
D. 多方案比选
E. 以顾客为关注焦点

13.【2011-92】建设工程项目进度控制的主要工作环节包括（　）。
A. 分析论证进度目标
B. 跟踪检查进度计划执行情况
C. 确定进度目标
D. 编制进度计划
E. 采取纠偏措施

14.【2010-49】下列进度控制措施中，属管理措施有（　）。
A. 分析影响项目工程进度的风险
B. 制定项目进度控制的工作流程
C. 选用有利的设计和施工技术
D. 建立进度控制的会议制度

15.【2010-53】下列为加快进度而采取的各项措施中，属于技术措施的是（　）。
A. 重视计算机软件的应用
B. 编制进度控制工作流程
C. 实行班组内部承包制
D. 用大模板代替小钢模

16.【2010-71】下列建设工程项目进度控制措施中，属于经济措施的有（　）。
A. 应用价值工程方法
B. 审核设计预算
C. 编制资源需求计划
D. 明确资金供应条件
E. 落实经济激励措施

17.【2010-72】关于建设工程项目进度控制措施的说法，正确的是（　）。
A. 各类进度计划的编制程序、审查流程属于组织措施的范畴
B. 管理措施主要涉及管理的思想、方法和承发包模式
C. 风险管理属于进度控制管理措施的范畴
D. 在工程进度受阻时，应首先对有无设计变更的可能性进行分析
E. 应用信息技术属于进度控制管理措施的范畴

18.【2009-12】建设工程项目进度控制措施中，采用信息技术辅助进度控制属于进度控制的（　）措施。
A. 经济
B. 技术
C. 组织
D. 管理

19.【2009-34】为确保工程项目进度目标的实现，应编制与进度计划相适应的资源需求计划，若发现该资源条件不具备，则应调整（　）。
A. 进度目标
B. 资源计划
C. 资金计划
D. 进度计划

20.【2004-32】建设工程项目进度计划应体现资源的合理使用、工序的合理组织、工作面的合理安排等，为达到上述目的（　）。
A. 进度计划不必过早形成计划系统
B. 应对进度计划进行动态控制
C. 应对进度计划进行多方案比较与优化
D. 应增大影响进度风险的敏感度系数

大立名师说

建设工程项目进度控制的管理措施涉及管理的思想、管理的方法、管理的手段、承发包模式、合同管理和风险管理等。这一表述是教材中对于管理措施最为全面、最为完整的诠释，考生应深刻理解，重点掌握。

相近知识点归纳

- 1. 进度控制的动态管理过程 【P120】
- 2. 进度控制的主要工作环节 【P154】

参考答案

1Z203000 建设工程项目进度控制

1Z203010 建设工程项目进度控制与进度计划系统

考点 1：进度控制的动态管理过程 ★★★

1.B　2.ABDE　3.D

考点 2：进度控制与进度控制的目的 ★★

1.D　2.ADE　3.A

考点 3：进度控制的任务 ★★★

1.A　2.A　3.D　4.D　5.C　6.BE　7.D

考点 4：项目进度计划系统 ★★

1.C　2.D　3.C　4.AC

考点 5：计算机辅助项目进度控制 ★

1.B　2.ADE　3.AB

1Z203020 建设工程项目总进度目标的论证

考点 1：项目总进度目标论证的工作内容 ★★★

1.B　2.ABC　3.B　4.ABDE　5.A　6.ABCD　7.A

考点 2：项目总进度目标论证的工作步骤 ★★★

1.ABCD　2.B　3.D　4.A　5.D　6.BC

1Z203030 建设工程项目进度计划的编制和调整方法

考点 1：进度计划的类型和主要特点 ★★★

1.C　2.C　3.BCE　4.A　5.D　6.ABE　7.D

考点 2：基本概念 ★★★

1.A　2.A　3.A　4.ABE　5.AE　6.AC　7.A　8.CD

考点 3：绘图规则 ★★★

1.A　2.C　3.ABC　4.BCE　5.C　6.A　7.C

考点 4：双代号时标网络计划 ★★★

1.A　2.D　3.B　4.D　5.B

考点 5：双代号网络计划 ★★★

1.D　2.ABDE　3.ABE　4.A　5.B　6.A

考点 6：单代号网络计划 ★★

1.C　2.C　3.B

考点 7：实际进度前锋线

1.BC　2.DE　3.AC

考点 8：进度计划的调整 ★★

1.B　2.A　3.B　4.BCD　5.ABDE

1Z203040 建设工程项目进度控制的措施

考点 1：进度控制的措施 ★★★

1.D　2.B　3.ABD　4.D　5.BCDE　6.D　7.DE
8.A　9.A　10.CDE　11.B　12.BCD　13.ABDE
14.A　15.D　16.CDE　17.ACE　18.D　19.D　20.C

第四章

1Z204000 建设工程项目质量控制

1Z204000 建设工程项目质量控制

【本章历年考情分析】

1Z204000	2016 年		2015 年		2014 年		2013 年		2012 年	
	单选	多选	单选	多选	单选	多选	单选	多选	单选	多选
1Z204010 建设工程项目质量控制的内涵	2		2	2	2		2	2		2
1Z204020 建设工程项目质量控制体系	2	2	2	2	1	2	2	2	3	
1Z204030 建设工程项目施工质量控制	3	2	3	2	3	2	3	2	3	2
1Z204040 建设工程项目施工质量验收	2	2	2	2	2	2	3	2	2	2
1Z204050 施工质量不合格的处理	2	2	2	2	2	2	2	2	2	2
1Z204060 数理统计方法在工程质量管理中的应用	1	2	1	2	1	2	2	2	2	2
1Z204070 建设工程项目质量的政府监督	1		1		1		2	2	1	
1Z204000 单选合计 / 多选合计	13	10	13	12	12	10	16	14	13	10
1Z204000 总计	23		25		22		30		23	

【章节知识框架】

1Z204010 建设工程项目质量控制的内涵

考点 1：项目质量控制 ★★★

一、项目质量控制的相关概念

质量	一组固有特性满足要求的程度 包括：①产品的质量；②产品生产活动或过程的工作质量；③质量管理体系运行的质量
质量管理	1. 在质量方面指挥和控制组织的协调的活动；2. 建立和确定质量方针、质量目标及职责，并在质量管理体系中通过质量策划、质量控制、质量保证和质量改进等手段来实施和实现全部质量管理职能的所有活动
质量控制【高频考点】	是质量管理的一部分，是致力于满足质量要求的一系列相关活动； 这些活动主要包括：①设定目标；②测量结果；③评价；④纠偏
工程项目质量控制	在项目实施整个过程中，项目参与各方致力于实现业主要求的项目质量总目标的一系列活动。工程项目质量控制包括项目的建设、勘察、设计、施工、监理各方的质量控制活动

	一组固有特性满足要求的程度
工程项目质量控制的任务	①单位【五方】的工程质量行为；②工程实体质量
项目质量控制的重点	施工质量控制

经典题目

1.【2014-62】根据《质量管理体系基础和术语》（GB/T 19000—2008/ISO 9000：2005），质量控制的定义是（　）。

A. 质量管理的一部分，致力于满足质量要求的一系列相关活动

B. 工程建设参与者为了保证工作项目质量所从事工作的水平和完善程度

C. 对建筑产品具备的满足规定要求能力的程度所做的系统检查

D. 来达到工程项目质量要求所采取的作业技术和活动

2.【2013-24】在工程勘察设计、招标采购、施工安装、竣工验收等各个阶段，建设工程项目参与各方的质量控制，均应围绕致力于满足（　）的质量总目标而展开。

A. 法律法规　　B. 业主要求

C. 工程建设标准　　D. 设计文件

3.【2013-100】根据《质量管理体系基础和术语》(GB/T 19000—2008/ISO 9000：2005)，质量控制是质量管理的一部分，是致力于满足质量要求的一系列相关活动。这些活动主要包括（　）。

A. 设定标准　　B. 测量结果

C. 评价　　D. 质量策划

E. 纠偏

4.【2005-34】根据 GB/T 19000，在明确的质量目标条件下，通过行动方案和资源配置的计划、实施、检查和监督来实现预期目标的过程称为（　）。

A. 质量保证　　B. 质量控制

C. 质量管理　　D. 质量活动

大立名师说

"管理"与"控制"的关系

- 1. "管理"所涵盖的范围比"控制"涵盖的范围要大；"控制"是"管理"的一部分
- 2. 与"成本管理"包含"成本控制"一样，"质量管理"也包含着"质量控制"
- 3. "质量管理"和"质量控制"都是一种活动
- 4. "质量控制"是致力于满足质量要求的一系列相关活动
- 5. "质量管理"是实施和实现全部质量管理职能的所有活动

考点 2：项目质量的形成过程 ★★

三大阶段	具体过程	时间范畴	主要特征	形成过程
目标决策	质量需求的识别	决策阶段	这一过程的质量管理职能在于识别建设意图和需求；质量目标的决策是业主的质量管理职能；业主的需求和法律法规的要求，是决定项目质量目标的主要依据	项目质量的形成过程，贯穿于项目的决策过程和实施过程
目标细化	质量目标的定义	设计阶段	设计的任务就是按照业主的建设意图、相关法规和标准、规范的强制性条文要求，将项目的质量目标具体化	
目标实现	质量目标的实现	施工阶段	质量目标实现的最重要和最关键的过程是在施工阶段包括施工准备过程和施工作业技术活动过程	

■ 经典题目

1.【2010-58】在建设工程项目质量的形成过程中，应在建设项目的（　）阶段完成质量需求的识别。

A. 决策　　B. 施工

C. 竣工验收　　D. 设计

2.【2009-26】建设工程项目质量的形成过程体现了建设工程项目质量（　）的系统过程。

A. 从目标决策、目标细化到目标实现　　B. 从目标定义、目标决策到目标实现

C. 从目标决策、目标细化到目标检验　　D. 从目标定义、目标细化到目标检验

3.【2007-36】建设工程项目质量的形成过程，体现了从目标决策、目标细化到目标实现的系统过程，而质量目标的决策是（　）的职能。

A. 建设单位　　B. 设计单位

C. 项目管理咨询单位　　D. 建设项目工程总承包单位

考点 3：项目质量的影响因素 ★★

项目质量的影响因素				人机料法环
	1. 人	①个人的质量意识及质量活动能力	人的因素起决定性作用应以控制人的因素基本出发点	
		②实体组织的质量管理体系及其管理能力		
	2. 机械	①工程设备：是指组成工程实体的工艺设备和各类机具		
		②施工机械和施工工器具：是指施工过程中使用的各类机具设备		
	3. 材料	各类材料是工程施工的基本物质条件，材料质量是工程质量的基础		
	4. 方法	①包括勘察、设计、施工所采用的技术和方法，以及工程检测、试验的技术和方法等		
		②技术方案和工艺水平的高低，决定了项目质量的优劣		
		③比如：建设主管部门在建筑业中推广应用的多项新技术		
	5. 环境	①自然环境：地质，水文，气象，地下障碍物，不可抗力等	强调天然形成的条件	
		②社会环境：国家，建筑市场，政府，咨询服务业，廉政管理及行风建设，法人和经营者等		
		③管理环境：参建单位的质量管理体系，质量管理制度，各参建单位之间的协调，合同结构		
		④作业环境：照明，通风，安防设施，给排水、交通和道路等	强调人为创造建立	

■ 经典题目

1.【2015-1】“建设工程项目法人决策的理性化程度以及建筑业经营者的经营管理理念”属于影响建设工程质量的（　）。

A. 管理环境因素　　B. 人的因素

C. 方法的因素　　D. 社会环境因素

2.【2012-75】下列影响建设工程项目质量的环境因素中，属于劳动作业因素的有（　　）。
A. 地下水位　　B. 风力等级
C. 照明方式　　D. 验收程序
E. 围挡设施

考点 4：质量风险 ★★★

一、质量风险的分类

从风险产生的原因分类	1. 自然风险	①客观自然条件【如地质，水文，气象条件等】	
		②突发自然灾害【如地震，暴风，雷电，暴雨等】	
	2. 技术风险	①现有技术水平的局限	特别是在不够成熟的四新的应用上风险更大
		②项目实施人员对工程技术的掌握、应用不当	
	3. 管理风险	①组织结构不合理、工作流程组织不科学、任务分工和职能划分不恰当 ②单位的质量管理体系存在缺陷、管理制度不健全、管理者的管理能力不足和责任心不强	
	4. 环境风险	①社会环境【社会上的种种腐败现象和违法行为】 ②工作环境【现场的空气、水、光污染、噪声等】	
从风险损失责任承担的角度分类	1. 业主方风险；2. 勘察设计方风险；3. 施工方风险；4. 监理方风险		

二、质量风险管理过程

	步骤	内容	
质量风险管理过程	1. 质量风险识别	①采用层次分析法画出质量风险结构层次图；②分析风险促发因素；③汇总成为质量风险识别报告	口诀：十姑想空
	2. 质量风险评估	①内容：评估损失量、评估概率 ②方法：应采取定性与定量相结合的方法、通常可以采用经验判断法或德尔菲法 ③汇编风险评估表	
	3. 质量风险响应	规避对策：避免、避开、不选用 减轻对策：降低风险量和风险等级；施工质量保证措施和质量事故应急预案 转移对策：分包、担保、保险【口诀：转移三个宝】 自留对策：设立风险基金、在预算中预留一定比例的不可预见费【自己留一点钱】	
	4. 质量风险控制	形成质量风险管理计划按照质量风险管理计划对各种质量风险进行监控，包括对风险的预测、预警	

■ 经典题目

1.【2015-32】某施工总承包单位依法将自己没有足够把握实施的防水工程分包给有经验的分包单位，属于质量风险应对的（　　）策略。
A. 转移　　B. 规避
C. 减轻　　D. 自留

2.【2015-83】关于风险对策的说法，正确的有（　　）。
A. 编制安全生产应急事故预案是生产者安全风险规避策略
B. 招标人要求中标人提交履约担保是招标人合同风险减轻策略
C. 承包商确定质量风险缺陷基金是承包商质量风险自留策略
D. 承包商合理安排施工工期、进度计划，避免可能发生的自然灾害是承包商的质量风险规避策略
E. 依法组成联合体承接大型工程项目是承包商的风险转移策略

3.【2014-47】下列项目质量风险中，属于管理风险的是（　）。
A. 项目实施人员对工程技术的应用不当
B. 社会上的腐败现象和违法现象
C. 采用不够成熟的新结构、新技术、新工艺
D. 工程质量责任单位的质量管理体系存在缺陷

大立名师说

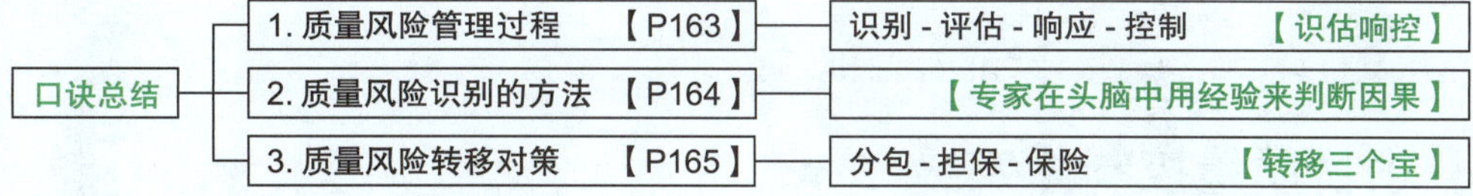

1Z204020 建设工程项目质量控制体系

考点 1：全面质量管理思想（TQC）★

1. 全面质量管理	①是指项目参与各方所进行的项目质量管理的总称；②其中包括工程【产品】质量和工作质量的全面管理
2. 全过程质量管理	从源头抓起，全过程推进
3. 全员参与质量管理	组织内部的每个部门和工作岗位都承担着相应的质量职能

经典题目

1.【2012-68】根据全面质量管理的思想，工程项目的全面质量管理是指对（　）的全面管理。
A. 工程质量形成过程　　B. 工程建设各参与方
C. 工程质量和工作质量　　D. 工程建设所需的材料、设备

考点 2：质量管理的 PDCA 循环 ★★

P【计划】	确定质量目标和制定实现质量目标的行动方案	PDCA 循环是建立质量管理体系和进行质量管理的基本方法
D【实施】	将质量的目标值转换为质量的实际值；进行行动方案的部署和交底；严格执行计划的行动方案，把质量管理计划落实到作业技术活动中去	
C【检查】	一是检查是否严格执行了计划的行动方案；二是检查计划执行的结果	
A【处置】	及时进行原因分析，采取必要的措施，予以纠正；分纠偏和预防改进两个方面	

经典题目

1.【2013-14】建设工程项目质量管理的 PDCA 循环中，质量计划阶段的主要任务是（　）。
A. 明确质量目标并制定实现目标的行动方案
B. 展开工程项目的施工作业技术活动
C. 对计划实施过程进行科学管理
D. 对质量问题进行原因分析，采取措施予以纠正

2.【2010-47】下列质量管理的职能活动中，属于 PDCA 循环中的“D”职能的活动是（　）。
A. 明确项目质量目标
B. 专职质检员检查产品质量
C. 行动方案的部署和交底
D. 制定实现质量目标的行动方案

3.【2007-35】在 PDCA 循环中，P 阶段的职能包括（　）等。
A. 确定质量改进目标，制定改进措施
B. 明确质量要求和目标，提出质量管理行动方案
C. 采取应急措施，解决质量问题
D. 规范质量行为，组织质量计划的部署和交底

考点 3：项目质量控制体系 ★★★

一、项目质量控制体系与企业质量管理体系的对比

	项目质量控制体系	企业质量管理体系
建立目的	用于特定的项目质量控制	用于建筑企业或组织的质量管理
服务范围	涉及项目实施过程所有的质量责任主体	针对某一个承包企业或组织机构
控制目标	项目的质量目标	建筑企业或组织的质量管理目标
作用时效	一次性的质量工作体系	永久性的质量管理体系
评价方式	由项目管理的总组织者进行自我评价与诊断	第三方认证

二、项目质量控制体系的结构

项目质量控制体系的结构	1. 多层次	第一层次	一般情况：建设单位的项目管理机构	结构形态由其实施任务的委托方式和合同结构所决定
			委托代建：代建方项目管理机构	
			委托项目管理：受托项目管理机构	
			实行交钥匙工程总承包：总承包企业项目管理机构	
		第二层次	设计总负责单位	
			施工总承包单位	
		第三层次	设计单位	
			施工单位	
			安装单位	
			材料，设备供应单位	
	2. 多单元			

三、项目质量控制体系的建立

项目质量控制体系的建立程序	1. 确立质量控制网络	口诀：【网络制度面计】
	2. 制定质量控制制度	
	3. 分析质量控制界面	
	4. 编制质量控制计划	
项目质量控制体系的建立原则	1. 分层次规划原则	
	2. 目标分解原则	
	3. 质量责任制原则	
	4. 系统有效性原则	

四、项目质量控制体系的运行机制

项目质量控制体系运行机制	1. 动力机制	是项目质量控制体系运行的核心机制
	2. 约束机制	取决于各质量责任主体内部的自我约束能力和外部的监控效力【自控 + 监控】
	3. 反馈机制	
	4. 持续改进机制	应用 PDCA 原理不断循环的方式展开质量控制，保证项目质量控制系统的不断完善和持续改进

■ 经典题目

1.【2015-26】项目质量控制体系运行的核心机制是（　）。
A. 约束机制　B. 反馈机制
C. 持续改进机制　D. 动力机制

2.【2015-57】建立项目质量控制体系时，首先开展的工作是（　）。
A. 分析质量控制界面　B. 编制质量控制计划
C. 制定质量控制制度　D. 确立系统质量控制网络

3.【2015-86】在大型群体工程项目中，第一层次质量控制体系可由（　）的项目管理机构负责建立。
A. 建设单位　B. 设计总负责单位
C. 代建单位　D. 施工总承包单位
E. 工程总承包企业

4.【2014-25】关于项目质量控制体系的说法，正确的是（　）。
A. 项目质量控制体系需要第三方认证
B. 项目质量控制体系是一个永久性的质量管理体系
C. 项目质量控制体系既适用于特定项目的质量控制，也适用于企业的质量管理
D. 项目质量控制体系涉及项目实施过程所有的质量责任主体

5.【2013-72】建设工程项目质量控制系统运行的约束机制，取决于（　）。
A. 各质量责任主体对利益的追求
B. 质量信息反馈的及时性和准确性
C. 各主体内部的自我约束能力
D. 外部的监控效力
E. 工程项目管理文化建设的程度

6.【2012-11】项目各参与方应分别进行不同层次和范围的建设工程项目质量控制，这是建立建设工程项目质量控制体系时（　）原则的体现。
A. 目标分解　B. 质量责任制
C. 系统有效性　D. 分层次规划

7.【2010-23】建立工程项目质量控制系统时，确定质量责任静态界面的依据是法律法规、合同条件和（　）。
A. 组织内部职能分工　B. 设计与施工单位的责任划分
C. 质量控制协调制度　D. 质量管理的资源配置

8.【2010-42】关于建设工程项目质量控制系统特点的说法中，正确的是（　）。
A. 项目质量控制系统的目标就是某一建筑业企业的质量管理的目标
B. 项目质量控制系统仅服务于某一个承包企业或组织机构
C. 项目质量控制系统是一次性的质量工作系统
D. 项目质量控制系统建立的目的是为了建筑业企业的质量管理

9.【2007-38】建设工程项目质量控制系统的管理文件或手册，是承担该项目实施任务各方应共同遵循的管理依据，它在（　）过程中形成。

A. 分析系统质量控制界面　　B. 编制系统质量控制计划
C. 制定系统质量控制制度　　D. 明确系统质量控制网络

考点4：企业质量管理体系 ★★★

一、质量管理八项原则

质量管理八项原则	1. 四个对象	①以顾客为关注焦点	
		②领导作用	领导者确立本组织统一的宗旨和方向
		③全员参与	
		④与供方互利的关系	
	2. 三种方法	①过程方法	将活动和相关的资源作为过程进行管理
		②管理的系统方法	
		③基于事实的决策方法	以事实为依据做出决策
	3. 持续改进	持续改进总体业绩是组织的一个永恒目标	

二、企业质量管理体系文件构成

企业质量管理体系文件构成	质量方针和质量目标	
	质量手册	是纲领性文件；是对企业质量体系作系统、完整和概要的描述
	程序性文件	是支持性文件；各企业程序文件的内容及详略可视企业情况而定
	质量记录	具有可追溯性

三、落实质量体系的内部审核程序的目的

落实质量体系的内部审核程序的目的	1. 评价质量管理程序的执行情况及适用性
	2. 揭露过程中存在的问题，为质量改进提供依据
	3. 检查质量体系运行的信息
	4. 向外部审核单位提供体系有效的证据

四、企业质量管理体系的认证与监督

企业质量管理体系的认证与监督	1. 认证机构	公正的第三方认证机构
	2. 认证有效期	3 年
	3. 认证注销	是企业的自愿行为
	4. 认证暂停	是一种警告措施
	5. 认证撤销	认证撤销的情形：①获证企业发生质量管理体系存在严重不符合规定 ②认证暂停的规定期限未予整改，企业不服可提出申诉，一年后可重新提出认证申请
	6. 重新换证	出现体系认证标准变更、认证范围变更、认证证书持有者变更，可重新换证

■ 经典题目

1.【2014-90】根据《质量管理体系》（GB/T 19000—2008/ISO 9000：2005）要求，质量管理体系文件由（　）构成。

A. 质量方针和质量目标　　B. 质量记录
C. 质量报告　　D. 质量手册
E. 程序性文件

2.【2013-21】某企业通过质量管理体系认证后，由于管理不善，经认证机构调查作出了撤销认证的决定，则该企业（　）。

A. 可以提出申诉，并在一年后可重新提出认证申请

B. 不能提出申诉，不能再重新提出认证申请

C. 不能提出申诉，但在一年后可以重新提出认证申请

D. 可以提出申诉，并在半年后可重新提出认证申请

3.【2012-6】企业质量管理体系运行过程中，落实质量管理体系的内部审核文件，有组织有计划开展内部质量审核活动的目的之一是（　）。

A. 记载关键活动的质量参数

B. 反映针对不足所采取的纠正措施及纠正效果

C. 证明产品质量达到合同要求及质量保证的满足程度

D. 向外部审核单位提供体系有效的证据

4.【2010-77】关于质量管理体系八项原则的说法，正确的有（　）。

A. 以产品为关注焦点

B. 将相关资源和活动作为过程进行管理

C. 领导者确立本组织统一的质量宗旨和方向

D. 全员参与

E. 以事实为依据做出决策

5.【2010-85】质量手册是规定建筑业企业建立质量体系的文件，其内容包括（　）。

A. 企业的质量方针和目标

B. 质量手册的发行数量

C. 体系基本控制程序

D. 质量手册的评审、修改和控制的管理办法

E. 质量标准和规章制度

6.【2009-51】质量管理体系认证制度是指（　）对企业的产品及质量管理体系作出正确可靠的评价。

A. 各级质量技术监督局

B. 各级消费者协会

C. 各单位行政主管部门

D. 公正的第三方认证机构

7.【2006-45】根据《GB/T 19000 质量管理体系》，对企业质量体系作系统、完整和概要描述，规定企业组织建立质量管理体系的文件是（　）。

A. 程序文件

B. 质量手册

C. 质量记录

D. 管理标准

8.【2006-46】落实企业质量体系的内部审核程序，开展内部质量审核活动的主要目的是（　）。

A. 评价质量管理程序的执行情况及适用性

B. 揭露施工过程中存在的问题，改进施工工艺

C. 向监理单位提供质量体系有效性的证据

D. 通过审核发现问题改进质量方针

9.【2006-47】获得 IS0 9000 质量管理体系认证的企业因质量体系严重不符合规定而被撤销认证的，最早可在撤销认证（　）后重新提出认证申请。

A. 6 个月

B. 1 年

C. 2 年

D. 3 年

10.【2005-45】在 GB/T 19000 质量管理体系中，质量记录应完整地反映质量活动实施、验证和评审的情况，并记载关键活动的过程参数，达到（　）的效果。

A. 事中控制

B. 持续改进

C. 可追溯

D. 可存档

11.【2005-89】根据 GB/T 19000 质量管理体系标准，各类企业在编制质量体系程序文件时应制定的程序文件有（　）。

A. 文件控制程序

B. 质量目标管理程序

C. 安全生产管理程序　　D. 不合格品控制程序
E. 质量记录管理程序

12.【2004-46】质量记录是质量管理体系文件的组成部分，质量记录应以规定的文件形式和程序进行，并应有实施、验证、审核等人员的（　）。
A. 职务任务　　B. 岗位职责
C. 操作要求　　D. 签字及意见

1Z204030 建设工程项目施工质量控制

考点 1：施工质量控制的依据与基本环节 ★★

一、施工质量的基本要求

施工质量的基本要求		
施工质量的基本要求	1. 最基本要求	是工程实体质量经检查验收合格
	2. 建筑工程施工质量验收合格的规定	①符合工程勘察，设计文件的要求
		②符合《建筑工程施工质量验收统一标准》的规定
		③符合相关专业验收规范的规定

二、施工质量控制的依据

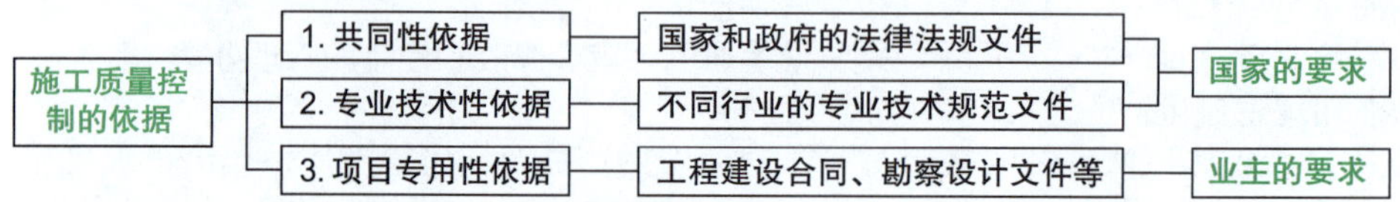

三、施工质量控制的基本环节

环节	内容	说明
事前质量控制 【正式施工前进行的】	编制施工质量计划、明确质量目标、制定施工方案、设置质量管理点、落实质量责任 分析可能导致质量目标偏离的各种影响因素；针对这些影响因素制定有效的预防措施	施工质量控制应贯彻全面、全员、全过程管理的思想，运用动态控制原理，进行事前、事中和事后控制
事中质量控制 【施工质量形成过程中】	【自控和监控】自控：即作业者对自己质量活动行为的约束和技术能力的发挥 监控：是对作业者的质量活动过程和结果的监督检查和监控 控制的关键：是坚持质量标准 控制的重点：是工序质量、工作质量和质量控制点的控制 自控主体不能因为监控主体的存在和监控职能的实施而减轻或免除其质量责任	
事后质量控制 【也称事后质量把关】	对质量活动结果的评价、认定；对工序质量偏差的纠正； 对不合格产品进行整改和处理	

■ 经典题目

1.【2010-80】建设工程施工质量的事后控制是指（　）。
A. 质量活动的检查和监控　　B. 质量活动结果的评价和认定
C. 质量活动的行为约束　　D. 质量偏差的纠正
E. 已完施工的成品保护

2.【2009-2】施工承包企业按经监理工程师依据合同和相关法规审批的施工质量计划组织施工，如导致工程质量问题，则责任由（　）承担。
A. 建设单位　　B. 监理单位
C. 施工承包企业　　D. 监理单位和施工承包企业共同

3.【2006-35】在建设工程项目质量控制的系统过程中，事中控制是指（　）。
A. 对质量活动的行为约束和对质量活动过程和结果的检查与监控
B. 对质量计划的调整和对质量偏差的纠正
C. 对质量活动的行为约束和对质量活动结果的评价认定
D. 对质量活动前准备工作和质量活动过程的监督控制

考点 2：施工质量计划 ★★★

一、施工质量计划的基本内容

<table>
<tr><td>施工质量计划的形式</td><td colspan="3">工程项目施工质量计划
工程项目施工组织设计【含施工质量计划】
施工项目管理实施规划【含施工质量计划】</td></tr>
<tr><td>施工质量计划的基本内容</td><td colspan="2">1. 工程特点及施工条件分析
2. 质量总目标及其分解目标
3. 质量管理组织机构和职责，人员及资源配置计划
4. 技术方案和施工组织方案
5. 施工材料、设备等物资的质量管理及控制措施
6. 施工质量检验等工作的计划安排、实施方法、检测标准
7. 施工质量控制点及其跟踪控制的方式与要求
8. 质量记录的要求</td><td>以施工项目为对象</td></tr>
<tr><td>施工质量计划的编制</td><td colspan="3">应由施工承包企业进行编制
在平行发包方式下：各承包单位应分别编制
在总分包模式下：施工总承包单位编制总承包工程范围的，各分包单位编制相应分包范围的
施工总承包方有责任对各分包方施工质量计划的编制进行指导和审核，并承担相应施工质量的连带责任</td></tr>
<tr><td>施工质量计划的范围</td><td colspan="3">涵盖范围应与建筑安装工程施工任务的实施范围相一致</td></tr>
<tr><td rowspan="2">施工质量计划的审批</td><td>①施工企业内部的审批</td><td>主持编制：项目经理部；批准：企业组织管理层</td><td rowspan="2">施工质量计划在审批过程中，对监理机构审查所提出的意见是否采纳，应由施工单位自主决策</td></tr>
<tr><td>②项目监理机构的审查</td><td>签认：总监理工程师</td></tr>
<tr><td rowspan="2">施工质量控制点</td><td colspan="3">设置原则：应选择技术要求高、施工难度大、对工程质量影响大或发生质量问题时危害大的对象</td></tr>
<tr><td colspan="3">①见证点：重要部位、特种作业、专门工艺
②待检点：隐蔽工程</td></tr>
</table>

■ 经典题目

1.【2015-73】下列施工质量控制点的管理工作中，属于事前质量控制的有（　）。
A. 明确质量控制目标　B. 确定质量抽样数量
C. 质量控制人员在现场进行指导　D. 向施工作业班组认真交底
E. 动态跟踪管理质量控制点

2.【2014-7】关于施工质量计划的说法，正确的是（　）。
A. 施工质量计划是以施工项目为对象由建设单位编制的计划
B. 施工质量计划应包括施工组织方案
C. 施工质量计划一经审核批准不得修改
D. 施工总承包单位不对分包单位的施工质量计划进行审核

3.【2014-63】下列施工企业作业质量控制点中，属于“待检点”的是（　）。
A. 隐蔽工程　B. 重要部位
C. 特种作业　D. 专门工艺

4.【2013-51】下列质量管理的内容中，属于施工质量计划基本内容的是（　）。
A. 项目部的组织机构设置　B. 质量控制点的控制要求
C. 质量手册的编制　D. 施工质量体系的认证

5.【2012-46】施工质量控制点应选择技术要求高、对工程质量影响大或是发生质量问题时危害大或（　）的对象进行设置。
A. 劳动强度大　　B. 施工难度大
C. 施工技术先进　　D. 施工管理要求高

6.【2010-69】施工质量计划的审批包括施工企业内部的审批和（　）的审查。
A. 业主方　　B. 项目监理机构
C. 建设行政主管部门　　D. 项目经理部

7.【2007-40】关于施工质量计划，下列说法正确的是（　）。
A. 施工质量计划应由业主组织编制
B. 施工质量计划应包含施工技术方案
C. 施工质量计划经总监理工程师审核批准后，不得修改
D. 施工质量计划编制范围应与施工单位已有的质量管理体系的范围一致

8.【2005-37】施工总承包单位对分包单位编制的施工质量计划（　）。
A. 需要进行指导和审核，但不承担施工质量的连带责任
B. 需要进行指导和审核，并承担施工质量的连带责任
C. 不需要审核，但应承担施工质量的连带责任
D. 需要进行指导和审核，并承担施工质量的全部责任

考点 3：施工生产要素的质量控制 ★★

劳动主体	1. 人	①施工人员的质量包括：个体素质和群体素质 ②相关制度执业资格注册制度、持证上岗、教育和培训、全员培训、单位资质考核、人员资格考核
劳动对象	2. 料	原材料、半成品及工程设备，是工程实体的构成部分
劳动方法	3. 法	施工技术方案包括施工工艺、施工方法 组织方案包括施工区段划分、施工流向及劳动组织
劳动手段	4. 机	①对施工所用的机械设备，控制设备选型、主要性能参数及使用操作要求等 ②对模具、脚手架等施工设备，除可按适用的标准定型选用之外，一般需按设计及施工要求进行专项设计 ③危险性较大的现场安装的起重机械设备，要对设计安装方案进行审批；安装完毕交付使用前必须经专业管理部门的验收，合格后方可使用
施工环境	5. 环	要减少对施工质量的不利影响，主要是采取预测预防的风险控制方法

■ 经典题目

1.【2011-39】下列影响施工质量的生产要素中，只能通过采取预测预防的控制方法以消除其对施工质量不利影响的是（　）。
A. 施工人员　　B. 材料设备
C. 施工机械　　D. 环境因素

2.【2010-27】施工生产要素的质量控制中，对模板、脚手架等施工设施，除按适用的标准定型选用外，一般应按（　）要求进行专项设计。
A. 设计及施工　　B. 现场安全
C. 施工质量　　D. 施工工艺

3.【2007-85】施工方案质量控制的内容有（　）。
A. 合理划分施工区段　　B. 制订材料进场验收程序
C. 编制新材料专项技术方案　　D. 明确工序质量验收标准
E. 合理选用施工机械设备

4.【2006-86】建设工程施工技术方案的内容包括（　）。
A. 施工区段划分　　B. 施工流向

C. 施工工艺　　D. 劳动力安排
E. 施工方法

5.【2004-41】按现行施工管理制度规定，工地现场安装的危险性较大的起重机械设备安装完毕，必须经（　）验收合格方能使用。
A. 建设单位　　B. 设备供应部门
C. 安全管理部门　　D. 专业管理部门

大立名师说

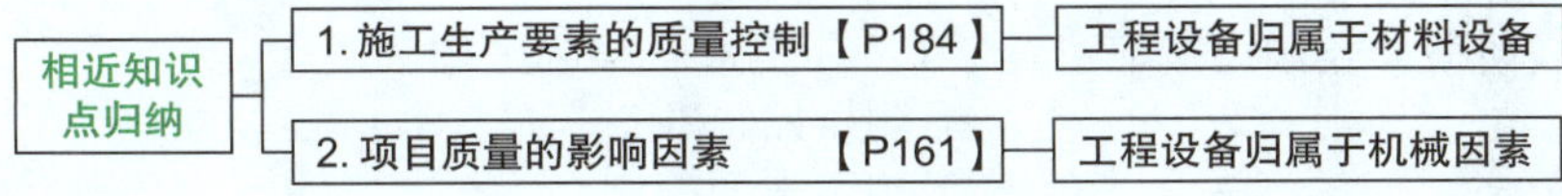

考点 4：施工准备的质量控制 ★★

一、施工技术准备工作

施工技术准备工作	内容	说明
施工技术准备工作	1. 熟悉施工图纸，组织设计交底和图纸审查	在正式开展施工作业活动前进行的技术准备工作；主要在室内进行
	2. 进行工程项目检查验收的项目划分和编号	
	3. 审核相关质量文件，细化施工技术方案和施工人员，机具的配置方案	
	4. 编制施工作业技术指导书	
	5. 绘制各种施工详图【如测量放线图，大样图及配筋，配板，配线图表等】	
	6. 进行必要的技术交底和技术培训	
	7. 复核审查技术准备工作成果是否符合设计图纸和施工技术标准的要求	
	8. 依据经过审批的质量计划审查，完善施工质量控制措施	
	9. 针对质量控制点，明确质量控制的重点对象和控制方法	

二、现场施工准备工作

现场施工准备工作	项目	内容	说明
现场施工准备工作	1. 计量控制	①开工前要建立和完善施工现场计量管理的规章制度	
		②明确计量控制责任者和配置必要的计量人员	
		③严格按规定对计量器具进行维修和校验	
		④统一计量单位，组织量值传递，保证量值统一，从而保证施工过程中计量准确	
	2. 测量控制	①施工单位在开工前应编制测量控制方案	经项目技术负责人批准后实施
		②对建设单位提供的测量控制点线进行复核	将复测结果上报监理工程师审核
	3. 施工平面图控制	建设单位	①事先划定并提供施工用地和现场临时设施用地的范围
			②协调平衡和审查批准各施工单位的施工平面设计
		施工单位	①严格按照批准的施工平面图，科学合理的使用施工场地
			②正确安装设置施工机械设备和其他临时设施
			③维护现场施工道路畅通无阻和通信设施良好
			④合理控制材料的进场和堆放，保持良好的防洪排水能力
			⑤保证充分的给水和供电
		建设【监理】会同施工单位	①制定严格的施工场地管理制度、施工纪律和相应奖惩措施
			②严禁乱占场地和擅自断水，断电，断路
			③及时制止和处理各种违纪行为
			④做好施工现场的质量检查记录

经典题目

1.【2015-35】施工技术准备工作的质量控制包括（　）。
A. 明确质量控制方法　　B. 计量控制
C. 测量控制　　D. 施工平面图控制

2.【2015-70】下列质量控制工作中，属于施工技术准备工作的是（　）。
A. 明确质量控制的重点对象
B. 编制测量控制方案
C. 建立施工现场计量管理的规章制度
D. 正确安装设置施工机械设备

3.【2013-69】在施工准备阶段，绘制模板配图属于（　）的质量控制工作。
A. 计量控制准备　　B. 测量控制准备
C. 施工技术准备　　D. 施工平面控制

4.【2012-14】施工承包企业应对建设单位提供的原始坐标点、基准线和水准点等测量控制点进行复核，并将复测结果上报（　）审批，批准后才能建立施工测量控制网，进行工程定位和标高基准的控制。
A. 项目技术负责人　　B. 企业技术负责人
C. 业主　　D. 监理工程师

5.【2011-23】下列质量控制工作中，属于施工技术准备工作的是（　）文件。
A. 做好施工现场的质量检查记录　　B. 复核测量控制点
C. 按规定维修和校验计量器具　　D. 审核复查各种施工详图

考点5：施工过程的质量控制 ★★★

一、工序施工质量控制

<table>
<tr><td rowspan="8">工序施工质量控制</td><td rowspan="2">1. 内容</td><td colspan="2">①工序施工条件控制</td></tr>
<tr><td colspan="2">②工序施工效果控制［事后质量控制］</td></tr>
<tr><td colspan="2" rowspan="4">2. 必须进行现场质量检测的工程</td><td>①地表基础工程</td></tr>
<tr><td>②主体结构工程</td></tr>
<tr><td>③建设幕墙工程</td></tr>
<tr><td>④钢结构及管道工程</td></tr>
<tr><td colspan="3">3. 对施工过程的质量控制，必须以工序作业质量控制为基础和核心。</td></tr>
<tr><td colspan="3">4. 工序的质量控制是施工阶段质量控制的重点。</td></tr>
</table>

二、施工作业质量的自控

<table>
<tr><td rowspan="5">施工作业质量的自控</td><td>1. 自控主体</td><td colspan="2">施工单位</td></tr>
<tr><td rowspan="3">2. 自控程序</td><td>①施工作业技术交底</td><td>是最基层的技术和管理交底活动</td></tr>
<tr><td colspan="2">②施工作业活动实施</td></tr>
<tr><td>③施工作业质量检验</td><td>是贯穿整个施工过程的最基本的质量控制活动</td></tr>
<tr><td>3. 自控要求</td><td colspan="2">①预防为主；②重点控制；③坚持标准；④记录完整</td></tr>
</table>

三、施工作业质量的监控

<table>
<tr><td rowspan="4">施工作业质量的监控</td><td>1. 监控主体</td><td>①建设单位；②监理单位；
③设计单位；④政府的工程质量监督部门</td></tr>
<tr><td>2. 监控依据</td><td>①法律法规；②工程施工承包合同</td></tr>
<tr><td>3. 监控对象</td><td>①施工单位的质量行为
②项目实体质量</td></tr>
<tr><td>4. 监控手段</td><td>现场质量检查</td></tr>
</table>

四、现场质量检查的方法

<table>
<tr><td>现场质量检查内容</td><td colspan="2">①开工前的；②工序交接；③隐蔽工程的；④停工后复工的；⑤工程完工后的；⑥成品保护的检查【三检制度】</td></tr>
<tr><td rowspan="10">现场质量检查方法</td><td rowspan="4">目测法【观感】</td><td>看：【外观检查】
墙面是否洁净、喷涂密实度和颜色是否均匀、内墙抹灰的大面及口角是否平直、混凝土外观是否符合要求</td></tr>
<tr><td>摸：油漆的光滑度、浆活是否牢固、不掉粉【触摸手感】</td></tr>
<tr><td>敲：对水磨石、面砖、石材饰面等进行　　【敲击检查】</td></tr>
<tr><td>照：管道井、电梯井内的管线、设备安装质量，装饰吊顶内连接及设备安装质量等【通过人工光源或反射光照射】</td></tr>
<tr><td rowspan="4">实测法【对照】</td><td>靠：墙面、地面、路面的【平整度】</td></tr>
<tr><td>量：大理石板拼缝尺寸、摊铺沥青拌合料的温度、混凝土坍落度检测【偏差】</td></tr>
<tr><td>吊：砌体、门窗的安装【垂直度】</td></tr>
<tr><td>套：阴阳角的方正、踢脚线的垂直度、预制构件的方正、门窗口及构件的对角线检查</td></tr>
<tr><td rowspan="2">试验法【试验】</td><td>【理化试验】：物理力学性能方面的检验和化学成分及化学性能的测定，现场试验</td></tr>
<tr><td>【无损检测】：利用专门的仪器仪表从表面探测内部组织结构或损伤情况，超声波探伤、X 射线探伤、γ 射线探伤</td></tr>
</table>

经典题目

1.【2015-65】关于钢筋保护层厚度检测的说法，正确的是（　）。
A. 检测结构部位由监理确定
B. 梁类应抽取构件数量的 2% 且不少于 5 个构件
C. 板类构件应抽取构件数量的 5% 且不少于 2 个构件
D. 必须采用无损检测方法

2.【2014-38】对于重要的或对工程质量有重大影响的工序，应严格执行（　）的“三检”制度。
A. 事前检查、事中检查、事后检查
B. 自检、互检、专检
C. 工序检查、分项检查、分部检查
D. 操作者自检、质量员检查、监理工程师检查

3.【2014-84】根据法律和合同，对施工单位的施工质量行为和效果实施监督控制的相关主体有（　）。
A. 建设单位　　B. 监理单位
C. 设计单位　　D. 政府的工程质量监督部门
E. 材料设备供应商

4.【2013-59】下列现场质量检查方法中，属于无损检测方法的是（　）。
A. 托线板挂锤吊线检查　　B. 铁锤敲击检查
C. 留置试块试验检查　　D. 超声波探伤检查

5.【2012-55】对装饰工程中的水磨石、面砖、石材饰面等现场检查时，均应进行敲击检查其铺贴质量。该方法属于现场质量检查方法中的（　）。
A. 目测法　　B. 实测法
C. 记录法　　D. 试验法

6.【2011-49】关于施工过程的作业质量控制的说法，正确的是（　）。
A. 工序施工效果的控制属于事前质量控制
B. 在施工阶段，施工承包方和监理方都是质量自控主体
C. 工序质量控制包括作业者的自我控制和作业者外部的检查、监督
D. 工序施工质量控制主要包括工序施工效果控制和纠正质量偏差

7.【2010-89】某建设工程项目采用施工总承包方式，其中的幕墙工程和设备安装工程分别进行了分包。对幕墙工程施工质量实施监督控制的主体有（　）等。

A. 建设行政主管部门　　B. 设备安装单位
C. 幕墙设计单位　　D. 幕墙玻璃供应商
E. 建设单位

大立名师说

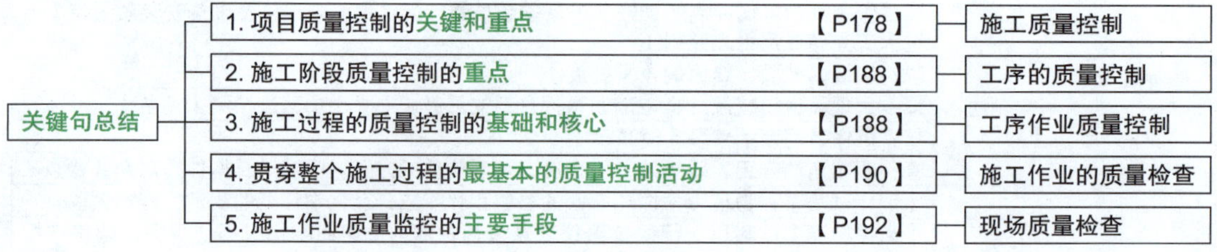

考点 6：施工质量与设计质量的协调 ★

一、设计质量的综合控制

设计质量综合控制	1. 项目功能性质量控制	项目设计质量的控制，以使用功能和安全可靠性为核心
	2. 项目可靠性质量控制	
	3. 项目观感性质量控制	
	4. 项目经济性质量控制	
	5. 项目施工可行性质量控制	

二、设计交底与图纸会审的区别

1. 设计交底	①使实施单位充分理解设计意图	领会设计意图、要求和重点
	②了解设计内容和技术要求	
	③明确质量控制的重点和难点	
2. 图纸会审	①发现和解决各专业设计之间可能存在的矛盾	解决矛盾及差错
	②消除施工图的差错	

■ 经典题目

1.【2012-91】建设单位和监理单位组织设计单位向所有的施工单位进行详细的设计交底，设计交底的主要目的（　）。

A. 深入发现和解决各专业设计之间可能存在的矛盾
B. 充分理解设计意图
C. 了解设计内容和技术要求
D. 明确质量控制的重点与难点
E. 消除施工图的差错，解决施工的可行性问题

2.【2009-68】建设工程项目建成后，在规定的使用年限和正常的使用条件下，应保证工程项目使用安全，建筑物、构筑物和设备系统性能稳定。这是项目质量的（　）要求。

A. 经济性　　B. 功能性
C. 观感性　　D. 可靠性

1Z204040 建设工程项目施工质量验收

考点 1：施工质量验收 ★★★

验收层次		特点	组织者	验收合格条件
施工过程质量验收	检验批	检验批是工程验收的最小单位是质量验收的基本单元	专业监理工程师	①主控项目的质量经抽样检验均应合格【100%】 ②一般项目的质量经抽样检验合格 ③具有完整的施工操作依据、质量验收记录
	分项工程	是质量验收的基本单元	专业监理工程师	①所含检验批的质量均应验收合格【100%】 ②所含检验批的质量验收记录应完整
	分部工程	在所含各分项工程验收的基础上进行	总监理工程师	①所含分项工程的质量均应验收合格【100%】 ②质量控制资料应完整 ③有关安全、节能、环保和主要使用功能的抽样检验结果应符合规定 ④观感质量应符合要求
竣工质量验收	单位工程	单位工程是工程项目竣工质量验收的基本对象	建设单位	①所含分部工程的质量均应验收合格【100%】 ②质量控制资料应完整 ③所含分部工程有关安全、节能、环保和主要使用功能的检验资料应完整 ④主要使用功能的抽查结果应符合相关专业质量验收规范的规定 ⑤观感质量应符合要求

■ 经典题目

1.【2015-69】根据《建筑工程施工质量验收统一标准》（GB 50300—2013），关于检验批质量验收合格的说法，正确的是（　）。

A. 可由监理员组织验收
B. 应具有完整的施工操作依据，质量检查记录
C. 主控项目不需全部检验合格
D. 一般项目的检查具有否决权

2.【2014-56】根据《建筑工程施工质量验收统一标准》（GB 50300—2013），分项工程的质量验收由（　）主持进行。

A. 监理工程师　　B. 总监理工程师
C. 项目经理　　D. 建设单位项目负责人

3.【2013-70】对某办公大楼二层一施工段内的框架柱钢筋制作的质量，应按一个（　）进行验收。

A. 单位工程　　B. 分部工程
C. 分项工程　　D. 检验批

4.【2011- 56】根据《建筑工程施工质量验收统一标准》，建筑工程质量验收划分为（　）。

A. 分部工程、分项工程和检验批
B. 分部工程、分项工程、隐蔽工程和检验批
C. 单位工程、分部工程、分项工程和检验批
D. 单位工程、分部工程、分项工程、隐蔽工程和检验批

5.【2011-78】工程项目分部工程质量验收合格的基本条件是（　）。

A. 所含分项工程验收合格　　B. 质量控制资料完整
C. 观感质量验收应符合要求　　D. 主控项目质量检验合格
E. 涉及安全和使用功能的分部工程检验结果符合规定

6.【2010-79】根据《建筑工程施工质量验收统一标准》，检验批质量验收合格应满足的条件有（　）。

A. 主控项目经抽样检验合格　　B. 具有总监理工程师的现场验收证明
C. 一般项目经抽样检验合格　　D. 具有完整的施工操作依据
E. 具有完全的质量检查记录

7.【2009-98】下列施工过程质量验收环节中，应由专业监理工程师组织的有（　）。

A. 分部工程　　B. 分项工程
C. 单项工程　　D. 检验批
E. 单位工程

大立名师说

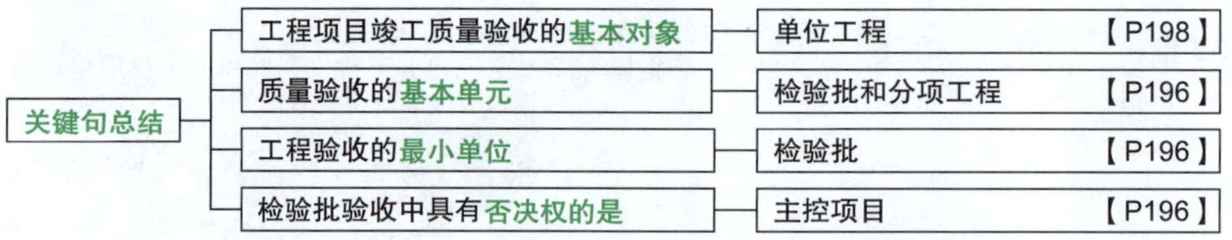

考点2：施工过程质量验收不合格的处理 ★★

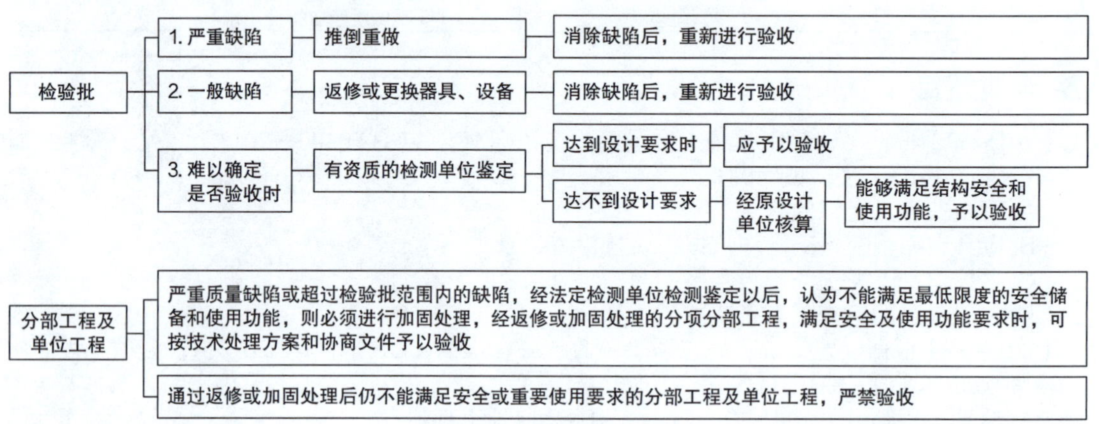

经典题目

1.【2015-43】下列施工检验批验收的做法中，正确的是（　）。

A. 存在一般缺陷的检验批应推倒重做
B. 某些指标不能满足要求时，可予以验收
C. 严重缺陷经加固处理后能满足安全使用要求，可按技术处理方案进行验收
D. 经加固处理后仍不能满足安全使用要求的分部工程可缺项验收

2.【2014-61】若工程质量不符合要求经过加固处理后外形尺寸改变，但能满足安全使用要求，其处理方法是（　）。

A. 按技术处理方案和协商文件进行验收
B. 没有质量缺陷应予以验收
C. 仍按验收不合格处理
D. 先返工处理重新进行验收

3.【2013-64】某工程进行检验批验收时，发现某框架梁截面尺寸与原设计图纸尺寸不符，但经原设计单位核算，仍能满足结构安全性及使用性要求，则该检验批（　）。

A. 应重新施工

B. 应经施工单位和业主协商确定是否予以验收，其经济责任由业主承担

C. 可直接予以验收

D. 必须进行加固处理后重新组织验收

4.【2006-39】某工程由于安装的生产设备存在质量缺陷，导致其中某分部工程质量不合格，施工单位在更换了该生产设备后，该分部工程应（　）。

A. 按验收程序，重新组织检查验收

B. 经有资质的检测单位检测鉴定后，予以验收

C. 征得建设单位同意后，可予以验收

D. 按技术处理方案和协商文件，进行验收

考点 3：竣工质量验收 ★★★

一、竣工质量验收的依据

竣工质量验收的依据	1. 国家相关法律法规、建设主管部门的管理条例和办法
	2. 施工质量验收统一标准
	3. 专业工程施工质量验收规范
	4. 设计文件、施工图纸及说明书
	5. 工程施工承包合同

二、竣工质量验收的程序

程序

1. 单位工程完工，施工单位自检
2. 总监理工程师组织竣工预验收
3. 施工单位及时整改施工质量问题
4. 施工单位向建设单位提交工程竣工报告，申请工程竣工验收
5. 建设单位组成验收组，制定验收方案
6. 建设单位在验收 7 个工作日前书面通知质量监督机构
7. 建设单位组织竣工验收
8. 竣工验收应形成经验收组人员签署的工程竣工验收意见
9. 当各方不能形成一致意见时，应协商提出解决办法，待意见一致后，重新组织工程竣工验收
10. 工程竣工验收合格后，建设单位应当及时提出工程竣工验收报告
11. 建设单位应当自工程竣工验收合格之日起 15 日内，向县级以上地方人民政府建设主管部门备案

三、竣工验收报告

竣工质量验收的条件	1. 完成工程设计和合同约定的各项内容 2. 施工单位——工程竣工报告——项目经理和施工单位有关负责人审核签字 3. 监理单位——工程质量评估报告——总监理工程师和监理单位有关负责人审核签字 4. 勘察、设计单位——质量检查报告——勘察、设计负责人和勘察设计单位有关负责人审核签字 5. 有完整的技术档案和施工管理资料 6. 有工程使用的主要建筑材料、构配件和设备的进场试验报告，以及工程质量检测和功能性试验资料 7. 建设单位已按合同约定支付工程款 8. 有施工单位签署的工程质量保修书 9. 对于住宅工程，分户验收并验收合格，建设单位按户出具《住宅工程质量分户验收表》 10. 建设主管部门及工程质量监督机构责令整改问题全部整改完毕
工程竣工质量验收的组织者	建设单位
工程竣工验收报告	工程竣工验收报告应附的文件： 施工许可证、施工图设计文件审查意见、 施工单位提出工程竣工报告【应经项目经理和施工单位有关负责人审核签字】 监理单位提出工程质量评估报告【应经总监和监理单位有关负责人审核签字】 勘察、设计单位提出质量检查报告【应经勘察、设计负责人和勘察、设计单位有关负责人审核签字】 施工单位签署工程质量保修书 验收组人员签署的工程竣工验收意见
竣工验收备案	建设单位，应当自工程竣工验收合格之日起 15 日内，向县级以上地方人民政府建设主管部门备案
	备案文件包括： 工程竣工验收备案表 工程竣工验收报告 规划、环保等部门出具的认可文件或标准使用文件的证明文件 工程质量保修书，公安消防部门出具的对大型的人员密集场所和其他特殊建设工程验收合格的证明文件

经典题目

1.【2015-90】根据建设工程竣工验收备案制度，备案文件资料包括（ ）。
A. 工程竣工验收报告　B. 规划部门出具的认可文件
C. 工程竣工与验收申请报告　D. 环保部门出具的准许使用文件
E. 公安消防部门出具的准许使用文件

2.【2014-80】施工单位向建设单位申请工程验收的条件包括（ ）。
A. 完成设计和合同约定的各项内容　B. 有完整的技术档案和施工管理资料
C. 有施工单位签署的工程保修书　D. 有工程质量监督机构的审核意见
E. 有勘察、设计、施工、监理等单位分别签署的质量合格文件

3.【2013-25】建设单位应在工程竣工验收前（ ）个工作日前，将验收时间、地点验收组名单书面通知该工程的工程质量监督机构。
A. 7　B. 3
C. 14　D. 15

4.【2011-46】单位工程完工后，施工单位自行组织有关人员进行质量检查评定，在具备竣工验收条件后，向（ ）提交工程验收报告。
A. 监理单位　B. 建设单位
C. 勘察设计单位　D. 政府建设工程质量监督部门

5.【2009-33】建设工程项目竣工验收应由（ ）组织。
A. 监理单位　B. 政府质量监督机构
C. 建设单位　D. 施工单位

6.【2009-38】根据《建设工程质量管理条例》，各类房屋建筑工程和市政基础设施工程应在竣工验收合格之日起（ ）日内，将验收文件报建设行政主管部门备案。
A. 45 B. 30
C. 20 D. 15

7.【2007-87】建设工程满足了竣工验收的条件，即应组织竣工验收，竣工验收的依据有（ ）等。
A. 工程质量体系文件 B. 工程施工组织设计或施工质量计划
C. 工程施工承包合同 D. 工程施工图纸
E. 质量检测功能性试验资料

8.【2005-39】单位工程完工后，（ ）应组织检查、评定，符合验收标准后向建设单位提交验收申请。
A. 施工单位 B. 设计单位
C. 建设主管部门 D. 质量监督机构

9.【2005-40】房屋建筑工程和市政基础设施工程验收合格后，建设单位应将验收报告报送政府管理部门（ ）。
A. 确认 B. 审核
C. 备案 D. 复评

1Z204050 施工质量不合格的处理

考点 1：工程质量事故 ★★★

一、工程质量事故的等级划分

工程质量事故的等级划分	按事故造成损失程度分级	①一般事故
		②较大事故
		③重大事故
		④特别重大事故
	按事故责任分类	①指导责任事故 - 工程负责人犯错
		②操作责任事故 - 实施操作者犯错
		③自然灾害事故

二、按事故造成损失程度的分级标准

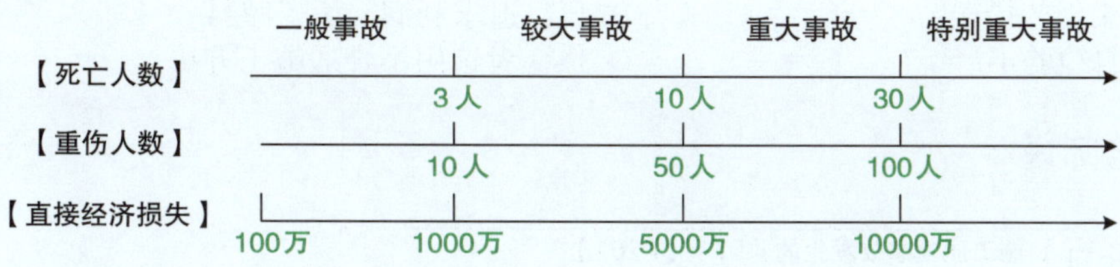

【“以上”包括本数，“以下”不包括本数——即往严重算】

■ 经典题目

1.【2015-49】某工程在浇筑楼板混凝土时，发生支模架坍塌，造成 3 人死亡，6 人重伤，经调查，系现场技术管理人员未进行技术交底所致。该工程质量事故应判定为（ ）。
A. 操作责任的较大事故 B. 操作责任的重大事故
C. 指导责任的较大事故 D. 指导责任的重大事故

2.【2014-89】按事故责任分类，工程质量事故可分为（　）。
A. 指导责任事故　　B. 管理责任事故
C. 技术责任事故　　D. 操作责任事故
E. 自然灾害事故

3.【2012-74】根据《关于做好房屋建筑和市政基础设施工程质量事故报告和调查处理工作的通知》（建质 [2010]111 号），按事故造成的损失程度，工程质量事故分为（　）。
A. 特别重大事故　　B. 重大事故
C. 较大事故　　D. 微小事故
E. 一般事故

考点 2：施工质量事故发生的原因 ★★

施工质量事故发生的原因	技术原因	指项目勘察、设计、施工中技术上的失误；如：地质勘查、设计方案、施工方法或施工工艺
	管理原因	指管理上的不完善或失误；如质量管理体系质量管理措施、施工管理、检验制度
	社会、经济原因	指社会的不正之风及经济原因；如“七无”工程、“三边”工程、盲目追求利润、偷工减料
	人为事故和自然灾害原因	指人为事故以及严重的自然灾害等不可抗力造成的质量事故

■ 经典题目

1.【2014-8】某建设工程发生一起质量事故，经调查分析是由于“边勘察、边设计、边施工”导致的，则引起这起事故的主要原因是（　）。
A. 社会、经济原因　　B. 技术原因
C. 管理原因　　D. 人为事故和自然灾害原因

2.【2013-49】某工程施工中，由于施工方在低价中标后偷工减料，导致出现重大工程质量事故，该质量事故发生的原因属于（　）。
A. 管理原因　　B. 社会、经济原因
C. 技术原因　　D. 人为事故原因

3.【2011-47】下列导致施工质量事故发生的原因中，属于管理原因的是（　）。
A. 施工工艺错误　　B. 盲目追求利润，偷工减料
C. 材料检验不严　　D. 操作者选用不合适施工方法

大立名师说

相近知识点归纳
- 1. 施工质量事故发生的原因 【P201】
- 2. 常见的质量风险 【P163】

考点 3：施工质量事故预防的具体措施 ★

施工质量事故预防的具体措施	1. 严格按照基本建设程序办事
	2. 认真做好工程地质勘察
	3. 科学的加固处理好地基
	4. 进行必要的设计审查复核
	5. 严格把好建筑材料及制品的质量关
	6. 对施工人员进行必要的技术培训
	7. 依法进行施工组织管理
	8. 做好应对不利施工条件和各种灾害的预案
	9. 加强施工安全与环境管理

■ 经典题目

1.【2015-80】下列措施中，属于施工质量事故预防措施的有（　　）。

A. 严格按照基本建设程序办事　　B. 依法进行施工组织管理

C. 加强施工安全与环境管理　　D. 进行必要的设计复核审查

E. 做好质量事故的观测记录

考点 4：施工质量事故报告和调查处理程序 ★★★

一、施工质量事故报告和调查处理程序

事故报告		事故现场有关人员应立即向建设单位负责人报告 建设单位负责人应在 1 小时内向县级以上人民政府建设主管部门及有关部门报告，情况紧急时，事故现场有关人员可直接向县级以上人民政府建设主管部门报告事故报告内容
事故调查		事故调查报告内容未造成人员伤亡的一般事故，县级人民政府也可以委托事故发生单位组织事故调查组进行调查
事故的原因分析		找出造成事故的主要原因
处理	制定事故处理的技术方案	
	事故处理	包括：事故的技术处理、事故的责任处罚
	处理的鉴定验收	
	提交事故处理报告	事故处理报告内容

二、与施工质量事故有关的三个报告内容对比

	事故报告	事故调查报告	事故处理报告
基本情况	①事故发生时间、地点、项目名称、参建单位名称	①事故项目及各参建单位概况	①事故调查的原始资料、测试的数据
事故经过	②事故发生的简要经过	②事故发生经过和事故救援情况	
伤亡损失	③伤亡人数和初步估计的直接经济损失	③事故造成的人员伤亡和直接经济损失	
事故原因	④事故原因的初步判断	④事故发生的原因和事故性质	②事故原因分析和论证结果
措施	⑤事故发生后采取的措施及事故控制情况	⑤事故防范和整改措施	
处理		⑥事故责任的认定和对事故责任者的处理建议	③事故处理的依据 ④事故处理的技术方案及措施 ⑤实施技术处理过程中有关的数据、记录、资料 ⑥对事故相关责任者的处罚情况和事故处理的结论

	事故报告	事故调查报告	事故处理报告
不同点	⑥事故报告单位、联系人及联系方式	⑦事故项目有关质量检测报告和技术分析报告	⑦检查验收记录

■ 经典题目

1.【2014-33】工程施工质量事故的处理方法包括：①事故调查；②事故原因分析；③事故处理；④事故处理的鉴定验收；⑤制定事故处理方案；正确的程序是（　）。

A. ①-②-⑤-③-④　　B. ①-②-③-④-⑤

C. ②-①-③-④-⑤　　D. ①-②-⑤-④-③

2.【2013-85】某工程质量事故发生后，对该事故进行调查，经过原因分析判定该事故不需要处理，其后续工作有（　）。

A. 补充调查　　B. 检查验收

C. 做出结论　　D. 提交处理报告

E. 实施防护措施

考点 5：施工质量缺陷处理的基本方法 ★★★

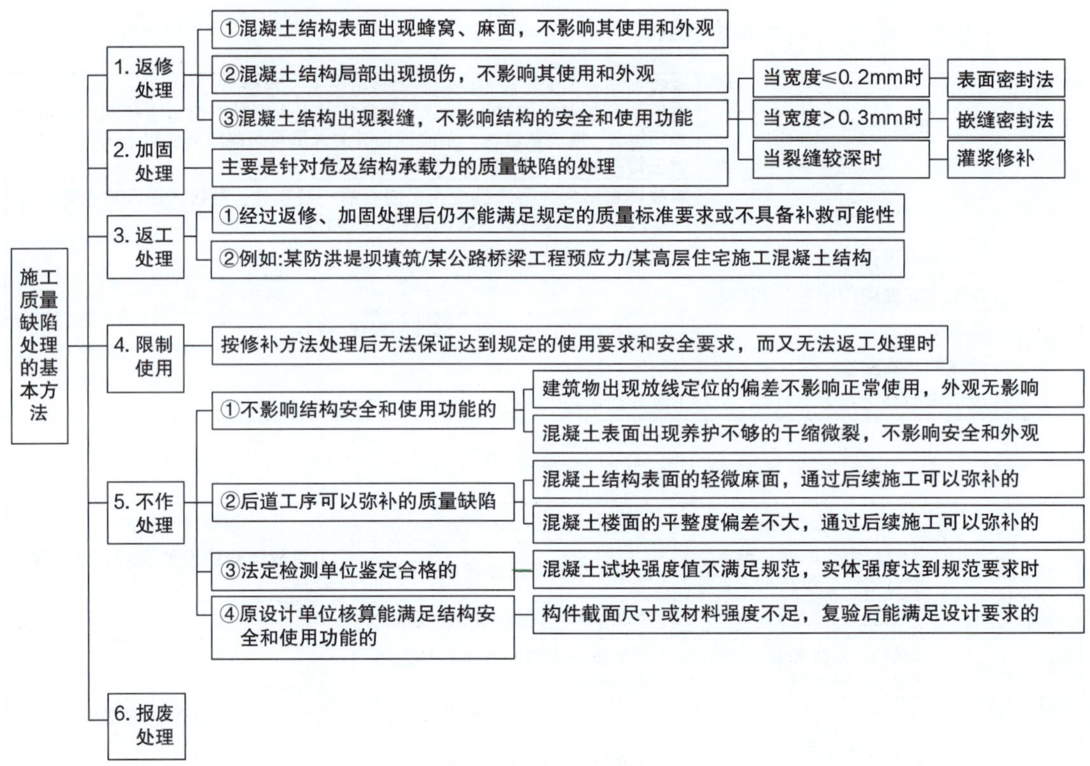

■ 经典题目

1.【2015-21】某工程的混凝土结构出现较深裂缝，但经分析判定其不影响结构的安全和使用，正确的处理方法是（　）。

A. 表面密封　　B. 嵌缝封闭
C. 灌浆修补　　D. 限制使用

2.【2013-44】某工程第三层混凝土现浇楼面的平整偏差达到 10mm，其后续作业为找平层和面层的施工，这时应该（　）。

A. 加固处理　　B. 修补处理
C. 不作处理　　D. 限制使用

3.【2012-18】某混凝土试块强度值不满足设计要求，但经法定检测单位对混凝土实体强度经过法定检测后，其实际强度达到规范允许和设计要求值。正确的处理方式是（　）。

A. 不作处理　　B. 修补
C. 返工　　D. 加固

4.【2011-27】某砖混结构住宅楼墙体砌筑时，监理工程师发现由于施工放线错误，导致山墙上窗户的位置偏离 30cm，正确的处理方法是（　）。

A. 加固处理　　B. 修补处理
C. 返工处理　　D. 不做处理

1Z204060 数理统计方法在工程质量管理中的应用

考点 1：分层法 ★★

基本思想	对工程质量状况的调查和质量问题的分析，必须分门别类地进行，以便准确有效地找出问题及其原因之所在
应用分层法的关键	调查分析的类别和层次划分，根据管理需要和统计目的，取得原始数据

■ 经典题目

1.【2013-33】对工程质量状况和质量问题，按总包、专业分包和劳务分包分门别类地进行调查和分析，以准确有效地找出问题及其原因所在。这是质量管理统计方法中（　）的基本思想。

A. 分层法　　B. 因果分析图法
C. 排列图法　　D. 直方图法

2.【2009-78】在运用分层法对工程项目质量进行统计分析时，通常可以按照（　）等分层方法获取质量原始数据。

A. 作业班组　　B. 作业时间
C. 工程材料　　D. 投资主体
E. 工程部位

3.【2007-88】在应用分层法时，首先要划分调查分析的层次，一般可根据（　）等进行划分。

A. 统计的模型　　B. 管理的需要
C. 样本的数量　　D. 数据的分布规律
E. 统计的目的

考点 2：因果分析图法【质量特性要因分析法】★★★

基本原理	对每一个质量特性或问题，逐层深入排查可能原因 然后确定其中最主要原因，进行有的放矢的处置和管理
注意事项	①一个质量特性或一个质量问题使用一张图分析 ②通常采用 QC 小组活动的方式进行，集思广益，共同分析 ③必要时可以邀请小组以外的有关人员参与，广泛听取意见 ④分析时要充分发表意见，层层深入，排出所有可能的原因 ⑤由各参与人员采用投票等方式，从中选择 1 ~ 5 项多数人达成共识的最主要原因

■ 经典题目

1.【2015-33】在应用因果分析图确定质量问题的原因时，正确的做法是（　）。
A. 不同类型质量问题可以共同使用一张图分析
B. 通常选出 1~5 项作为最主要原因
C. 为避免干扰，只能由 QC 小组成员独立进行分析
D. 由 QC 小组组长最终确定分析结果

2.【2013-82】关于因果分析图法应用的说法，正确的有（　）。
A. 一张分析图可以解决多个质量问题
B. 常采用 QC 小组活动的方式进行，有利于集思广益
C. 因果分析图法专业性很强，QC 小组以外的人员不能参加
D. 通过因果分析图可以了解统计数据的分布特征，从而掌握质量能力状态
E. 分析时要充分发表意见，层层深入，排除所有可能的原因

3.【2012-7】关于因果分析图法应用的说明，正确的是（　）。
A. 一张因果分析图可以分析多个质量问题
B. 通常采用 QC 小组活动的方式进行
C. 具有直观、主次分明的特点
D. 可以了解质量统计数据的分布特征

4.【2010-68】某钢结构厂房在结构安装过程中，发现构件焊接出现不合格，施工项目部采用逐层深入排查的方法分析确定构件焊接不合格的主次原因，这种工程质量统计方法是(　)。
A. 直方图法　　B. 因果分析图法
C. 排列图法　　D. 控制图法

5.【2009-49】工程质量统计分析方法中，因果分析图的主要作用是（　）。
A. 对一个质量特性或问题进行深入的原因分析
B. 判断工程质量是否处于受控状态
C. 对工程项目的总体质量进行评价
D. 反映质量的变动情况

6.【2005-42】采用因果分析图法分析工程质量特性或问题，通常以（　）的方式进行。
A. 技术攻关　　B. QC 小组活动
C. 质量检查　　D. 操作比赛

考点 3：排列图法 ★★

排列图法	1. 适用范围	①关于质量问题、偏差、缺陷、不合格等方面的统计数据 ②造成质量问题的原因分析统计数据
	2. 特点	直观、主次分明
	3.ABC 分类管理法	①累积频率 0 ~ 80%：A 类问题，主要问题，进行重点管理
		②累积频率 80% ~ 90%：B 类问题，次要问题，作为次重点管理
		③累积频率 90% ~ 100%，C 类问题，一般问题，适当加强管理

■ 经典题目

1.【2015-78】工程质量管理常用数据统计方法中，排列图方法可用于（　）的数据状况描述。

A. 质量偏差　　B. 质量稳定程度
C. 质量缺陷　　D. 造成质量问题原因
E. 质量受控情况

2.【2005-43】当采用排列图法分析工程质量问题时，将质量特性不合格累计频率为（　）的定为 A 类问题，进行重点管理。

A. 0 ～ 50%　　B. 0 ～ 70%
C. 0 ～ 80%　　D. 0 ～ 90%

考点 4：直方图法 ★★★

主要用途	①整理统计数据，了解统计数据的分布特征 ②了解数据分布的集中或离散状况，从中掌握质量能力状态 ③观察分析生产过程质量是否处于正常、稳定和受控状态 ④观察分析质量水平是否保持在公差允许的范围内
观察分析分布形状	①正常直方图呈正态分布，其形状特征是中间高、两边低、呈对称【图 1】 ②将直方图形状与正态分布图的形状进行比较分析：形状是否相似；分布区间的宽窄 ③分布形状及分布区间宽窄是由质量特性统计数据的平均值和标准偏差所决定的
观察分析分布位置	①质量特性数据分布偏下限，易出现不合格【图 2】 ②质量特性数据的分布宽度边界达到质量标准的上下界限，易出现不合格【图 3】 ③质量特性数据分布边界与质量标准的上下界限有较大距离，质量能力偏大，不经济【图 4】 ④质量特性数据分布已超出质量标准的上下界限，存在质量不合格，需要分析原因采取措施进行纠偏【图 5、图 6】

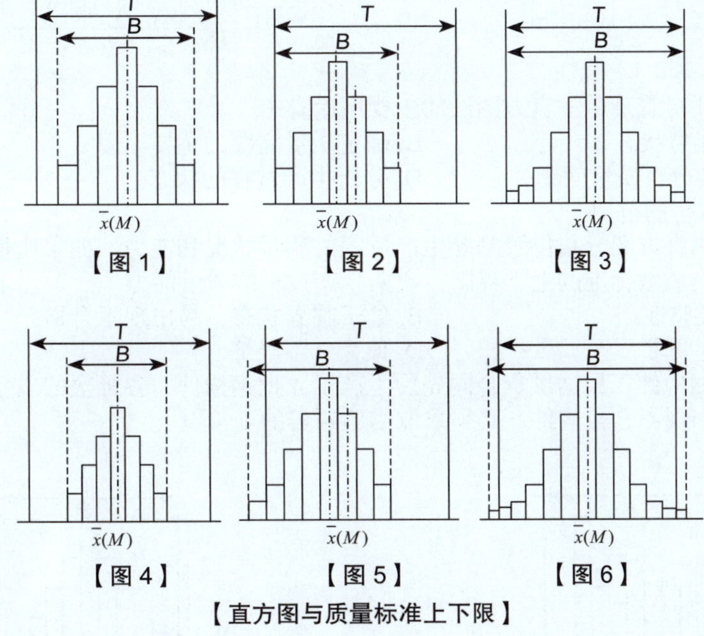

【直方图与质量标准上下限】

■ 经典题目

1.【2014-58】在直方图的位置观察分析中，若质量特性数据的分布居中，边界在质量标准的上下界限内，且有较大距离时，说明该生产过程（　）。

A. 质量能力不足　　B. 易出现质量不合格

C. 存在质量不合格　　D. 质量能力偏大

2.【2014-88】质量管理方法中，直方图的分布区间宽窄取决于其质量特性统计数据的（　）。

A. 平均值　　B. 中位数

C. 极差　　D. 标准偏差

E. 变异系数

3.【2012-28】下列直方图中，表明生产过程处于正常、稳定状态的是（　）。

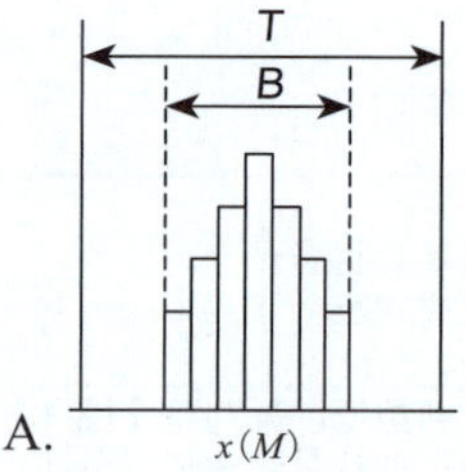
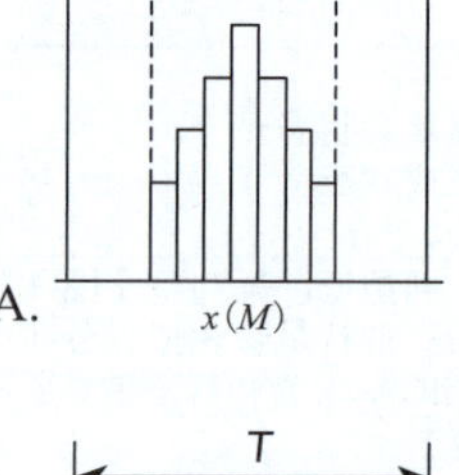

A.

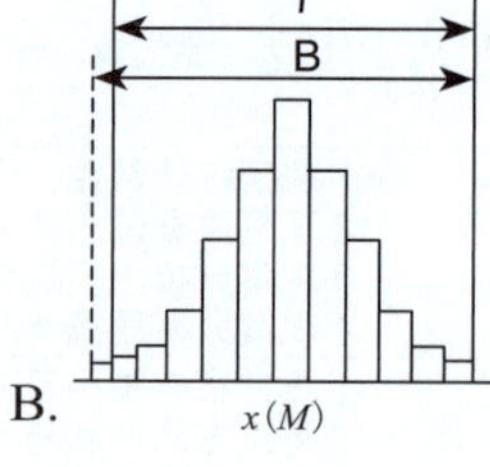

B.

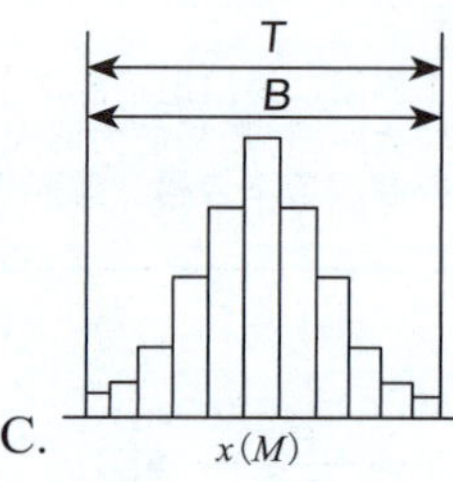

C.

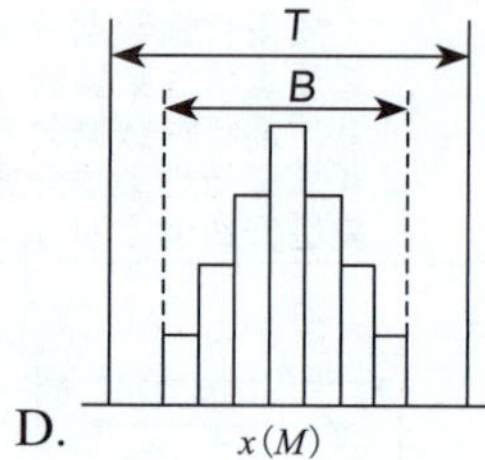

D.

4.【2012-96】在质量管理中，直方图法的主要用途有（　）。

A. 掌握质量能力状态　　B. 确定质量问题的主要原因

C. 分门别类地分析质量问题　　D. 分析生产过程的状态

E. 分析质量水平的范围

5.【2009-11】利用直方图分布位置判断生产过程的质量状况和能力，如果质量特性数据的分布宽度边界达到质量标准的上下界限，说明生产过程的质量能力（　）。

A. 偏小、需要整改　　B. 处于临界状态，易出现不合格

C. 适中、符合要求　　D. 偏大、不经济

6.【2007-47】某钢构件厂根据供货合同先后生产了4批钢构件，各批次的质量统计直方图如下所示。其中出现不合格构件，必须采取措施纠偏的是（　）。

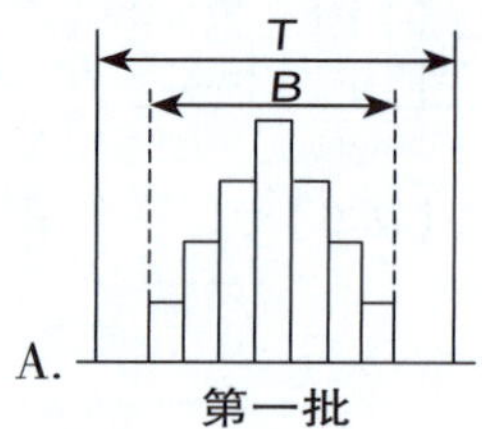

A.
第一批

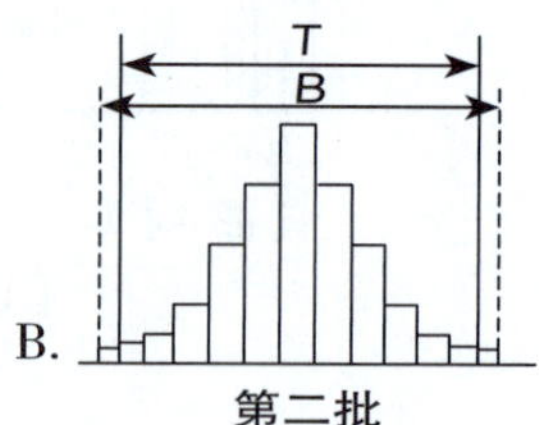

B.
第二批

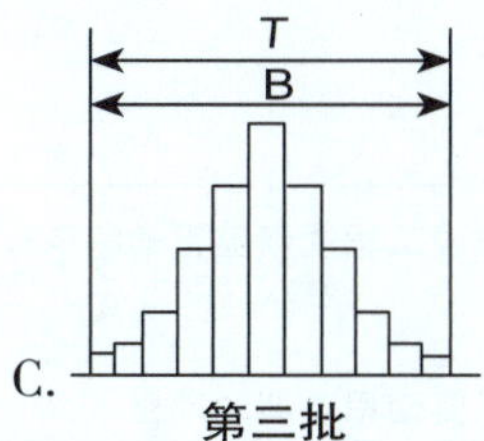

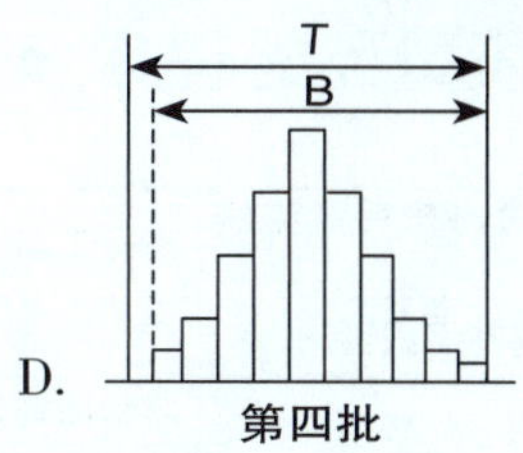

1Z204070 建设工程项目质量的政府监督

考点 1：政府质量监督 ★★

政府质量监督

<table>
<tr><td rowspan="2">政府质量监督的性质</td><td rowspan="2">行政执法行为</td><td>工程实体质量监督</td></tr>
<tr><td>工程质量行为监督【建设、勘察、设计、施工、监理和质量检测单位】</td></tr>
<tr><td rowspan="8">政府质量监督的内容</td><td colspan="2">1. 执行法律法规和工程建设强制性标准的情况</td></tr>
<tr><td rowspan="3">2. 抽查</td><td>工程实体质量</td></tr>
<tr><td>工程质量行为</td></tr>
<tr><td>主要建筑材料、建筑构配件的质量</td></tr>
<tr><td colspan="2">3. 对工程竣工验收进行监督</td></tr>
<tr><td colspan="2">4. 组织或参与工程质量事故的调查处理</td></tr>
<tr><td colspan="2">5. 定期对本地区工程质量状况进行统计分析</td></tr>
<tr><td colspan="2">6. 依法对违法违规行为实施处罚</td></tr>
</table>

经典题目

1.【2010-25】关于建设工程质量政府监督的说法，正确的是（　）。
A. 建设工程政府监督机构不对设计单位的质量行为进行监督
B. 查处施工质量事故不属于政府质量监督机构的责任
C. 涉及结构安全和使用功能的施工质量是政府监督检查的重点
D. 建设工程政府监督只涉及工程的施工阶段

2.【2004-44】我国《建筑法》和《建设工程质量管理条例》规定，政府行政主管部门应设立专门机构，对建设工程质量行使（　）职能。
A. 验收　　B. 保证
C. 监督　　D. 规范

大立名师说

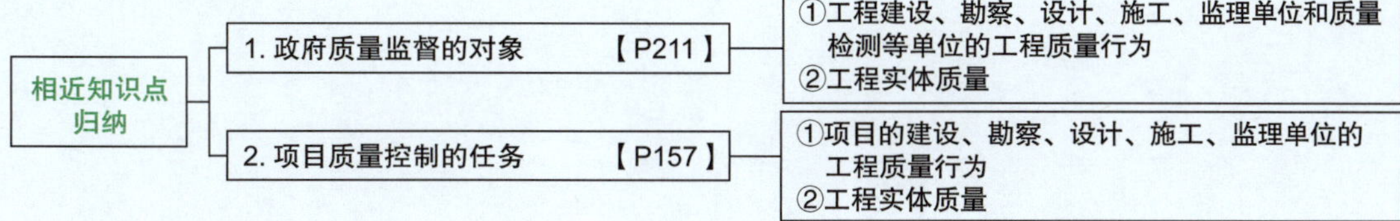

考点 2：质量监督程序 ★★★

1. 受理建设单位办理质量监督手续	在开工前，监督单位接受建设单位有关建设工程质量监督的的申报手续	
2. 制订工作计划并组织实施		
3. 对工程实体质量和工程质量行为进行抽查、抽测	监督抽样检测的重点	涉及结构安全和重要使用功能的项目
	检查内容	各方的质量保证体系情况；企业的工程经营资质证书和相关人员的资格证书 各项建设行政手续是否齐全完备；施工组织设计、监理规划等文件及审批手续和实际执行情况执行相关法律法规和工程建设强制性标准的情况；工程质量检查记录等
4. 监督工程竣工验收	重点对竣工验收的组织形式、程序等进行监督	
5. 形成工程质量监督报告		
6. 建立工程质量监督档案	按单位工程建立；经监督机构负责人签字后归档	

经典题目

1.【2015-59】政府质量监督机构对工程项目实施质量监督的第一步工作是（　）。

A. 制定质量监督工作计划　　B. 抽查工程质量问题

C. 接受建设单位申报手续　　D. 监理工程质量监督方案

2.【2014-49】根据政府对工程项目质量监督的要求，项目的工程质量监督档案应按（　）建立。

A. 建设项目　　B. 单项工程

C. 分部工程　　D. 单位工程

3.【2013-38】建设工程政府质量监督机构参加项目的竣工验收会议的目的是（　）。

A. 对建设过程质量情况进行总结，签发竣工验收意见书

B. 对影响结构安全的工程实体质量进行检查验收

C. 对影响使用功能的相关部分进行检查验收

D. 对质量验收的程序、组织、方法、过程等进行监督

4.【2012-58】工程质量监督申报手续应在工程项目（　）到工程质量监督机构办理。

A. 开工前，由施工单位　　B. 竣工验收前，由建设单位

C. 开工前，由建设单位　　D. 竣工验收前，由施工单位

大立名师说

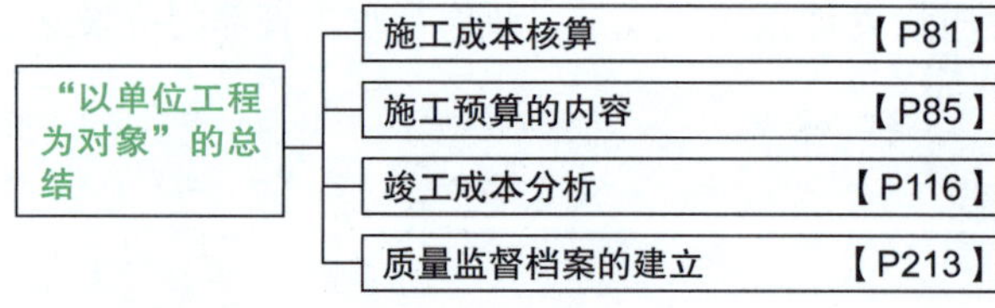

参考答案

1Z204000 建设工程项目质量控制

1Z204010 建设工程项目质量控制的内涵

考点 1：项目质量控制 ★★★

1.A　2.B　3.ABCE　4.B

考点 2：项目质量的形成过程 ★★

1.A　2.A　3.A

考点 3：项目质量的影响因素 ★★

1.D　2.CE

考点 4：质量风险 ★★★

1.A　2.CDE　3.D

1Z204020 建设工程项目质量控制体系

考点 1：全面质量管理思想（TQC）★

1.C

考点 2：质量管理的 PDCA 循环 ★★

1.A　2.C　3.B

考点 3：项目质量控制体系 ★★★

1.D　2.D　3.ACE　4.D

5.CD　6.D　7.A　8.C　9.C

考点 4：企业质量管理体系 ★★★

1.ABDE　2.A　3.D　4.BCDE　5.ACD　6.D

7.B　8.A　9.B　10.C　11.ADE　12.D

1Z204030 建设工程项目施工质量控制

考点 1: 施工质量控制的依据与基本环节 ★★

1.BD　2.C　3.A

考点 2：施工质量计划 ★★★

1.AB　2.B　3.A　4.B　5.B　6.B　7.B　8.B

考点 3：施工生产要素的质量控制 ★★

1.D　2.A　3.ACDE　4.CE　5.D

考点 4：施工准备的质量控制 ★★

1.A　2.A　3.C　4.D　5.D

考点 5：施工过程的质量控制 ★★★

1.B　2.B　3.ABCD　4.D　5.A　6.C　7.ACE

考点 6：施工质量与设计质量的协调 ★

1.BCD　2.D

1Z204040 建设工程项目施工质量验收

考点 1：施工质量验收 ★★★

1.B　2.A　3.D　4.C　5.ABC　6.CDE　7.BD

考点 2：施工过程质量验收不合格的处理 ★★

1.C　2.A　3.C　4.A

考点 3：竣工质量验收 ★★★

1. ABDE　2.ABCE　3.A　4.B

5.C　6.D　7.CD　8.A　9.C

1Z204050 施工质量不合格的处理

考点 1：工程质量事故 ★★★

1.C　2.ADE　3.ABCE

考点 2: 施工质量事故发生的原因 ★★

1.A　2.B　3.C

考点 3：施工质量事故预防的具体措施 ★

1.ABCD

考点 4：施工质量事故报告和调查处理程序 ★★★

1.A　2.CD

考点 5：施工质量缺陷处理的基本方法 ★★★

1.C　2.C　3.A　4.D

1Z204060 数理统计方法在工程质量管理中的应用

考点 1：分层法 ★★

1.A　2.ABCE　3.BE

考点 2：因果分析图法【质量特性要因分析法】★★★

1.B　2.BE　3.B　4.B　5.A　6.B

考点 3：排列图法 ★★

1.ACD　2.C

考点 4：直方图法 ★★★

1.D　2.AD　3.D　4.ADE　5.B　6.B

1Z204070 建设工程项目质量的政府监督

考点 1：政府质量监督 ★★

1.C　　2.C

考点 2：质量监督程序 ★★★

1.C　　2.D　　3.D　　4.C

第五章

1Z205000
建设工程职业健康安全与环境管理

1Z205000 建设工程职业健康安全与环境管理

【本章历年考情分析】

1Z205000	2016年		2015年		2014年		2013年		2012年	
	单选	多选	单选	多选	单选	多选	单选	多选	单选	多选
1Z205010 职业健康安全管理体系与环境管理体系	1		1		1		2	2	1	
1Z205020 建设工程安全生产管理	4	2	2	2	2	2	1	2	3	2
1Z205030 建设工程生产安全事故应急预案和事故处理	2	2	2	2	2	2	3	2	2	2
1Z205040 建设工程施工现场职业健康安全与环境管理的要求	2	2	2	2	2	2	2	2	1	2
1Z205000 单选合计 / 多选合计	9	6	7	6	7	6	8	8	7	6
1Z205000 总计	15		13		13		16		13	

【章节知识框架】

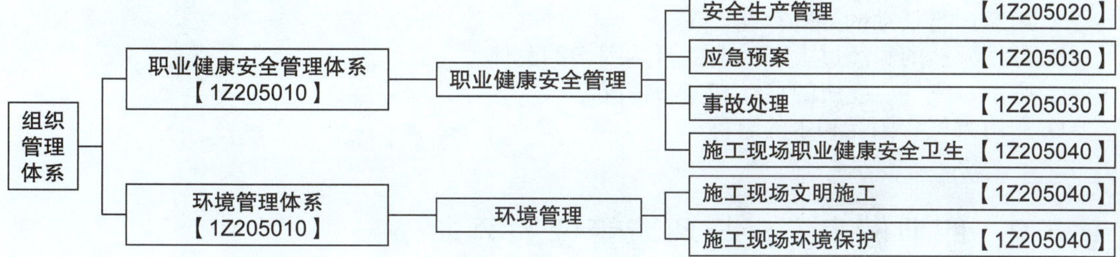

1Z205010 职业健康安全管理体系与环境管理体系

考点 1：职业健康安全管理体系与环境管理体系标准 ★★

职业健康安全的概念	是指影响或可能影响工作场所内的任何人员的健康安全的条件和因素
环境的概念	是指组织运行活动的外部存在
两体系的相同点	①管理目标基本一致；②管理原理基本相同；③不规定具体绩效标准
两体系的不同点	①需要满足的对象不同；②管理的侧重点有所不同
职业健康安全管理体系	核心要素 10 个：职业健康安全方针；对危险源辨识、风险评价和控制措施的确定；法律法规和其他要求；目标和方案；资源、作用、职责、责任和权限；合规性评价；运行控制；绩效测量和监视；内部审核；管理评审
	辅助性要素 7 个：能力、培训和意识；沟通、参与和协商；文件；文件控制；应急准备和响应；事件调查、不符合、纠正措施和预防措施；记录控制
环境管理体系	核心要素 10 个：环境方针；环境因素；法律法规与其他要求；目标、指标和方案；资源、作用、职责与权限；运行控制；监测与测量；评估法规的符合性；内部审核；管理评审
	辅助性要素 7 个：能力、意识和培训；信息交流；文件；文件控制；应急准备和响应；不符合、纠正和预防措施；记录控制
两体系的运行模式	方针；策划（规划）；实施与运行；检查和纠正措施；管理评审；持续改进

■ 经典题目

1.【2014-22】下列环境体系内容要素中，属于辅助性要素的是（　）。
A. 记录控制　B. 环境方针
C. 环境因素　D. 内部审核

2.【2013-46】根据《职业健康安全管理体系》(GB/T 28001—2011)，属于辅助性要素的(　)。
A. 法规和其他要求　B. 运行控制
C. 培训、意识和能力　D. 管理评审

3.【2010-26】建设工程项目环境管理的目的是通过保护生态环境，使（　）。
A. 环境能够服务于人类经济社会的发展
B. 工程项目施工场界内的污染得到有效防治
C. 环境污染不至于造成人类生存基本条件的破坏
D. 社会经济的发展与人类的生存环境相协调

4.【2010-84】下列环境管理体系的构成要素中，属于核心要素的有（　）。
A. 环境方针　B. 环境因素
C. 运行控制　D. 内部审核
E. 信息交流

5.【2009-16】《环境管理体系要求及使用指南》(GB/T 24001—2004)中的“环境”是指(　)。
A. 组织运行活动的外部存在
B. 各种天然的和经过人工改造的自然因素的总体
C. 废水、废气、废渣的存在和分布情况
D. 周边大气、阳光和水的总称

考点 2：职业健康安全与环境管理的要求 ★★

1. 决策阶段	①建设单位应办理各种有关**安全**与**环境保护**方面的审批手续 ②建设单位应组织或委托有相应资质的单位进行项目**环境影响评价和安全预评价**
2. 设计阶段	①设计单位应进行**环境保护设施和安全设施的设计** ②设计单位对涉及施工安全的重点部分和环节在设计文件中应进行注明，并对防范生产安全事故提出**指导意见** ③对于采用“三新”和特殊结构的建设工程，设计单位应提出保障施工作业人员安全和预防生产安全事故的**措施建议** ④在工程总概算中，应明确工程安全环保设施费用，安全施工和环境保护措施费等
3. 施工阶段	①建设单位应当**自开工报告批准之日起 15 日内**，将保证安全施工的措施报送县级**建设行政主管部门**或有关部门备案 ②建设单位应在**拆除工程施工 15 日前**，将①资质；②说明；③方案；④措施；报送至县级以上的地方人民政府**主管部门**或有关部门备案 ③企业的代表人是**安全生产的第一负责人**，项目经理是施工**项目生产的主要负责人** ④建设工程实行总承包的，由总承包单位对施工现场的安全生产负总责并自行完成工程**主体结构**的施工 ⑤**分包单位应当接受总承包单位的安全生产管理，**分包合同中应当明确各自的安全生产方面的权利、义务 ⑥分包单位不服从管理导致生产安全事故的，由分包单位承担**主要责任**，总承包和分包单位对分包工程的安全生产承担**连带责任**
4. 验收试运行阶段	①项目竣工后，**建设单位**应向**环境保护行政主管部门申请**，对环保设施进行竣工验收 ②环保行政主管部门应在收到申请环保设施**竣工验收之日起 30 日内**完成验收，验收合格后，才能投入生产和使用 ③对于需要试生产的项目，建设单位应在项目**投入试生产之日起 3 个月内**向环保部门申请对配套的环保设施进行竣工验收

经典题目

1.【2013-95】在建设工程项目决策阶段，建设单位职业健康安全与环境管理的任务包括（　）。

A. 提出生产安全事故防范的指导意见
B. 办理有关安全的各种审批手续
C. 提出保障施工作业人员安全和预防生产安全事故的措施建议
D. 办理有关环境保护的各种审批手续
E. 将保证安全施工的措施报有关管理部门备案

2.【2011-63】关于施工总承包单位安全责任的说法，正确的是（　）。

A. 总承包单位的项目经理是施工企业第一负责人
B. 业主指定的分包单位可以不服从总承包单位的安全生产管理
C. 分包单位不服从管理导致安全生产事故的，总承包单位不承担责任
D. 总承包单位对施工现场的安全生产负总责

3.【2010-39】在建设工程项目决策阶段，建设单位职业健康安全与环境管理的任务是（　）。

A. 对环境保护和安全设施的设计提出建议
B. 办理有关安全与环境保护的各种审批手续
C. 对生产安全事故的防范提出指导意见
D. 将保证安全施工的措施报有关管理部门备案

4.【2007-48】根据《建设工程安全生产管理条例》，建设单位应当自开工报告批准之日起（　）日内，将保证安全施工措施报送建设工程所在地的县级以上人民政府建设行政主管部门或其他有关部门备案。

A. 15　　B. 20
C. 25　　D. 30

大立名师说

与备案有关的总结

	竣工验收备案【P199】	开工报告工程的备案【P220】	拆除工程的备案【P220】
备案范围	竣工验收合格的工程	依法批准开工报告的工程	应当拆除的工程
备案主体	建设单位	建设单位	建设单位
备案时间	自建设工程竣工验收合格之日起15日内	自开工报告批准之日起15日内	在拆除工程施工15日前
备案机关	县级以上地方人民政府建设主管部门	县级以上地方人民政府建设行政主管部门或其他有关部门	县级以上地方人民政府主管部门或其他有关部门
备案内容	工程竣工验收备案表 工程竣工验收报告 规划、环保部门的认可文件或准许使用文件 施工单位签署的工程质量保修书 公安消防部门出具的证明文件	保证安全施工的措施	拆除施工单位资质等级证明 拟拆除建筑物、构筑物及毗邻建筑的说明 拆除施工组织方案 堆放、清除废弃物的措施

考点 3：职业健康安全管理体系与环境管理体系的建立和运行 ★★

体系文件组成	管理手册	是对组织整个管理体系的整体性描述，是管理体系的纲领性文件
	程序文件	可按“4W1H”的顺序和内容来编写
	作业文件	包括：作业指导书【操作规程】、管理规定、监测活动准则、程序文件引用的表格
管理体系的维持	内部审核	是组织对其自身管理体系进行的审核，是管理体系自我保证和自我监督的一种机制
	管理审核	是由组织的最高管理者对管理体系的系统评价
	合规性评价	项目组级：由项目经理组织，当某阶段施工超半年时，不少于三次 工程结束时，应对整个工程进行系统的合规性评价
		公司级：每年进行一次，由管理者代表组织

■ 经典题目

1.【2012- 27】作业文件是职业健康安全与环境管理体系文件的组成之一，其内容包括（　）。

A. 管理手册、管理规定、监测活动准则及程序文件

B. 操作规程、管理规定、监测活动准则及程序文件引用的表格

C. 操作规程、管理规定、监测活动准则及管理手册

D. 操作规程、管理规定、监测活动准则及程序文件

2.【2006-93】职业健康安全管理体系与环境管理体系的作业文件包括（　）。

A. 操作规程　　B. 程序文件引用的表格

C. 管理手册　　D. 绩效报告

E. 监测活动准则

大立名师说

职业健康安全管理体系与环境管理体系文件、质量管理体系文件的对比

	职业健康安全管理体系与环境管理体系【P222】	质量管理体系【P175】
体系文件组成	①管理手册 ②程序文件 ③作业文件	①质量方针和质量目标 ②质量手册 ③程序性文件 ④质量记录
手册内容	①方针、目标、指标、管理方案 ②管理、运行、审核和评审人员主要职责、权限和关系 ③程序文件的说明和查询途径 ④管理手册的管理、评审和修订工作的规定	①企业的质量方针、质量目标 ②组织机构及质量职责 ③体系要素或基本控制程序 ④质量手册的评审、修改和控制的管理办法

■ 经典题目

1.【2015-4】关于职业健康安全与环境管理体系管理评审的说法，正确的是（　）。

A. 管理评审是管理体系接受政府监督的一种机制

B. 管理评审是最高管理者对管理体系的系统评价

C. 管理评审是管理体系自我保证和自我监督的一种机制

D. 管理评审是第三方认证机构对管理体系的系统评价

2.【2013-32】关于职业健康安全与环境管理系内部审核的说法，正确的是（　）。

A. 内部审核是对相关的法律的执行情况进行评价

B. 内部审核是管理体系自我保证和自我监督的一种机制

C. 内部审核是最高管理者对管理体系的系统评价
D. 内部审核是管理体系接受政府监督的一种机制

3.【2010-29】在职业健康安全管理体系与环境管理体系的运行中，组织对其自身的管理体系所进行的检查和评价，称为（　）。
A. 持续改进　　B. 管理评审
C. 内部审核　　D. 系统评审

大立名师说

本节内容在历年考试中所占分值比例的差异较大，2012 年、2014 年和 2015 年只有 1 道单选，2010 年出现了 3 道单选和 1 道多选。本节中知识点的突出特点是理论性强，需要纯记忆的知识点多，理解的知识点少，且篇幅较长。从应试的角度来说复习的性价比偏低。

1Z205020 建设工程安全生产管理

考点 1：安全生产管理制度 ★★★

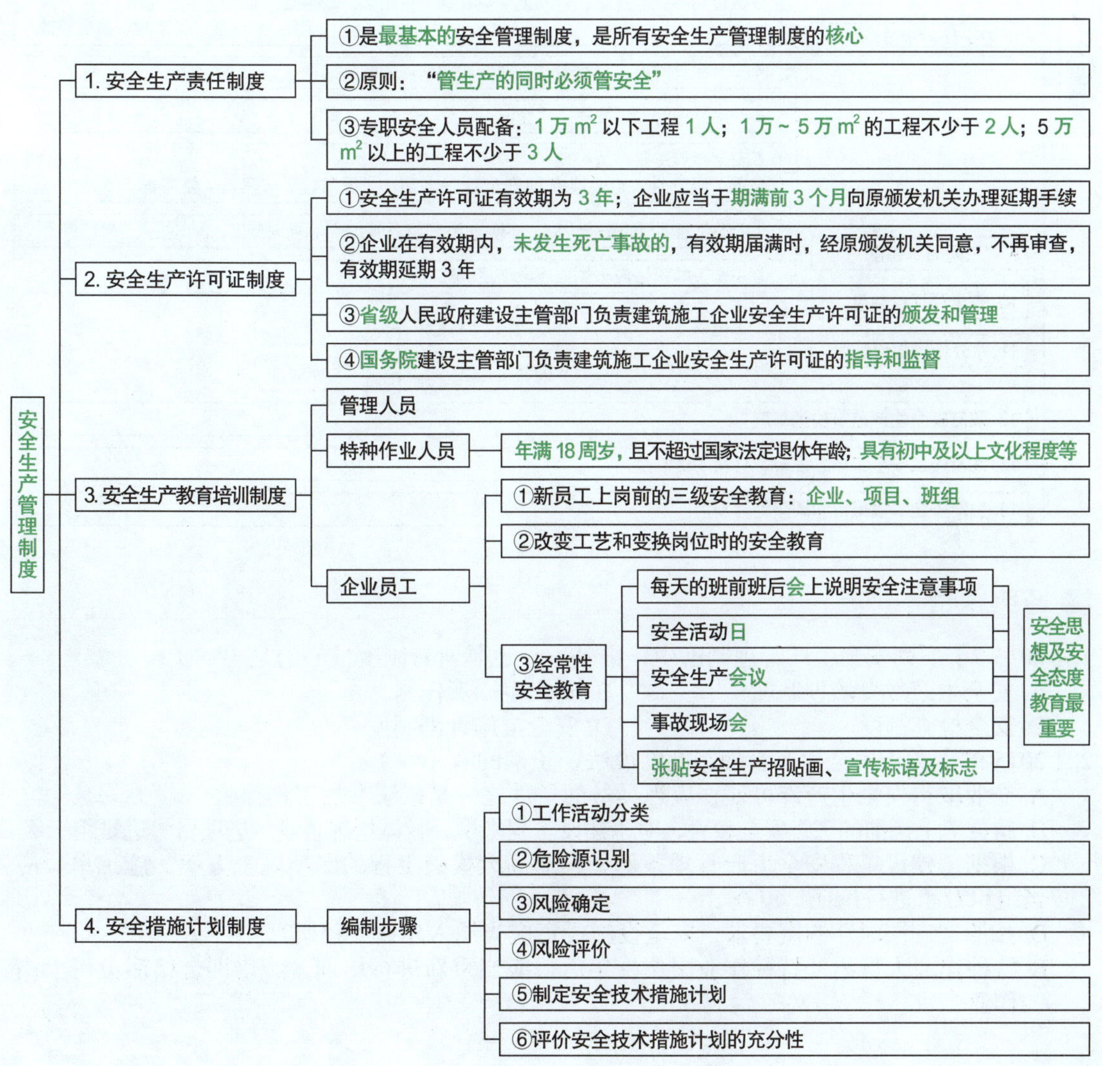

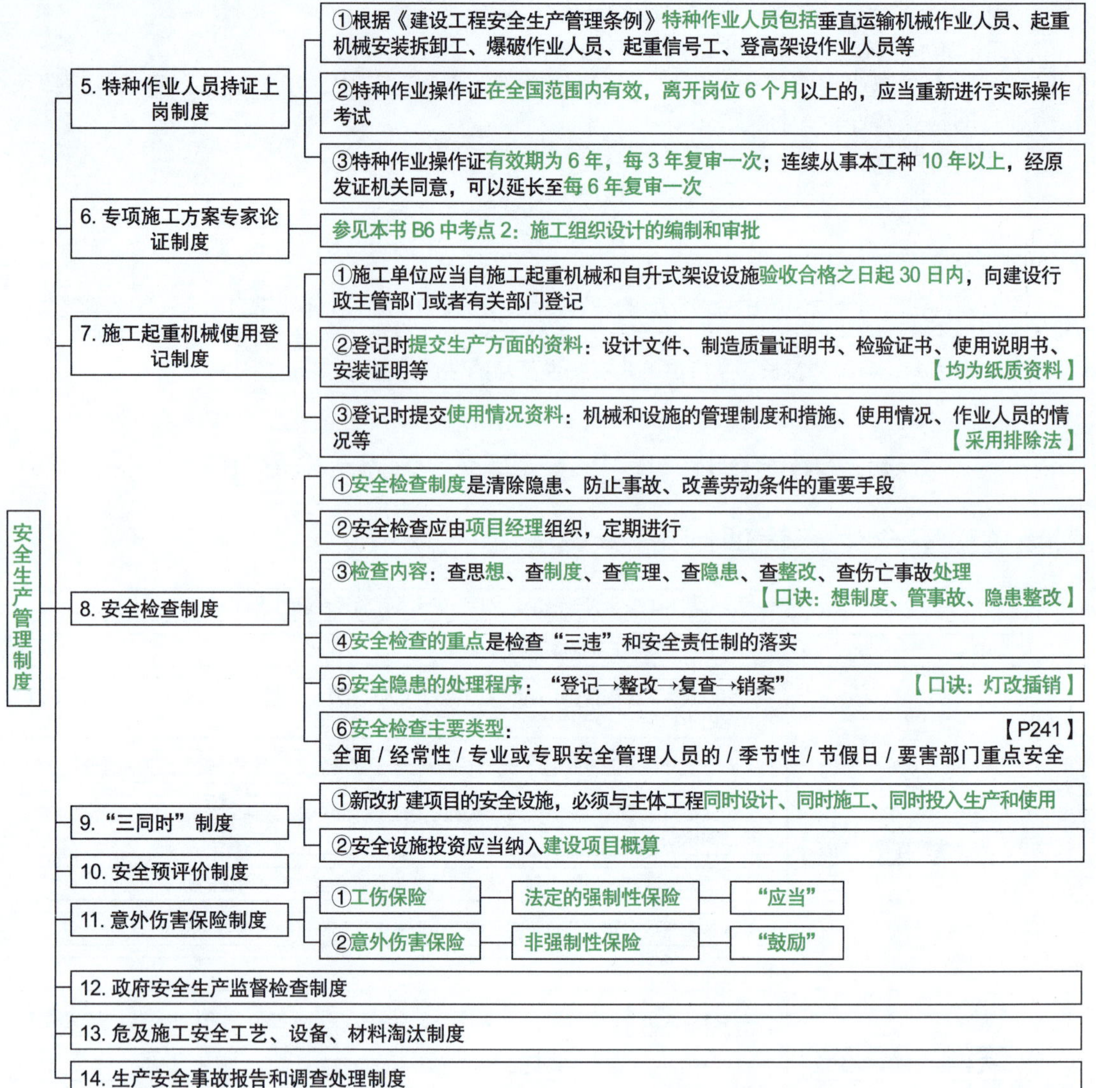

■ 经典题目

1.【2015-7】下列安全生产管理制度中，最基本、也是所有制度核心的是（　）。

A. 安全生产教育培训制度　　B. 安全生产责任制

C. 安全检查制度　　D. 安全措施计划制度

2.【2015-93】关于安全生产管理制度的说法，正确的有（　）。

A. 企业取得安全生产许可证，应当具备的条件之一是依法参加工伤保险

B. 新员工上岗前的三级安全教育，对于建设工程来说，具体指进企业、进项目、进班组三级

C. 根据《建设工程安全生产管理条例》，对高大模板工程的专项施工方案，施工单位应当组织专家进行论证、审查

D. 按照"三同时"制度要求，安全设施投资应当纳入建设工程概算

E. 特种作业人员离开特种作业岗位1年后，应当重新进行培训，经培训合格后方可上岗作业

3.【2014-99】下列企业安全生产教育管理形式中，属于员工经常性教育的有（　）。
A. 安全活动日　　B. 事故现场会
C. 安全技术理论培训　　D. 安全生产会议
E. 改变工艺临时安全教育

4.【2013-10】根据《建设工程安全生产管理条例》，下列施工起重机械进行登记时提交的资料中，属于机械使用有关情况的是（　）。
A. 制造质量证明书　　B. 起重机械的管理制度
C. 检验证书　　D. 使用说明书

5.【2012-98】根据《建设工程安全生产管理条例》，下列分部分项工程中，应当组织专家施工方案论证的有（　）。
A. 深基坑工程　　B. 地下暗挖工程
C. 脚手架工程　　D. 高大模板工程
E. 爆破工程

6.【2011-95】建设工程生产安全检查的主要内容包括（　）。
A. 管理检查　　B. 危险源检查
C. 思想检查　　D. 隐患检查
E. 整改检查

7.【2010-30】施工项目的安全检查应由（　）组织，定期进行。
A. 项目经理　　B. 项目技术负责人
C. 专职安全员　　D. 企业安全生产部门

8.【2010-74】根据《特种作业人员安全技术培训考核管理规定》，下列建设工程活动中，属于特种作业的有（　）。
A. 建筑登高架设作业　　B. 钢筋焊接作业
C. 建筑外墙抹灰作业　　D. 卫生洁具安装作业
E. 起重机械操作作业

9.【2009-15】建筑施工企业安全生产管理工作中，（　）是清除隐患、防止事故、改善劳动条件的重要手段。
A. 安全监察制度　　B. 伤亡事故报告处理制度
C. "三同时"制度　　D. 安全检查制度

10.【2007-90】《中华人民共和国安全生产法》规定，生产经营单位新建工程项目的安全设施必须与主体工程同时（　）。
A. 设计　　B. 招标
C. 施工　　D. 验收
E. 使用

大立名师说

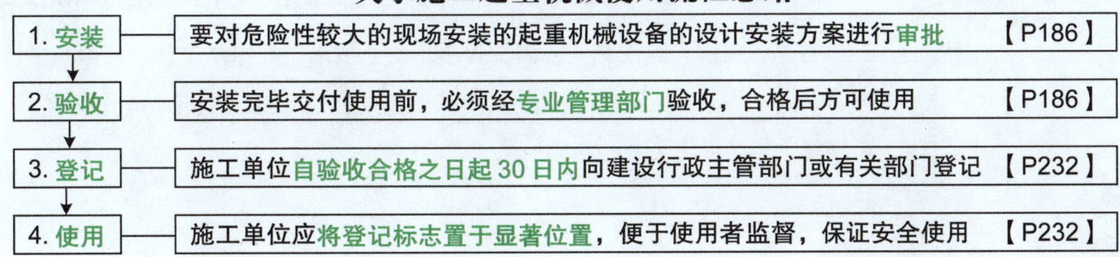

考点 2：安全生产管理预警体系 ★★

预警体系的组成	外部系统、内部系统、信息系统、事故系统四个部分
预警体系建立的原则	及时性、全面性、高效性、客观性 【口诀：全是高官】
预警分析	内容包括： ①预警监测；②预警信息管理；③预警评价指标体系构建；④预警评价 Ⅰ/Ⅱ/Ⅲ/Ⅳ——红/橙/黄/蓝 功能包括：监测 - 识别 - 诊断 - 评价 【口诀：见识真假】
预控对策	内容包括：①组织准备；②日常监控；③事故危机管理 功能包括：对事故征兆的不良趋势进行纠错 - 治错的功能
预警分析与预控对策的关系	①预警体系功能的实现依赖于预警分析和预控对策两大子系统作用的发挥 ②两者相辅相成，是明确的时间顺序关系和逻辑顺序关系 ③预警分析是预警体系完成其职能的前提和基础 ④预控对策是预警体系职能活动的目标

■ 经典题目

1.【2014-32】确定预警级别和预警信号标准，属于安全生产管理预警分析中（ ）的工作内容。

A. 预警监测　　B. 预警评价

C. 预警信息管理　　D. 预警评价指标体系的构建

考点 3：施工安全技术措施和安全技术交底 ★★★

安全控制的目标	减少和消除生产过程中的事故，保证人员健康安全和财产免受损失；具体包括人、物、环境
施工安全的控制程序	①确定安全目标；②编制安全技术措施计划 P；③计划的落实和实施 D；④计划的验证 C；⑤持续改进计划 A
施工安全技术措施的一般要求和内容	1. 必须在开工前与施工组织设计一同编制；2. 全面性；3. 针对性；4. 力求全面、具体、可靠；5. 必须包括应急预案；6. 可行性和可操作性；7. 必须包含施工总平面图 ※ 对于大中型工程项目、结构复杂的重点工程，除必须在施工组织设计中编制施工安全技术措施外，还应编制专项工程施工安全技术措施； ※ 结构复杂、危险性大、特性较多的分部分项工程，应编制专项施工方案和安全措施； ※ 危险性大、高温期长的工程，应单独编制季节性的施工安全措施
安全技术交底主要内容	1. 本项目的施工作业特点和危险点 2. 针对危险点的具体预防措施 3. 应注意的安全事项 4. 安全操作规程和标准 5. 避难和急救措施
安全技术交底的要求	1. 项目经理部必须实行逐级安全技术交底制度，纵向延伸到班组全体作业人员 2. 技术交底必须具体、明确，针对性强 3. 技术交底的内容应针对施工中给作业人员带来的潜在危险因素和存在问题 4. 应优先采用新的安全技术措施 5. “四新”项目或技术含量高、技术难度大的单项技术设计，必须经过两阶段技术交底 6. 应将工程概况、施工方法、施工程序、安全技术措施等向工长、班组长进行详细交底 7. 定期向由两个以上作业队和多工种进行交叉施工的作业队伍进行书面交底 8. 保存书面安全技术交底签字记录

经典题目

1.【2015-19】关于施工安全技术措施的说法，正确的是（　）。
A. 施工安全技术措施要有针对性
B. 施工安全技术措施必须包括固体废物的处理
C. 施工安全技术措施可以不包括针对自然灾害的应急预案
D. 施工安全技术措施可在工程开工后制定

2.【2014-19】关于施工安全技术措施要求和内容的说法，正确的是（　）。
A. 可随工程进展需要实时编制
B. 应在安全技术措施中抄录制度性规定
C. 结构复杂的重点工程应编制专项工程施工安全技术措施
D. 小规模工程的安全技术措施中可不包含施工总平面图

3.【2012-13】施工安全技术措施应能够在每道工序中得到贯彻实施，既要考虑保证安全要求，又要考虑现场环境条件和施工技术能够做到。这表明施工安全技术措施要（　）。
A. 具有针对性和可操作性　　B. 具有针对性和全面性
C. 具有可行性和可操作性　　D. 力求全面、具体、可靠

4.【2011-98】建设工程施工安全控制的具体目标包括（　）。
A. 提高员工安全生产意识　　B. 改善生产环境和保护自然环境
C. 减少或消除人的不安全行为　　D. 安全事故整改
E. 减少或消除设备、材料的不安全状态

5.【2010-13】施工安全控制程序包括：①安全技术措施计划的落实和实施；②编制建设工程项目安全技术措施计划；③安全技术措施计划的验证；④确定每项具体建设工程项目的安全目标；⑤持续改进。其正确顺序是（　）。
A. ②-④-①-③-⑤　　B. ④-②-①-③-⑤
C. ④-②-③-①-⑤　　D. ②-③-④-①-⑤

6.【2007-50】建设工程施工安全控制的目标是（　）。
A. 找出所有危险源
B. 评估危险源可能造成的危害
C. 减少和消除生产过程中的事故
D. 事故应急处理

7.【模拟题】关于安全技术交底，下列说法正确的是（　）。
A. 逐级安全技术交底制度，纵向延伸到项目部
B. 技术交底制度必须具体、明确，具有通用性
C. 两阶段技术交底，是指初步设计技术交底和实施性施工图技术设计交底
D. 保存安全技术交底电子签字记录

大立名师说

涉及“防止和尽可能减少生产安全事故”的知识点总结
- 1. 建设工程职业健康安全管理的目的　【P219】
- 2. 实施安全生产许可证制度的目的　【P226】
- 3. 安全检查的目的　【P232】
- 4. 安全控制的目标　【P238】

考点 4：安全隐患 ★★

安全隐患	1. 人的不安全因素	①个人的不安全因素	包括心理上、生理上、能力上
		②人的不安全行为	强调人的行为和动作
	2. 物的不安全状态		强调物体本身有缺陷
	3. 组织管理上的不安全因素		关键词“缺陷”
安全隐患处理的原则	1. 冗余安全度治理原则	强调设置多道防线 【还未出事故】	
	2. 单项隐患综合治理原则	强调事故发生后从人机料法环多角度综合处理	
	3. 直接隐患与间接隐患并治原则		
	4. 预防与减灾并重治理原则		
	5. 重点治理原则	实行危险点分级治理	
	6. 动态治理原则	强调生产过程中发现问题及时治理	
安全事故隐患处理方法	1. 当场指正，限期纠正，预防隐患发生 2. 做好记录，及时改正，消除安全隐患 3. 分析统计，查找原因，制定预防措施 4. 跟踪验证		

■ 经典题目

1.【2012-45】某工程施工期间，安全人员发现作业区内有一处电缆井盖遗失，随即在现场设置防护安全网及警示牌，并设照明及夜间警示红灯，这是建设安全事故隐患处理中（　　）原则的具体体现。

A. 动态治理　　B. 单项隐患综合治理

C. 冗余安全度治理　　D. 直接隐患与间接隐患并治

2.【2011-24】下列建设工程安全隐患的不安全因素中，属于“物的不安全状态”的是（　　）。

A. 个人防护用品缺陷　　B. 物体存放不当

C. 未正确使用个人防护用品　　D. 对易燃易爆等危险品处理不当

1Z205030 建设工程生产安全事故应急预案和事故处理

考点 1：应急预案的内容 ★★

一、应急预案体系的构成

	层次	编制对象	
应急预案体系	综合应急预案	是应对各类事故的综合性文件	对生产规模小、危险因素少的生产经营单位，其综合和专项可以合并编写
	专项应急预案	是针对具体的事故类别【基坑开挖、脚手架拆除等】而制定的计划或方案；是综合应急预案的组成部分和附件	
	现场处置方案	是针对具体的装置、场所、设施、岗位所制定的应急处置措施应具体、简单、针对性强	

■ 经典题目

1.【2015-79】关于生产安全事故应急预案的说法，正确的有（　　）。

A. 应急预案的编制应结合本地区、本部门、本单位的危险性分析情况

B. 应急组织和人员的职责分工明确，并有具体的落实措施

C. 应急预案的管理不包括应急预案的奖惩

D. 应急预案基本要素齐全、完整，预案附件提供的信息准确

E. 生产经营单位应每年组织一次现场处置方案演练

2.【2013-42】下列建设工程生产安全事故应急预案的具体内容中，属于现场处置方案的是(　)。
A. 信息发布　　B. 应急演练
C. 事故征兆　　D. 经费保障

3.【2012-49】建设工程生产安全事故应急预案中，针对深基坑开挖可能发生的事故，相关危险源和应急保障而制订的计划属于（　）。
A. 综合应急预　　B. 现场处置方案
C. 专项应急预案　　D. 现场应急预案

4.【2011-16】施工现场应急处置方案的内容主要是（　）。
A. 应急工作原则　　B. 应急组织与协调
C. 信息发布　　D. 应急预案体系

考点 2：应急预案的管理 ★★★

应急预案的管理	评审	地方各级安监部门应当组织有关专家对本部门编制的应急预案进行审定，**必要时**，可以召开听证会 评审人员与所评审预案的生产经营单位有利害关系的，应当回避
	备案	地方各级安监部门的应急预案，应报同级人民政府和上一级安监部门备案 其他负有安监职责的部门的应急预案，应当抄送同级安监部门
	实施	综合应急预案演练和专项应急预案演练**每年至少组织一次** 现场处置方案演练，**每半年至少组织一次**
	奖惩	应急预案未按规定备案，由县级以上安监部门给予警告，并处 3 万元以下罚款 未制定应急预案或未采取预防措施导致事故救援不力或造成严重后果的，由县级以上安监部门责令停产停业整顿，并依法给予行政处罚

■ 经典题目

1.【2015-48】生产经营单位应急预案未按照有关规定备案的，由县级以上（　）给予警告，并处罚款。
A. 建设主管部门　　B. 安全生产监督管理部门
C. 建设工程质量监督机构　　D. 人民政府

2.【2014-53】地方各级安全生产监督管理部门的应急预案，应当报（　）备案。
A. 上一级人民政府　　B. 国务院安全生产监督管理部门
C. 同级安全生产监督管理部门　　D. 同级人民政府

3.【2014-97】生产经营单位安全事故应急预案未按有关规定备案的，县级以上安全生产监督管理部门可以（　）。
A. 吊销安全生产许可证　　B. 责令停产停业整顿
C. 给予警告　　D. 处 3 万元以下罚款
E. 给予行政处罚

4.【2012-23】关于安全生产事故应急预案管理的说法，正确的是（　）。
A. 生产经营单位应每半年至少组织一次现场处置方案演练
B. 非参建单位的安全生产及应急管理方面的专家，均可受邀参加应急方案评审
C. 应急预案应报同级人民政府和上一级安全生产监督管理部门备案
D. 生产经营单位应每年至少组织两次综合应急预案演练或者专项应急预案演练

考点 3：安全事故的分类 ★★★

一、安全事故的分类

按照事故发生的原因分类	共分 20 类，与建筑业有关的有 12 类， 在建设工程领域中最常见的有 7 类：高处坠落、物体打击、机械伤害、触电、坍塌、中毒和火灾 物体打击：指落物、滚石、锤击、碎裂、崩块、砸伤等造成的人身伤害，不包括因爆炸而引起的物体打击 机械伤害：不包括车辆、起重设备引起的伤害
按事故严重程度分类	轻伤、重伤、死亡【重大伤亡——1～2 人；特大伤亡——3 人以上】
按事故造成人员伤亡或直接经济损失分类	特别重大、重大、较大、一般事故【重伤包括急性工业中毒】

二、按事故造成的人员伤亡或者直接经济损失分类的划分标准

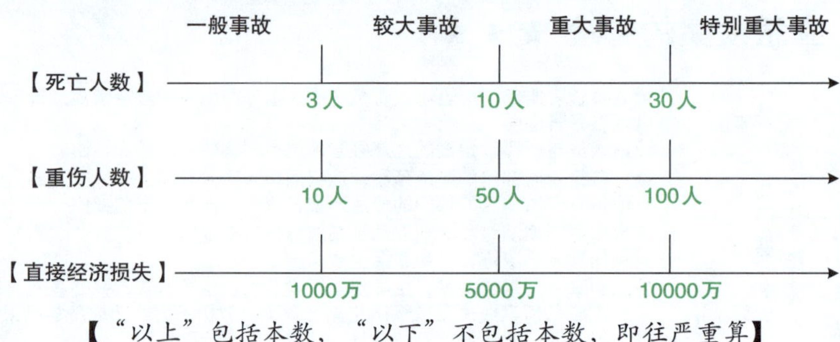

【“以上”包括本数，“以下”不包括本数，即往严重算】

■ 经典题目

1.【2013-67】根据《生产安全事故报告和调查处理条例》，下列安全事故中，属于重大事故的是（　）。

A.3 人死亡，10 人重伤，直接经济损失 2000 万元
B.12 人死亡，直接经济损失 960 万元
C.36 人死亡，50 人重伤，直接经济损失 6000 万元
D.2 人死亡，100 人重伤，直接经济损失 1.2 亿元

2.【2010-73】根据《企业职工伤亡事故分类标准》，下列事故中，属于与建筑业有关的职业伤害事故有（　）。

A. 物体打击　　B. 触电
C. 机械伤害　　D. 火药爆炸
E. 辐射伤害

3.【2009- 100】根据我国《企业职工伤亡事故分类标准》（GB 6441—1986），下列伤害事故中，属于“机械伤害”的有（　）。

A. 高处小型机械坠落砸伤地面工作人员
B. 搅拌机械传动装置断裂甩出伤人
C. 汽车倾覆造成人员伤亡
D. 电动切割机械防护不当造成操作人员受伤
E. 起重机吊物坠落砸伤作业人员

4.【2006-50】对职业伤害事故，按照其后果的严重程度分类，特大伤亡事故是指一次死亡（　）人及其以上的事故。

A. 3　　B. 5
C. 10　　D. 15

5.【2006-52】职业伤害事故分类中，物体打击伤害是指落物、滚石、(　　)等造成的人身伤害。

A. 锤击、碎裂　　B. 井壁坍塌

C. 高处坠落　　D. 爆炸引起的物体打击

大立名师说

安全事故与质量事故分级标准的对比

划分标准	安全事故【P254】	质量事故【P200】
死亡人数【人】	~3~10~30~	~3~10~30~
重伤人数【人】	~10~50~100~	~10~50~100~
直接经济损失【万元】	~1000~5000~10000~	【100~1000】~5000~10000~
区别	一般事故直接经济损失的范围不同 质量事故直接经济损失小于 100 万元时，不属于质量事故，而属于质量问题	

考点 4：安全事故的处理 ★★★

一、事故处理的原则

“四不放过”原则	1. 事故原因未查清不放过	【未查清】
	2. 事故责任人未受到处理不放过	【未处理】
	3. 事故责任人和周围群众没有受到教育不放过	【未教育】
	4. 事故没有制定切实可行的整改措施不放过	【未整改】

二、事故处理的程序

事故报告	1. 事故发生后事故现场有关人员应当立即向本单位负责人报告【质量事故：报建设单位负责人】 2. 单位负责人接到报告后 1 小时内向县级以上人民政府安全生产监督管理部门和有关部门报告 3. 安监部门，逐级上报时间不得超过 2 小时；情况紧急时，事故现场有关人员可以直接向县级以上人民政府安检部门和有关部门报告 4. 特别重大事故、重大事故逐级上报至国务院安监部门 5. 较大事故逐级上报至省级安监部门；一般事故上报至设区的市级安监部门 6. 各个行业的建设施工中出现了安全事故，都应当向建设行政主管部门报告
事故调查	一级事故、一级政府 未造成人员伤亡的一般事故，县级人民政府也可以委托事故发生单位进行调查
现场勘察	
分析事故原因	通过直接和间接地分析，确定事故的直接责任者、间接责任者和主要责任者
制定预防措施	
提交事故调查报告	与质量事故调查报告内容相比，只缺“事故项目有关质量检测报告和技术分析报告”
事故的审理和结案	

三、事故处理的要求

	一般事故	较大事故	重大事故	特别重大事故
事故上报至【人民政府安监部门】	设区的市级	省级	国务院	
事故调查【人民政府】	县级政府	设区的市级政府	省级政府	国务院
提交事故调查报告	自事故发生之日起 60 日内 经负责调查的人民政府批准，期限可适当延长，但延长的期限最长不超过【60+60】			
批复事故调查报告	自收到事故调查报告之日起 15 日内		自收到事故调查报告之日起 30 日内 【特殊情况下可延期最长 30 日】	

经典题目

1.【2015-24】使事故责任者和广大群众了解事故发生的原因及所造成的危害，并深刻认识到搞好安全生产的重要性，从事故中吸取教训，提高安全意识，改进安全管理工作。这体现了事故处理中的（　）。
A. 事故原因未查清不放过
B. 事故责任人未处理不放过
C. 事故责任人和周围群众未受到教育不放过
D. 事故没有制定切实可行的整改措施不放过

2.【2014-65】某工程安全事故造成 960 万元的直接经济损失，没有人员伤亡。关于该事故调查的说法，正确的是（　）。
A. 应由事故发生地省级人民政府直接组织事故调查组进行调查
B. 必须由事故发生地县级人民政府直接组织事故调查组进行调查
C. 应由事故发生地设区的市级人民政府委托有关部门组织事故调查组进行调查
D. 可由事故发生地县级人民政府委托事故发生单位组织事故调查组进行调查

3.【2013-19】发生建设工程重大安全事故时，负责事故调查的人民政府应当自收到事故调查报告起（　）日内作出批复。
A. 30　　B. 15
C. 45　　D. 60

4.【2013-71】根据《生产安全事故报告和调查处理条例》（国务院令第 493 号），事故调查报告的内容主要有（　）。
A. 事故发生单位概况
B. 事故发生经过和事故援救情况
C. 事故造成的人员伤亡和直接经济损失
D. 事故责任者的处理结果
E. 事故发生的原因和事故性质

5.【2012-73】建设工程安全事故处理的原则有（　）。
A. 事故单位未受到处理不放过
B. 事故原因未查清不放过
C. 事故责任人未受到处理不放过
D. 事故没有制定切实可行的整改措施不放过
E. 事故有关人员未受到教育不放过

6.【2011-90】某工程施工中，因脚手架坍塌导致了 650 万元的直接经济损失，对该事件的正确处理是（　）。
A. 负责事故调查的人民政府应当自收到事故调查报告之日起 30 日内作出批复
B. 该施工单位可以自行组织事故调查组进行调查
C. 向当地建设行政主管部门报告
D. 向设区的当地市级人民政府安全生产监督管理部门报告
E. 事故调查要确定事故的直接责任者、间接责任者和主要责任者

大立名师说

质量事故处理与安全事故处理的对比

	安全事故【P255】	质量事故【P203】
事故调查报告内容	1. 事故发生单位概况	1. 事故项目及各参建单位概况
	2. 事故发生经过和事故救援情况	2. 事故发生经过和事故救援情况
	3. 事故造成的人员伤亡和直接经济损失	3. 事故造成的人员伤亡和直接经济损失
		4. 事故项目有关质量检测报告和技术分析报告

事故调查报告内容	4. 事故发生的原因和事故性质	5. 事故发生的原因和事故性质
	5. 事故责任的认定以及对事故责任者的处理建议	6. 事故责任的认定和对事故责任者的处理建议
	6. 事故防范和整改措施	7. 事故防范和整改措施
事故报告	事故现场有关人员立即向本单位负责人报告	事故现场有关人员立即向建设单位负责人报告
	单位负责人应当于1小时内向县级以上人民政府安全生产监督管理部门和有关部门报告	建设单位负责人应当于1小时内向县级以上人民政府建设主管部门及有关部门报告

1Z205040 建设工程施工现场职业健康安全与环境管理的要求

考点1：文明施工 ★★

文明施工的内容	1. 规范施工现场的场容，保持作业环境的整洁卫生
	2. 科学组织施工，使生产有序进行
	3. 减少施工对周围居民和环境的影响
	4. 遵守施工现场文明施工的规定和要求，保证职工的安全和身体健康
文明施工的措施	1. 应确立项目经理为现场文明施工的第一责任人
	2. 施工总平面图是现场管理、实现文明施工的依据
	3. 施工现场必须实行封闭管理，制定门卫制度，严格执行外来人员进场登记制度
	4. 工地围挡：市区主要路段和其他涉及市容景观路段的工地围挡的高度不低于2.5米，其他工地的围挡高度低于1.8米
	5. 五牌一图：工程概况牌、安全生产牌、文明施工牌、消防保卫牌、管理人员名单及监督电话牌；施工现场总平面图
	6. 严禁泥浆、污水、废水外流或未经允许排入河道，严禁堵塞下水道和排水河道
	7. 施工现场作业区与办公、生活区必须明显划分
	8. 食堂应有良好的通风和洁卫措施，保持卫生整洁，炊事员持健康证上岗
	9. 现场建立消防管理制度，建立消防领导小组，落实消防责任制和责任人
	10. 建立门卫值班管理制度；建立检查考核制度；建立宣传教育制度

■ 经典题目

1.【2015-34】施工现场文明施工管理组织的第一责任人（　）。

A. 项目经理　　B. 总监理工程师
C. 业主代表　　D. 项目总工程师

2.【2013-79】根据施工现场文明施工的要求，施工现场文明施工制度包括（　）.

A. 门卫值班管理制度
B. 岗位聘任制度　　C. 宣传教育制度
D. 消防管理制度　　E. 检查考核制度

3.【2012-83】关于建设工程施工现场文明施工的说法，正确的有（　）。

A. 施工现场必须实行封闭管理，设置进出口大门，制定门卫制度，严格执行外来人员进场登记制度
B. 沿工地四周连续设置围挡，市区主要道路和其他涉及市容景观路段的工地围挡的高度不得低于1.8m
C. 项目经理是施工现场文明施工的第一责任人
D. 施工现场设置排水系统，泥浆、污水、废水有组织地直接进入下水道
E. 现场建立消防领导小组，落实消防责任制和责任人员

考点 2：环境保护 ★★★

一、环境保护的要求

环境保护的要求	1. 开发利用自然资源的项目，必须采取措施保护生态环境	
	2. 应满足项目所在区域环境质量、相应环境功能区划和生态功能区划标准或要求	
	3. 环保部门可以举行听证会，听取有关单位，专家和公众的意见	①对环境可能造成重大影响，应当编制环境影响报告书的项目
		②可能严重影响项目所在地居民生活环境质量的项目
		③存在重大意见分歧的项目
	4. 建设工程项目中防治污染的设施，必须与主体工程同时设计、同时施工、同时投产使用	
	5. 防止污染的设施必须经原审批环境影响报告书的环境保护行政主管部门验收合格后，方可投产或使用	

二、环境保护的措施

大气污染防治	①高大建筑物清理施工垃圾时，要使用封闭式的容器或者采取其他措施处理高空废弃物，严禁凌空随意抛撒	
	②施工现场道路应指定专人定期洒水清扫，形成制度，防止道路扬尘	
	③对于细颗粒散体材料【如水泥、粉煤灰、白灰等】的运输、储存要注意遮盖、密封，防止和减少扬尘	
	④禁止在施工现场焚烧油毡、橡胶、塑料、皮革等废弃物品以及其他会产生有毒、有害烟尘和恶臭气体的物质	
	⑤工地茶炉应尽量采用电热水器	
	⑥大城市市区的建设工程不容许搅拌混凝土	
	⑦拆除旧建筑物时，应适当洒水，防止扬尘	
水污染防治	①禁止将有毒有害废弃物作土方回填	
	②施工现场搅拌站废水，现制水磨石的污水，电石【碳化钙】的污水必须经沉淀池沉淀合格后再排放 最好将沉淀水用于工地洒水降尘或采取措施回收利用	
	③现场存放油料，必须对库房地面进行防渗处理	
	④施工现场 100 人以上的临时食堂，可设置简易有效的隔油池，定期清理，防止污染	
	⑤工地临时厕所、化粪池应采取防渗漏措施	
	⑥化学用品、外加剂等要妥善保管，库内存放，防止污染环境	
噪声污染防治	声源控制	①声源上降低噪声，这是防止噪声污染的最根本的措施
		②在声源处安装消声器消声，在各类装置的进出风管的适当位置设置消声器
	传播途径的控制	①吸声：利用吸声材料或由吸声结构形成的共振结构吸收声能，降低噪声
		②隔声：应用隔声结构，阻碍噪声向空间传播，将接收者与噪声声源分隔
		③消声：利用消声器阻止传播。允许气流通过的消声降噪是防治空气动力性噪声的主要装置
		④减振降噪：如将阻尼材料涂在振动源上，或改变振动源与其他刚性结构的连接方式等
	接受者的防护	使用耳塞、耳罩等防护用品；减少相关人员在噪声环境中的暴露时间
	严格控制人为噪声	①进入施工现场不得高声喊叫、无故甩打模板、乱吹哨，限制高音喇叭的使用
		②凡在人口稠密区进行强噪声作业时，晚 10 点到次日早 6 点之间停止强噪声作业
		③建筑施工场界噪声排放限值：昼间【70dB】，夜间【55dB】
固体废物处理	基本思想：采取资源化、减量化和无害化的处理，对固体废物产生的全过程进行控制	
	①回收利用：是对固体废物进行资源化的重要手段之一【如粉煤灰、废钢铁】	
	②减量化处理：是对已经产生的固体废物进行分选、破碎、压实浓缩、脱水等减少其最终处置量，减低处理成本；减少对环境的污染。处理的过程中，也包括焚烧、热解、堆肥等	
	③焚烧：用于不适合再利用且不宜直接予以填埋处置的废物，垃圾焚烧处理应使用符合环境要求的处理装置，避免对大气的二次污染	
	④稳定固化：利用胶结材料将松散的废物胶结包裹起来，减少有害物质从废物中向外迁移扩散	
	⑤填埋：固体废物经过无害化、减量化处理的废物残渣集中到填埋场进行处置	

■ 经典题目

1.【2015-81】关于施工过程水污染预防措施的说法，正确的有（　）。
A. 禁止将有毒有害废弃物作土方回填
B. 施工现场搅拌站废水经沉淀池沉淀合格后也不能用于工地洒水降尘
C. 现制水磨石的污水必须经沉淀池沉淀合格后再排放
D. 现场存放油料，必须对库房地面进行防渗处理
E. 化学用品、外加剂等要妥善保管，库内存放

2.【2014-2】建设工程施工工地上，对于不适合再利用、且不宜直接予以填埋处置的废物，可采取（　）的处理方法。
A. 减量化处置　　　　B. 焚烧
C. 稳定固化　　　　D. 消纳分解

3.【2014-17】改变振动源与其他刚性结构的连接方式以减振降噪的做法，属于噪声控制技术中的（　）。
A. 声源控制　　　　B. 接收者防护
C. 人为噪声控制　　　　D. 传播途径控制

4.【2014-81】下列施工现场环境保护措施中，属于空气污染防治措施的有（　）。
A. 指定专人定期清扫施工现场道路
B. 化学药品库内存放
C. 施工现场不得无故甩打模板
D. 工地茶炉采用电热水器
E. 使用封闭式容器处理高空废弃物

5.【2013-40】施工现场（　）人以上的临时食堂，污水排放时可设置简易有效的隔油池，定期清理，防止污染。
A. 20　　　　B. 50
C. 100　　　　D. 80

6.【2013-53】根据施工现场环境保护的要求，凡在人口稠密区进行强噪声作业时，须严格控制作业时间。一般情况下，停止强噪声作业的时间是（　）。
A. 晚 9 点到次日早 4 点之间　　　　B. 晚 11 点到次日早 4 点之间
C. 晚 10 点到次日早 5 点之间　　　　D. 晚 10 点到次日 6 点之间

7.【2012-51】利用水泥、沥青等胶结材料，将松散的废物胶结包裹起来，减少有害物质从废物中向外迁移扩散，使废物对环境的污染减少，此做法属于固体废物（　）的处置。
A. 减量化　　　　B. 压实浓缩
C. 无害化　　　　D. 稳定和固化

8.【2011-25】在空气压缩机的进出风管适当位置安装消声器的做法，属于施工噪声控制技术中的（　）。
A. 减振降噪控制　　　　B. 声源控制
C. 传播途径控制　　　　D. 接收者控制

9.【2010-10】清理高层建筑施工垃圾的正确做法是（　）。
A. 将各楼层施工垃圾装入密封容器后吊走
B. 将各楼层施工垃圾焚烧后装入密封容器后吊走
C. 将施工垃圾洒水后沿临边窗户倾倒至地面后集中处理
D. 将施工垃圾从电梯井倾倒至地面后集中处理

10.【2010-88】建设工程项目中防治污染的设施，必须与主体工程（　）。
A. 同时设计　　　　B. 同时验收
C. 同时施工　　　　D. 同时申报
E. 同时投产使用

11.【2009-31】工程项目建设过程中的污染主要包括施工场界内的污染和对周围环境的污染，对施工场界内的污染防治属于（　）问题。

A. 安全监督　　B. 职业健康
C. 施工安全生产　　D. 环境保护

12.【2009-99】《中华人民共和国环境保护法》和《中华人民共和国环境影响评价法》对建设工程项目环境保护的基本要求有（　）。

A. 应满足项目所在区域环境质量、相应环境功能区划标准或要求
B. 对可能严重影响项目所在地居民生活环境质量的项目，环保总局必须举行听证会
C. 开发利用自然资源的项目，必须采取措施保护生态环境
D. 建设工程项目中防治污染的设施，必须与主体工程同时设计、同时施工、同时投产使用
E. 防治污染的设施必须经原审批环境报告书的环境保护行政主管部门验收合格后，该建设工程项目方可投入生产或使用

13.【2007-51】包含防治污染设施的建设工程项目，其防治污染的设施必须经（　）验收合格后，该项目方可投入生产或使用。

A. 建设单位的上级主管部门　　B. 工程质量监督机构
C. 环境保护行政主管部门　　D. 安全生产行政管理部门

14.【模拟题】根据《建筑施工场界环境噪声排放标准》（GB 12523—2011）的要求，对建筑施工过程中场界环境夜间噪声排放限值为（　）dB。

A. 50　　B. 55
C. 70　　D. 75

考点 3：职业健康安全卫生 ★★

1. 宿舍	①室内净高不得小于 2.4M，通道宽度不得小于 0. 9M，每间宿舍居住人员不得超过 16 人
	②必须设置可开启式窗户，宿舍内的床铺不得超过 2 层，严禁使用通铺
2. 食堂	①必须有卫生许可证，炊事人员必须持身体健康证上岗
	②应设置在远离厕所、垃圾站、有毒有害场所等污染源的地方
	③食堂应设置独立的制作间、储藏间，门扇下方应设不低于 0.2M 的防鼠挡板
	④所贴瓷砖高度不宜小于 1.5M；粮食存放台距墙和地面应大于 0.2M
	⑤食堂的燃气罐应单独设置存放间；存放间应通风良好并严禁存放其他物品
3. 厕所	①施工现场应设置水冲式或移动式厕所，蹲位之间隔板高度不宜低于 0.9M
	②高层建筑施工超过 8 层以后，每隔四层宜设置临时厕所
4. 其他	①施工现场作业人员发生法定传染病、食物中毒或急性职业中毒时，必须在 2 小时内向建设行政主管部门报告
	②现场施工人员患有法定传染病时，应及时进行隔离，并由卫生防疫部门进行处置

经典题目

1.【2015-31】关于施工现场宿舍设置的说法，正确的是（　）。

A. 室内净高 2.5m　　B. 室内通道宽度 0.8m
C. 每间宿舍居住 18 人　　D. 使用通铺

参考答案

1Z205000 建设工程职业健康安全与环境管理

1Z205010 职业健康安全管理体系与环境管理体系

考点 1：职业健康安全管理体系与环境管理体系标准 ★★

1.A　2.C　3.D　4.ABCD　5.A

考点 2：职业健康安全与环境管理的要求 ★★

1.BD　2.D　3.B　4.A

考点 3：职业健康安全管理体系与环境管理体系文件的组成 ★★

1.B　2.ABE

考点 4：职业健康安全管理体系与环境管理体系的维持 ★★

1.B　2.B　3.C

1Z205020 建设工程安全生产管理

考点 1：安全生产管理制度 ★★★

1. B　2. ABCD　3. ABD　4. B　5. ABD
6. ACDE　7. A　8. ABE　9. D　10. ACE

考点 2：安全生产管理预警体系★★

1.B

考点 3：施工安全技术措施和安全技术交底 ★★★

1. A　2. C　3. C　4. BCE　5. B　6. C　7. C

考点 4：安全隐患 ★★

1.C　2.A

1Z205030 建设工程生产安全事故应急预案和事故处理

考点 1：应急预案的内容 ★★

1.ABD　2.B　3.C　4.B

考点 2：应急预案的管理 ★★★

1.B　2.D　3.CD　4.A

考点 3：安全事故的分类 ★★★

1.B　2.ABCD　3.BD　4.A　5.A

考点 4：安全事故的处理 ★★★

1.C　2.D　3.B　4.ABCE　5.BCDE　6.CDE

1Z205040 建设工程施工现场职业健康安全与环境管理的要求

考点 1：文明施工 ★★

1.A　2.ACDE　3.ACE

考点 2：环境保护 ★★★

1.ACDE　2.B　3.D　4.DE　5.C　6.D　7.D
8.B　9.A　10.ACE　11.B　12.ACDE　13.C　14.B

考点 3：职业健康安全卫生 ★★

1.A

第六章

1Z206000
建设工程合同与合同管理

1Z206000 建设工程合同与合同管理

【本章历年考情分析】

1Z206000	2016 年		2015 年		2014 年		2013 年		2012 年	
	单选	多选	单选	多选	单选	多选	单选	多选	单选	多选
1Z206010 建设工程施工招标与投标	1	2	1	2	1	2	2	2	2	
1Z206020 建设工程合同的内容	2	2	2	4	2	4	2	2	3	2
1Z206030 合同计价方式	2	2	2	2	2	2	2		2	2
1Z206040 建设工程施工合同风险管理、工程保险和工程担保	2	2	2	2	2	2	1	2	1	2
1Z206050 建设工程施工合同实施	2	2	2	2	2	2	2		4	2
1Z206060 建设工程索赔	2	2	2		4		2	2	1	2
1Z206070 国际建设工程施工承包合同	2		2		1		1	2	1	2
1Z206000 单选合计 / 多选合计	13	12	13	12	14	12	12	10	14	12
1Z206000 总计	25		25		26		22		26	

【章节知识框架】

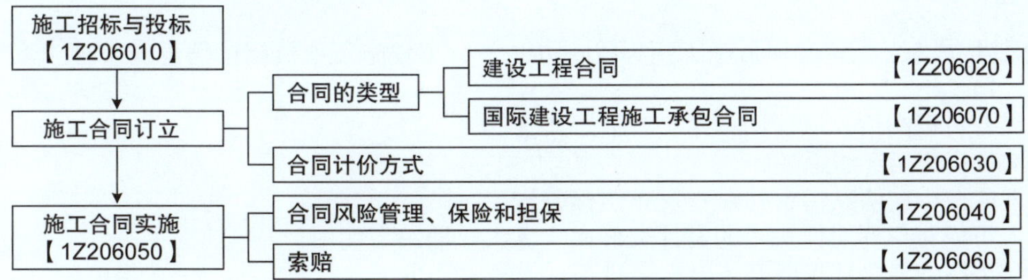

1Z206010 建设工程施工招标与投标

考点 1：施工招标 ★★★

<table>
<tr><td>施工招标应具备的条件</td><td colspan="2">1. 招标人已经依法成立
2. 初步设计及概算，已经履行审批手续
3. 招标范围、招标方式和招标组织形式，已经履行核准手续
4. 有相应资金或资金来源已经落实
5. 有招标所需的设计图纸和技术资料</td></tr>
<tr><td>宜采用招标的方式确定承包人的项目</td><td colspan="2">1. 关系社会公共利益、公众安全的项目
2. 全部或部分使用国有资金投资或者国家融资的项目
3. 使用国际组织或者外国政府资金的项目</td></tr>
<tr><td rowspan="2">招标方式</td><td>公开招标</td><td>国有资金占控股或者主导地位的依法必须进行招标的项目，应当公开招标
招标人不得以不合理的条件限制或排斥潜在的投标人【具体又分为七种情形见教材P269】</td></tr>
<tr><td>邀请招标</td><td>有下列情形之一的，可以邀请招标：
1. 技术复杂、有特殊要求或者受自然环境限制，只有少量潜在投标人可供选择的
2. 采用公开招标方式的费用占项目合同金额的比例过大
采用邀请招标方式的，应当向三个以上具备相应条件的法人或其他组织发出投标邀请书</td></tr>
</table>

<table>
<tr><td rowspan="3">招标组织形式</td><td>自行招标</td><td>具有编制招标文件和组织评标的能力的招标人，可自行办理招标事宜</td></tr>
<tr><td rowspan="2">委托招标</td><td>不具备自行招标能力的招标人，必须委托具备相应资质的招标代理机构代为办理招标事宜</td></tr>
<tr><td>招标代理机构分为甲、乙两级；乙级只能承担投资额 1 亿元以下工程；甲乙两级均可以跨省承担业务</td></tr>
<tr><td>招标信息发布、修正</td><td colspan="2">1. 招标人或招标代理机构应至少在一家指定的媒介发布招标公告
2. 自招标文件或者资格预审文件出售之日起至停止出售之日止，最短不得少于 5 日
3. 招标人发售资格预审文件、招标文件收取的费用应当限于补偿印刷、邮寄的成本支出，不得以营利为目的
4. 对于所附的设计文件，招标人可以向投标人酌情收取押金
5. 招标文件或者资格预审文件售出后，不予退还
6. 招标人在发布招标公告、发出投标邀请书后或者售出招标文件或资格预审文件后不得擅自终止招标
7. 招标人对已发出的招标文件进行必要的澄清或者修改，应当在提交投标文件截止时间至少 15 日前发出
8. 所有澄清文件必须以书面形式进行；且必须直接通知所有招标文件收受人
9. 无论是会议纪要还是对个别投标人的问题解答，都应以书面形式发给每一个获得投标文件的投标人，以保证公平公正
10. 会议纪要和答复函件形成招标文件的补充文件，都是招标文件的有效组成部分，与招标文件具有同等法律效力
11. 当补充文件与招标文件内容不一致时，应以补充文件为准</td></tr>
<tr><td>评标</td><td colspan="2">初步评审 【符合性审查】详细评审是评标的核心 【实质性审查】
大小写不一致以大写为准；单价与数量的乘积之和与所报的总价不一致的，应以单价为准
标书正本和副本不一致的，以正本为准
评标结束，评标委员会推荐的中标候选人，应当限定在 1 ~ 3 人并标明排列排序</td></tr>
</table>

经典题目

1.【2014-82】根据《工程建设项目施工招标投标办法》，工程施工项目招标信息发布时，正确的有（　）。

A. 指定媒介可以酌情收取费用

B. 招标文件售出后不予退还

C. 招标人应至少在两家指定的媒介发布招标公告

D. 招标人可以对招标文件所附的设计文件向投标人收取一定费用

E. 自招标文件出售之日起至停止出售之日止，最短不得少于 5 日

2.【2011-36】根据《招标投标法》，招标人对已发出的招标文件进行必要的澄清或修改的，应当在招标文件要求提交投标文件截止时间至少（　）日之前书面通知。

A.7　　B.15

C.14　　D.21

3.【2007-56】根据我国现行招标投标的有关规定，下列说法正确的（　）。

A. 招标人必须委托招标代理机构代为办理招标事宜

B. 工程招标代理机构的资格分为甲、乙两级

C. 乙级工程招标代理机构只能承担工程投资额 5000 万以下的工程招标代理业务

D. 乙级工程招标代理机构不可以跨省、自治区、直辖市承担业务

4.【2006-56】根据我国有关法规规定，下列关于招标文件出售的说法中，正确的是（　）。

A. 自招标文件出售之日起至停止出售之日止，最短不得少于 20 日

B. 对招标文件的收费应合理，遵循微利的原则

C. 招标人在售出招标文件后，可随时终止招标

D. 招标文件售出后，不予退还

5.【2006-57】按现行规定，建设工程项目允许采用邀请招标方式的情形是（　）。

A. 因潜在投标人多而导致招标工作量太大的

B. 因潜在投标人不了解信息而导致投标人太少的

C. 公开招标程序过于烦琐的
D. 受自然地域环境限制的

6.【2006-94】根据我国有关法规规定，建设工程施工招标应具备的条件包括（　）。
A. 招标人已经委托了招标代理单位
B. 施工图设计已经全部完成
C. 有相应资金或资金来源已经落实
D. 应当履行审批手续的初步设计及概算已获批准
E. 应当履行核准手续的招标范围和招标方式等已获核准

大立名师说

区分
- 招标人已经依法成立≠招标人已经委托招标代理机构
- 有相应资金或资金来源已经落实≠全部资金到位
- 有招标所需的设计图纸及技术资料≠全部图纸到位

考点 2：施工投标 ★★

一、“投标人须知”中应该重点注意的问题

研究招标文件	1. 投标单位取得投标资格，获得投标文件之后的首要工作就是研究招标文件 2. 投标人应该重点注意“投标人须知”中： ①招标工程的详细内容和范围 ②投标文件的组成 ③招标答疑时间。投标截止时间等重要时间安排	
选择施工方案	施工方案是报价的基础和前提 施工方案应由投标单位的技术负责人主持制定	
复核工程量时发现相差较大的做法	单价合同	投标人应向招标人要求澄清
	总价合同	投标者在投标时要附上声明

二、投标的截止日期

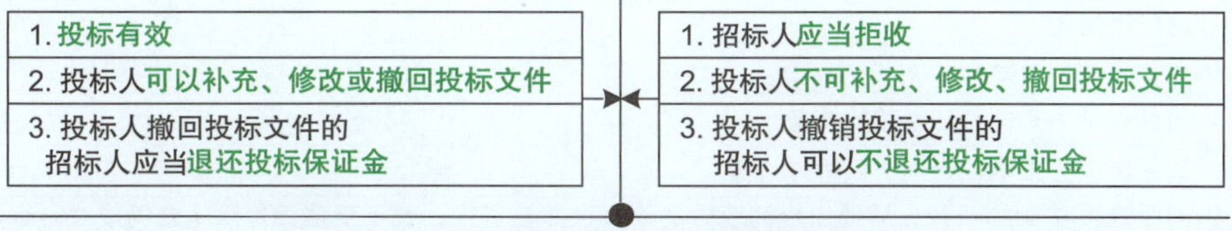

经典题目

1.【2015-2】根据《中华人民共和国招标投标法实施条例》（国务院令 613 号），投标有效期从（　）起计算。
A. 提交招标文件开始之日　　B. 购买招标文件的截止之日
C. 提交投标文件的截止之日　　D. 招标文件规定的开标之日

2.【2013-22】在建设工程施工投标过程中，施工方案应由投标人的（　）主持制定。
A. 项目经理　　B. 法人代表
C. 技术负责人　　D. 分管投标的负责人

3.【2013-90】投标人须知是招标人向投标人传递的基础信息文件，投标人应特别注意其中的（　）。
A. 招标工程的范围和详细内容　　B. 招标人的责权利
C. 施工技术说明　　D. 投标文件的组成
E. 重要的时间安排

4.【2012-39】建设工程招标投标活动中，自投标截止时间到投标有效期终止时间之前，关于投标文件处理的说法，正确的是（　）。
A. 投标人可以替换已提交的投标文件
B. 投标人可以补充或修改已提交的投标文件
C. 投标人撤回投标文件的，其投标保证金将被没收
D. 投标文件在该期间送达的，也应视为有效

5.【2009-62】某按工程量清单计价的招标工程，投标人在复核工程量清单时发现工程数量与设计文件和现场实际有较大的差异，则投标人的正确处理方式时（　）。
A. 自行调整清单数据，在附录中加以说明，并按调整后的数量投标
B. 根据清单数量和投标人复核的数量分别报价，供业主选择
C. 以适当的方式要求业主澄清，视结果进行投标
D. 不予理会，按照投标文件提供的清单数量进行投标

考点 3：合同的谈判与签约 ★★

合同的订立	1. 要约邀请：招标人发布招标公告，或发出招标邀请
	2. 要约：投标人提交投标文件
	3. 承诺：招标人确定中标人，发出中标通知书
合同谈判的主要内容	1. 关于工程内容和范围的确认
	2. 关于技术要求、技术规范和施工技术方案
	3. 关于合同价格条款
	4. 关于价格调整条款：价格调整条款可以比较公正地解决这一承包人无法控制的风险损失
	5. 关于合同款支付方式的条款：施工合同的付款分四个阶段进行：预付款、进度款、最终付款和退还保留金
	6. 关于工期和维修期
	7. 合同条件中其他特殊条款的完善
合同的签订	1. 建设工程施工承包合同必须遵守法律
	2. 对于违反法律的条款，即使由合同双方达成协议并签了字，也不受法律保障【合同成立≠合同生效】
	3. 双方在合同谈判结束后，应形成一个完整的合同文本草案，经双方代表认可后形成正式文件

■ 经典题目

1.【2015-95】关于合同谈判中工期和维修期的说法，正确的有（　）。
A. 对于具有较多单项工程的建设工程项目，可在合同中明确允许分部位或分批提交业主验收
B. 由于工程变更原因对工期产生不利影响时，应该给予承包人要求合理延长工期的权利
C. 承包人只应该承担由于材料和施工方法及操作工艺等不符合合同规定而产生的缺陷
D. 承包人不能用维修保函来代替业主扣留的保留金
E. 业主和承包人应当根据项目情况、施工环境因素等商定适当的开工时间

2.【2014-68】投标人根据招标文件在约定期限内向招标人提交投标文件的行为，称为（　）。
A. 要约　　B. 承诺
C. 要约邀请　　D. 合同生效

3.【2013-39】在签订合同的谈判中，为了防范货币贬值或者通货膨胀的风险，招标人和中标人一般通过（　）约定风险分担方式。
A. 确定价格调整条款
B. 确定合同价格条款
C. 调整工程范围
D. 确定合同款支付方式

4.【2012-53】关于建设工程施工合同谈判与签约的说法，正确的是（　）。
A. 在合同谈判阶段形成的所有文件都是合同文件的组成部分
B. 建设工程施工合同由合同双方达成协议并签字后，即受法律保护
C. 双方在合同谈判结束后，即形成正式的合同文件
D. 在合同谈判中，双方可以对技术要求进行进一步讨论和确认

5.【2004-55】业主依据建设工程施工承包合同支付工程合同款可分（　）四个阶段进行。
A. 履约担保金、工程预付款、工程进度款和最终付款
B. 履约担保金、工程进度款、工程付款和退还保留金
C. 工程预付款、工程进度款、工程变更款和最终付款
D. 工程预付款、工程进度款、最终付款和退还保留金

6.【2004-90】施工单位中标后，与建设工程项目招标人进行合同谈判后达成一致的内容，应以（　）方式确定下来，作为合同的附件。
A. 合同补遗
B. 会议纪要
C. 协议书
D. 投标补充文件
E. 工程变更文件

1Z206020 建设工程合同的内容

考点 1：施工承包合同 ★★★

一、施工承包合同文件

施工合同示范文本的组成	1. 协议书　2. 通用条款　3. 专用条款
施工合同文件的优先顺序	①合同协议书；②中标通知书；③投标函及其附录；④专用合同条款及其附件；⑤通用合同条款；⑥技术标准和要求；⑦图纸；⑧已标价工程量清单或预算书 口诀：【鞋中投砖头，标准质量】

二、发包人和承包人的责任与义务

发包人的责任与义务		承包人的义务	
1. 应向承包人免费提供图纸	图纸	1. 办理应由承包人办理的许可和批准	许可批准
2. 应组织承包人、监理人和设计人进行图纸会审和设计交底	交底	2. 按合同约定完成工程，并在保修期内承担保修义务	工程及保修
3. 应提供场外交通设施的技术参数和具体条件	场外交通	3. 应采取施工安全和环境保护措施	措施
4. 应免费提供满足工程施工所需的场内道路和交通设施	场内交通		
5. 应办理建设用地规划许可证、建设工程规划许可证、建设工程施工许可证等许可、批准或备案	许可批准	4. 办理工伤保险，确保工程及人员、材料、设备和设施的安全	保险
6. 应最迟于开工日期 7 天前向承包人移交施工现场	施工现场		
7. 应协调处理施工现场周围地下管线和邻近建筑物、构筑物、古树名木的保护工作，并承担相关费用	施工条件	5. 编制施工组织设计和施工措施计划，并对所有施工作业和施工方法的完备性和安全可靠性负责	施工方法
8. 应提供施工现场及施工所必需的毗邻区域内的地下管线资料，气象和水文观测资料，地质勘察资料，相邻建筑物、构筑物和地下工程等有关基础资料，并对所提供资料的真实性、准确性和完整性负责	基础资料	6. 负责施工场地及其周边环境与生态的保护工作	环境保护
9. 应提供相应资金来源证明及支付担保	资金来源	7. 编制竣工资料，完成竣工资料立卷及归档	竣工资料
10. 应及时组织竣工验收	竣工验收		

三、进度控制的主要内容

<table>
<tr><td rowspan="2">进度控制的主要内容</td><td colspan="2">1. 承包人应提交施工进度计划；施工进度计划是控制工程进度的依据
2. 施工进度计划经发包人批准后实施
3. 发包人和监理人有权按照施工进度计划检查工程进度情况
4. 发包人和监理人对施工进度计划的确认，不能减轻或免除承包人应承担的任何责任或义务</td></tr>
<tr><td>5. 因发包人原因导致工期延误的情形</td><td>①未能按合同约定提供图纸或所提供图纸不符合合同约定的
②未能按合同约定提供施工现场、施工条件、基础资料，许可、批准等开工条件的
③提供的质量基准点，基准线和水准点及其书面资料存在错误或疏漏的
④未能在计划开工日期之日起 7 天内同意下达开工通知的
⑤未能按合同约定日期支付工程预付款，进度款或竣工结算款的
⑥监理人未按合同约定发出指示，批准等文件的</td></tr>
</table>

四、三个日期

	实际竣工日期	缺陷责任期	工程保修期
基本概念	工程经竣工验收合格的，以承包人提交竣工验收申请报告之日为实际竣工日期	自实际竣工日期起计算；该期限最长不超过 24 个月	从工程竣工验收合格之日起算，不得低于法定最低保修年限
因发包人原因未完成竣工验收的	提交竣工验收申请报告之日	提交竣工验收申请报告之日	—
发包人未经竣工验收擅自使用工程的	转移占有工程之日	转移占有工程之日	转移占有工程之日
单位工程先于全部工程验收，经验收合格并交付使用的	—	单位工程验收合格之日	—

五、隐蔽工程检查

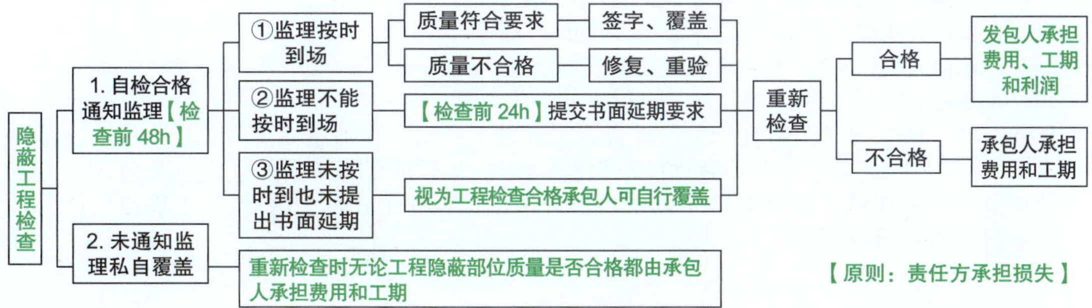

■ 经典题目

1.【2015-27】根据《建设工程施工合同（示范文本）》（GF-2013-0201），工程未经竣工验收，发包人擅自使用的，以（ ）为实际竣工日期。

A. 承包人提交竣工验收申请报告之日
B. 转移占有工程之日
C. 监理人组织竣工初验之日
D. 发包人签发工程验收证书之日

2.【2015-100】根据《建设工程施工合同（示范文本）》（GF-2013-0201）可以顺延工期的情况有（ ）。

A. 发包人比计划开工日晚 5 天下达开工通知
B. 发包人未按合同约定提供施工现场
C. 发包人提供的测量基准点存在错误
D. 监理人未按合同约定发出指示、批准文件
E. 分包商或供货商延误

3.【2014-30】根据《建设工程施工合同（示范文本）》（GF-2013-0201），工程缺陷责任期自（ ）起计算。

A. 合同签订日期　　B. 竣工验收合格之日
C. 实际竣工日期　　D. 颁发工程接收证书之日

4.【2014-72】根据《建设工程施工合同（示范文本）》（GF-2013-0201），发包人责任和义务有（ ）。

A. 办理建设工程施工许可证　　B. 办理建设工程规划许可证
C. 办理工伤保险　　D. 提供场外交通条件
E. 负责施工场地周边的环境保护

5.【2014-98】根据《建设工程施工合同（示范文本）》（GF-2013-0201），合同文本由（ ）组成。

A. 通用合同条款　　B. 合同协议书
C. 标准和技术规范　　D. 专用合同条款
E. 中标通知书

6.【2013-65】根据《建设工程施工劳务分包合同（示范文本）》（GF-2003-0214），除专用条款另有规定外，下列合同文件中拥有最优先解释权的是（ ）。

A. 通用合同条款　　B. 中标通知书
C. 投标函及其附件　　D. 技术标准和要求

7.【2013-87】根据《建设工程施工合同（示范文本）》（GF-2013-0201），属于发包人工作的有（ ）。

A. 保证承包人施工人员的安全和健康
B. 保证向承包人提供正常施工所需的进入施工现场的交通条件
C. 依据有关法律办理建设工程施工许可证
D. 向承包人提供施工现场的地质勘查资料
E. 负责对指定分包的管理，并对分包方的行为负责

8.【2011-20】某工程竣工验收阶段，承包人于6月1日向工程师递交了竣工验收报告；发包人于6月15日组织生产设备启动试车检验；6月18日试车完毕后发包人、承包人、工程师和设计代表在试车记录上签字确认质量合格；工程师于6月20日签发工程移交证书，则承包人的实际竣工日应为（　）。

A. 6月15日　　B. 6月18日
C. 6月1日　　D. 6月20日

9.【2011-44】在施工过程中，工程师发现曾检验合格的工程部位仍存在施工质量问题，则修复该部位工程质量缺陷时，应（　）。

A. 由发包人承担费用，工期给予顺延
B. 由承包人承担费用，工期给予顺延
C. 由发包人承担费用，工期不给予顺延
D. 由承包人承担费用，工期不给予顺延

10.【2007-58】根据《建设工程施工合同（示范文本）》（GF-99-0201），以书面形式提供有关水文地质勘探资料和地下管线资料，提供现场测量基准点、基准线和水准点有关资料，并进行现场交验是（　）的责任和义务。

A. 发包人　　B. 设计单位
C. 承包人　　D. 监理人

11.【2007-94】根据《中华人民共和国合同法》，下列合同中属于建设工程合同的有（　）。

A. 勘察合同　　B. 设计合同
C. 施工承包合同　　D. 工程监理合同
E. 咨询合同

考点 2：物资采购合同 ★★

一、物资采购合同

建筑材料采购合同	约定质量标准的一般原则	①国家标准；②部颁标准；③企业标准；④双方合同约定的技术要求
	交货期限	①供货方负责送货的以采购方收货戳记的日期为准【送→收】 ②采购方提货的以供货方通知的提货日期为准【提→提】 ③委托运输或待运的以承运单位签发的日期为准【代运→签发】
	价格	①有国家定价的应按国家；②定价执行应有但尚无国家定价应报请物价主管部门批准；③不属于国家定价的，双方协商
设备采购合同	合同价款支付	①设备制造前，设备价的 10% 作为预付款；②将货物送达交货地点支付设备价的 80%；③剩余的 10% 作为设备保证金通常采用固定总价合同方式

二、验收方式

验收方式	含义	验收时间
驻厂验收	在制造时期，由采购方派人在供应的生产厂家进行材质检验	在制造时
提运验收	对加工订制、市场采购和自提自运的物资，由提货人在提取产品时检验	在提取产品时
接运验收	由接运人员对到达的物资进行检查，发现问题当场作出记录	物资到达时
入库验收	是广泛采用的正式的验收方法，由仓库管理人员负责数量和外观检验	仓库里

■ 经典题目

1.【2015-68】关于物资采购交货日期的说法，正确的是（　）。
A. 凡委托运输部门送货的，以供货方发运产品时承运单位签发的日期为准
B. 供货方负责送货的，以供货方按合同规定通知的提货日期为准
C. 采购方提货的，以采购方收货戳记的日期为准
D. 凡委托运输单位代运的产品，以向承运单位提出申请的日期为准

2.【2012-50】某工程施工过程中，由于供货商提供的设备（施工单位采购）质量存在缺陷，导致返工并造成损失，施工单位应向（　）索赔，以补偿自己的损失。
A. 业主　　B. 工程师
C. 设备生产商　　D. 设备供应商

3.【2011-71】某建筑材料采购合同中，约定由采购方于 2011 年 6 月 30 日到指定地点提取约定数量的货物，7 月 10 日支付货款总额；6 月 25 日采购方接到了提前提货通知，采购方派车于 6 月 28 日接收货物；发现供货方交货数量大于约定数量，那么采购方可采取的正确行为有（　）。
A. 应在 7 月 8 日支付货款总额
B. 仍可在 7 月 10 日交付货款总额
C. 只提取约定数量的货物
D. 支付 6 月 25 ～ 28 日未及时提货的保管费用
E. 对多交货部分代为保管，但保管费应由供货方承担

4.【2010-16】在建筑材料采购合同中，委托运输部门运输、送货或代运的产品，其交货期限一般以（　）的日期为准。
A. 需方收货戳记　　B. 承运单位签发
C. 供方向承运单位提出申请　　D. 货物送达交货地点

5.【2009-19】建筑施工企业与物资供应企业就某建筑材料的供应签订合同，如该建筑材料不属于国家定价的产品，则其价格应（　）。
A. 报请物价主管部门确定
B. 参考国家定价确定
C. 按当地工程造价管理部门公布的指导价确定
D. 由供需双方协商后确定

考点 3：专业分包合同与劳务分包合同 ★★★

一、专业分包合同与劳务分包合同的对比

	专业分包合同	劳务分包合同
承包人责任和义务	1. 应提供总包合同供分包人查阅【价格除外】 2. 应向分包人提供与分包工程相关的各种证件、批件和各种资料 3. 组织分包人参加发包人组织的图纸会审 4. 向分包人进行设计图纸交底 5. 提供约定的设备和设施，并承担发生的费用 6. 随时为分包人提供确保分包工程的施工所要求的施工场地和通道等 7. 应负责整个施工场地的管理工作，协调分包人之间的交叉配合	1. 组织实施项目管理的各项工作，对工程的工期和质量向发包人负责 2. 向劳务分包人交付具备开工条件的施工场地 3. 满足劳务作业所需的能源供应、通信及施工道路畅通 4. 向劳务分包人提供相应的工程资料、生产和生活临时设施 5. 负责编制施工组织设计 6. 组织编制年、季、月施工计划和物资需用量计划表 7. 负责工程测量定位、沉降观测、技术交底，组织图纸会审 8. 负责统一安排技术档案资料的收集整理及交工验收 9. 应按时提供图纸，及时交付材料、设备 10. 向劳务分包人支付劳动报酬 11. 负责与发包人、监理、设计及有关部门联系协调

	专业分包合同	劳务分包合同
分包人责任和义务	1. 对分包工程进行设计、施工、竣工和保修 2. 向承包人提供年、季、月度工程进度计划 3. 向承包人提交施工组织设计 4. 遵守政府有关主管部门对施工场地交通、施工噪声以及环境保护和安全文明生产等的管理规定，按规定办理有关手续，承包人承担由此发生的费用 5. 应负责已完分包工程的成品保护工作	1. 对劳务分包范围内的工程质量向承包人负责 2. 未经承包人授权或允许，不得擅自与发包人及有关部门建立工作联系 3. 科学安排作业计划 4. 自觉接受承包人及有关部门的管理、监督和检查 5. 劳务分包人须服从承包人转发的发包人及工程师的指令
合同价款及支付	1. 固定价格 2. 可调价格 3. 成本加酬金 注：分包合同价款与总包合同相应部分价款无任何连带关系	1. 固定劳务报酬 2. 计时单价 3. 计件单价
转包或再分包	分包工程禁止转包，分包工程禁止全部或部分再分包 经承包人同意，分包人可得劳务作业再分包	劳务作业禁止转包 劳务作业禁止再分包
合同价款支付时间	28 天	14 天

二、分包人、承包人和发包人的关系【专业分包合同中】

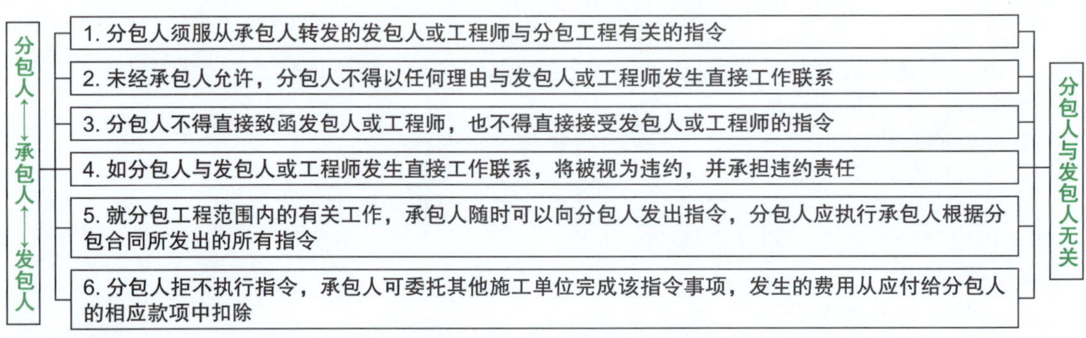

三、保险【劳务分包合同中】

劳务分包合同的保险	1. 发包人办理	承包人应获得发包人为施工场地内的自有人员及第三人人员生命财产办理的保险
	2. 承包人办理	①运至施工场地用于劳务施工的材料和待安装设备
		②租赁或提供给劳务分包人使用的施工机械设备
	3. 劳务分包人办理	①必须为从事危险作业的职工【劳务分包人】办理意外伤害保险
		②为施工场地内自有人员【劳务分包人】生命财产和施工机械设备办理保险

■ 经典题目

1.【2013-63】根据《建设工程施工劳务分包合同（示范文本）》（GF-2003-0214），从事危险作业职工的意外伤害保险应由（　）办理。

A. 发包人　　B. 施工承包人

C. 专业分包人　　D. 劳务分包人

2.【2012-63】根据《建设工程施工专业分包合同（示范文本）》（GF-2003-0213），承包人应提供总包合同供分包人查阅，但可以不包括其中有关（　）。

A. 承包工程的价格内容　　B. 承包工程的进度要求

C. 项目业主的情况　　D. 违约责任的条款

3.【2011-73】某建设工程项目中，甲公司作为工程发包人与乙公司签订了工程承包合同，乙公司又与劳务分包人丙公司签订了该工程的劳务分包合同，则在劳务分包合同中，关于丙公司应承担义务的说法， 正确的有（　）。

A. 丙公司须服从乙公司转发的发包人及工程师的指令

B. 丙公司负责组织实施施工管理的各项工作，对工期和质量向发包人负责

C. 丙公司应自觉接受乙公司及有关部门的管理、监督和检查

D. 丙公司未经乙公司授权或允许，不得擅自与甲公司及有关部门建立工作联系

E. 丙公司应按时提交报表、有关的技术经济资料，配合乙公司办理交工验收

4.【2009-90】根据《建设工程施工劳务分包合同（示范文本）》（GF-2003-0214），属于承包人工作的有（　）。

A. 负责编制施工组织设计

B. 科学安排作业计划

C. 组织编制年、季、月施工计划

D. 负责工程测量定位

E. 负责与监理、设计及有关部门联系

5.【2007-61】根据《建设工程施工劳务分包合同（示范文本）》（GF-2003-0214），劳务分包人在施工场地内自有施工机械设备的保险手续应由（　）办理，并支付保险费用。

A. 发包人　　B. 工程承包人

C. 劳务分包人　　D. 工程师

6.【2006-59】根据《建设工程施工劳务分包合同（示范文本）》（GF-2003-0214），施工组织设计应由（　）负责编制。

A. 劳务分包人　　B. 工程承包人

C. 发包人　　D. 工程师

7.【2005-63】根据《建设工程施工劳务分包合同（示范文本）》，工程承包人应在确认劳务分包人递交的结算资料后（　）天内向劳务分包人支付劳务报酬尾款。

A. 7　　B. 14

C. 28　　D. 30

8.【2005-95】根据《建设工程施工劳务分包合同（示范文本）》，劳务报酬可按（　）方式结算。

A. 成本加酬金　　B. 固定总价

C. 计时单价　　D. 计件单价

E. 实际人工工资

9.【2004-92】根据 GF-2003-0214《建设工程施工劳务分包合同（示范文本）》，需由劳务分包人承担的保险费用有（　）。

A. 施工场地内劳务分包人自有人员生命财产

B. 运至施工现场用于施工的材料和待安装设备

C. 承包人提供给劳务人员使用的机械设备

D. 从事危险作业的劳务分包人职工的意外伤害

E. 施工场地内劳务分包人自有的施工机械设备

考点 4：项目总承包合同 ★

	发包人的义务和权利	项目总承包单位的义务和责任
一般要求	1. 负责办理项目的审批、核准或备案手续，取得项目用地的使用权 2. 完成拆迁补偿工作，使项目具备开工条件 3. 履行合同中约定的合同价格调整、付款、竣工结算义务 4. 对承包人实施的工作提出建议、修改和变更 5. 对因承包人原因给发包人带来的任何损失和损害，提出赔偿 6. 认为必要时，有权以书面形式发出暂停通知。因发包人原因造成的暂停，给承包人造成的费用增加，由发包人承担，造成工程关键路径延误的，竣工日期相应顺延	1. 按照合同约定完成设计、采购、施工、竣工试验等工作 2. 自费修复因承包人原因引起的各种缺陷 3. 按合同约定和发包人的要求，提交相关报表 4. 承包人有权以书面形式向发包人发出暂停通知 5. 凡因承包人原因的暂停，造成费用增加由其自负，造成关键路径延误的应自费赶上 6. 对因发包人原因给承包人带来任何损失、损害，承包人有权要求赔偿和延长竣工日期
施工	1. 提供基准坐标资料 2. 审查总体施工组织设计 3. 提供进场条件和确定进场日期 4. 提供临时用水、用电等 5. 办理开工等批准手续 6. 提供施工障碍资料 7. 发包人与有关单位进行联系、协调、处理施工场地周围及临近的影响工程实施的新发现的各种施工障碍，并承担相关费用	1. 放线 2. 施工组织设计 3. 提交临时占地资料 4. 临时用水、用电等 5. 协助发包人办理开工等批准手续 6. 提供施工障碍资料 7. 承包人对在施工过程中新发现的场地周围及临近影响施工的施工障碍，应立即采取保护措施，并及时通知发包人

■ 经典题目

1.【2015-99】根据《建设项目工程总承包合同示范文本（试行）》（GF-2011-0216），承包人主要权利和义务有（　）。

A. 根据合同约定，自费修复竣工后试验中发现的缺陷
B. 按合同约定和发包人的要求，提交相关报表
C. 根据合同约定，以书面形式向发包人发出暂停通知
D. 根据合同约定，对因发包人原因带来的损失要求赔偿
E. 负责办理项目审批，核准或备案手续，取得项目用地的使用权

2.【2014-54】根据《建设项目工程总承包合同示范文本（试行）》（GF-2011-0216），发包人的义务是（　）。

A. 组织竣工验收
B. 提交临时占地资料
C. 提供设计审查所需的资料
D. 办理项目备案手续

3.【2011-55】有关于建设工程项目总承包单位工作内容，正确的是（　）。

A. 负责办理项目的审查、核准或手续，取得项目用地的使用权
B. 按照合同约定：完成设计、采购、施工、竣工试验和竣工后试验
C. 完成拆迁补偿工作，使项目具备法律规定的开工条件
D. 项目总承包单位可自主确定设计人员和设计分包者

大立名师说

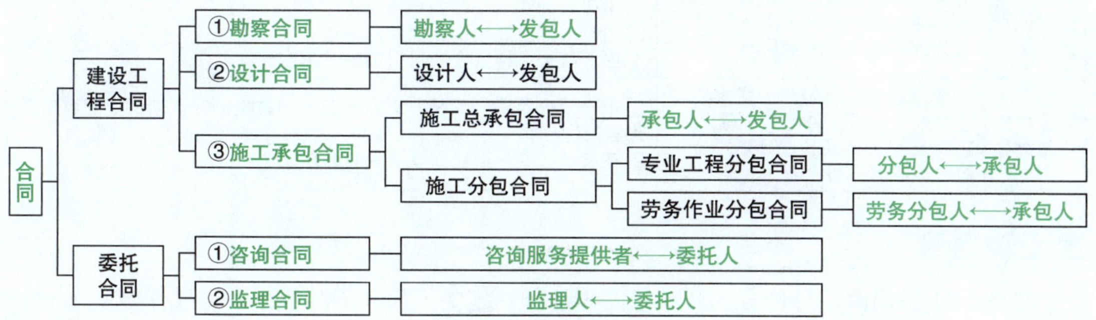

1Z206030 合同计价方式

考点 1：单价合同与总价合同 ★★★

	单价合同	总价合同
含义	实际工程款 = 实际完成工程量 × 合同单价	也称作总价包干合同；根据合同规定的工程施工内容和有关条件，业主应付给承包商的款额是一个规定的金额，即明确的总价
适用条件	当施工发包的工程内容和工程量一时尚不能十分明确、具体地予以规定时，则可以采用单价合同形式	一般是在施工图设计完成，施工任务和范围比较明确，业主的目标、要求和条件都清楚的情况下才采用总价合同
类型	1. 固定单价合同 2. 变动单价合同	1. 固定总价合同 2. 变动总价合同，也叫可调总价合同
特点	1. 单价优先 2. 对于投标书中明显的数字计算错误，业主有权力先作修改再评标，当总价和单价的计算结果不一致时，以单价为准调整总价 3. 业主和承包商都不存在工程量风险，对双方都比较公平	固定总价合同： 1. 合同总价一次包死，固定不变，不再因为环境的变化和工程量的增减而变化 2. 承包商承担了全部的工作量和价格的风险 3. 价格风险：报价计算错误、漏报项目、物价和人工费上涨等 4. 工作量风险：工程量计算错误、工程范围不确定、工程变更或由于设计深度不够所造成的误差等 5. 由于承包商承担了较大的风险，因此报价中要增加一笔较高的不可预见风险费 6. 对业主的投资控制有利 7. 施工期限一年左右的项目，一般实行固定总价合同 变动总价合同： 1. 通货膨胀等不可预见因素的风险，由业主承担 2. 业主投资控制的风险大 3. 对于承包商而言，风险相对较小 4. 对建设周期一年半以上的项目，应考虑下列因素引起的价格变化问题： ①劳务工资以及材料费用的上涨 ②其他影响工程造价的因素，如运输费、燃料费、电力等价格的变化 ③外汇汇率的不稳定 ④国家或者省、市立法的改变引起的工程费用的上涨
固定价格合同适用条件	适用于工期较短、工程量变化幅度不会太大的项目	1. 工程量小、工期短，估计在施工过程中环境因素变化小，工程条件稳定并合理 2. 工程设计详细，图纸完整、清楚，工程任务和范围明确 3. 工程结构和技术简单，风险小 4. 投标期相对宽裕，承包商可以有充足的时间详细考察现场、复核工程量，分析招标文件，拟订施工计划

	单价合同	总价合同
变动价格合同调整价格情形	1. 当实际工程量发生较大变化时 2. 当通货膨胀达到一定水平时 3. 当国家政策发生变化时	1. 由于通货膨胀等原因而使所使用的工、料成本增加时 2. 由于设计变更引起的费用变化 3. 由于工程量变化引起的费用变化 4. 由于其他工程条件变化引起的费用变化
对业主的不足之处	1. 业主需要安排专门力量来核实已完的工程量，协调工作量大 2. 实际投资容易超过计划投资，对投资控制不利	1. 由于设计花费时间长，因而开工时间较晚，开工后的变更容易带来索赔 2. 在设计过程中难以吸收承包商的建议

经典题目

1.【2015-11】采用固定总价合同，承包商需承担一定的风险，下列风险中，属于承包商价格风险的是（　）。

A. 设计深度不够造成的误差　　B. 工程量计算错误
C. 工程范围不确定　　D. 漏报计价项目

2.【2015-36】单价合同的投标报价单中，投标人的投标书出现了明显的数字计算错误，导致总价和单价计算结果不一致，下列行为中，属于业主权力的是（　）。

A. 业主有权先作修改再评价，以总价作为最终报价结果
B. 业主没有权力先修改后评价，可以宣布该投标人废标
C. 业主没有权力先修改后评价，可以请该投标人再报价
D. 业主有权力先修改后评价，以单价为准调整的总价作为最终报价结果

3.【2014-57】根据 FIDIC《施工合同条件》，对投标书中明显数字计算错误的修正，正确的是（　）。

A. 业主应征求投标人意见后才能进行评标
B. 当总价和单价计算结果不一致时，以总价为准调整单价
C. 当总价和单价计算结果不一致时，以单价为准调整总价
D. 投标人有一次修改报价的机会

4.【2014-76】对建设周期一年半以上的工程项目，采用变动总价合同时，应考虑引起价格变化的因素有（　）。

A. 银行利率的调整　　B. 材料费的上涨
C. 人工工资的上涨　　D. 国家政策改变引起的工程费用上涨
E. 设计变更引起的费用变化

5.【2012-10】在下列合同形式中，承包人承担风险最大的合同类型是（　）。

A. 固定总价合同　　B. 固定单价合同
C. 成本加固定费用合同　　D. 最大成本加费用合同

6.【2011-32】采用单价合同时，最后工程结算的总价是根据（　）计算确定的。

A. 发包人提供的清单工程量及承包方所填报的单价
B. 发包人提供的清单工程量及承包方实际发生的单价
C. 实际完成并经工程师计量的工程量及承包人实际发生的单价
D. 实际完成并经工程师计量的工程量及承包人所填报的单价

7.【2010-38】在固定总价合同形式下，承包人承担的风险是（　）。

A. 工程变更的风险，不包括工程量和通货膨胀的风险
B. 全部工程量和通货膨胀的风险
C. 全部工程量的风险，不包括通货膨胀的风险
D. 通货膨胀的风险，不包括工程量的风险

8.【2009-94】当建设工程施工承包合同的计价方式采用变动单价时，合同中可以约定合同单价调整的情况有（　）。

A. 工程量发生比较大的变化　　B. 承包商自身成本发生比较大的变化

C. 业主资金不到位　　D. 通货膨胀达到一定水平
E. 国家相关政策发生变化

9.【2007-63】固定单价合同适用于（　）的项目。
A. 工期长，工程量变化幅度很大　　B. 工期长，工程量变化幅度不太大
C. 工期短，工程量变化幅度不太大　　D. 工期短，工程量变化幅度很大

考点 2：成本加酬金合同 ★★★

含义	也称为成本补偿合同，这是与固定总价合同正好相反的合同；采用这种合同，承包商不承担任何价格变化或工程量变化的风险；这些风险主要由业主承担，对业主的投资控制很不利
适用条件	①工程特别复杂，工程技术、结构方案不能预先确定，如研究开发性质的工程项目 ②时间特别紧迫，如抢险、救灾工程
优点	①可以通过分段施工缩短工期 ②可以减少承包商的对立情绪 ③可以利用承包商的施工技术专家，帮助改进或弥补设计中的不足 ④业主可以较深入地介入和控制工程施工和管理 ⑤可以约束工程成本不超过某一限值，从而转移一部分风险
形式	①成本加固定费用合同：【不准，不大】 ②成本加固定比例费用合同：【很难，紧迫】 ③成本加奖金合同：【估算，奖金】 ④最大成本加费用合同：【非代理最大】
应用	①当实行施工总承包管理模式或 CM 模式时，一般采用成本加酬金合同 ②在国际上，许多项目管理合同、咨询服务合同等多采用成本加酬金合同方式

■ 经典题目

1.【2015-91】下列成本加酬金合同的优点中，对业主有利的有（　）。
A. 可以确定合同工程内容、工程量及合同终止时间
B. 可以通过分段施工缩短施工工期
C. 可以通过最高限价约束工程成本，转移全部风险
D. 可以利用承包商的施工技术专家帮助改进设计的不足
E. 可以较深入介入和控制工程施工和管理

2.【2014-21】在非代理型施工管理模式（CM 模式）的合同中，通常采用（　）合同。
A. 成本加固定费用　　B. 成本加固定比例费用
C. 最大成本加费用　　D. 成本加奖金

3.【2013-9】当工程项目实行施工总承包管理模式时，业主与施工总承包管理单位的合同一般采用（　）。
A. 单价合同　　B. 固定总价合同
C. 变动总价合同　　D. 成本加酬金合同

4.【2011-69】某工程由于图纸、规范等准备不充分，招标方仅能制定一个估算指标，则在招标时宜采用成本加酬金合同形式的（　）。
A. 成本加固定费用合同　　B. 成本加固定比例费用合同
C. 成本加奖金合同　　D. 最大成本加费用合同

5.【2007-64】关于成本加酬金合同的特点和应用，下列说法正确的是（　）。
A. 采用该计价方式不利于业主方的投资控制
B. 采用该计价方式不利于业主方的进度控制
C. 该计价方式不宜用于项目管理合同
D. 该计价方式不宜用于施工总承包管理合同

1Z206040 建设工程施工合同风险管理、工程保险和工程担保

考点 1：合同风险管理 ★★

概念	合同风险是指合同中的以及由合同引起的不确定性	
分类	①按合同风险产生的原因，合同风险可以分为合同工程风险和合同信用风险 ②按合同的不同阶段进行划分，合同风险可分为合同订立风险和合同履约风险	
合同风险产生的原因	合同的不完全性特征，即合同是不完全的	
施工合同风险的类型	项目外界环境风险；项目组织成员资信和能力风险；管理风险	
合同风险分配的原则	①从工程整体效益出发，最大限度发挥双方的积极性 ②公平合理，责权利平衡 ③符合现代工程管理理念 ④符合工程惯例	【效率和公平原则】

■ 经典题目

1.【2015-23】下列施工合同风险中，属于管理风险的是（　）。

A. 业主改变设计方案　　B. 对环境调查和预测的风险

C. 自然环境的变化　　D. 合同所依据环境的变化

考点 2：工程保险 ★★

1. 工程一切险	①包括建筑工程一切险、安装工程一切险两类 ②要求投保人办理保险时应以双方名义共同投保 ③国内工程通常由项目法人办理保险，国际工程一般要求承包人办理保险
2. 第三者责任险	①指由于施工原因导致法人和承包人以外的第三人受到财产损失或人身伤害的赔偿； ②被保险人也应是项目法人和承包人 ③该险种一般附加在工程一切险中
3. 人身意外伤害险	①该险种针对参与项目建设人员由于施工原因受到人身意外伤害的损失；②应对从事危险作业的工人和职员办理意外伤害保险；③分别由发包人、承包人负责对本方参与现场施工的人员投保
4. 承包人设备保险	①保险的范围包括承包人运抵施工现场的施工机具和准备用于永久工程的材料及设备 ②附加在工程一切险中
5. 执业责任险	以设计人、咨询人（监理人）的设计、咨询错误或员工工作疏漏给业主或承包商造成的损失为保险标的
6. CIP 保险	①以最优的价格提供最佳的保障范围；②能实施有效的风险管理；③降低赔付率，进而降低保险费率；④避免诉讼，便于索赔；其运行机制是：由业主或承包商统一购买“一揽子保险”

■ 经典题目

1.【2015-29】根据我国保险制度，关于建设工程第三者责任险的说法，正确的是（　）。

A. 被保险人是项目法人和承包人以外的第三人

B. 赔偿范围包括承包商在工地的财产损失

C. 被保险人是项目法人和承包人

D. 赔偿范围包括承包商在现场从事与工作有关的职工伤亡

2.【2015-87】下列损失中，属于建设工程人身意外伤害险中除外责任范围的有（　）。

A. 因被保险人不忠实履行约定义务造成的损失

B. 项目建设人员由于施工原因而受到人身伤害的损失

C. 战争或军事行为所造成的损失

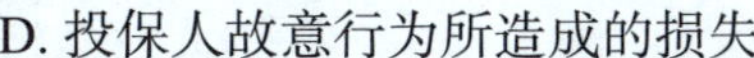

D. 投保人故意行为所造成的损失

E. 项目法人和承包人以外的第三人由于施工原因受到的财产损失

3.【2014-20】按照我国保险制度，建安工程一切险（ ）。

A. 由承包人投保　　　　B. 包含执业责任险

C. 包含人身意外伤害险　　D. 投保人应对双方名义共同投保

考点 3：工程担保 ★★★

一、担保的方式

担保的方式			
担保的方式	1. 保证【人】	又称第三方担保，是指保证人和债权人约定，当债务人不能履行债务时，保证人按照约定履行债务或承担责任的行为。工程担保中大量采用的是第三方担保，既保证担保	
	2. 抵押【物】	指债务人或者第三人不转移对所拥有财产的占有，将该财产作为债权的担保	债务人不履行债务时，债权人有权依法从将该财产折价或者拍卖变卖该财产的价款中优先受偿
	3. 质押【物】	指债务人或者第三人将其质押物移交债权人占有，将该物作为债权的担保	
	4. 留置【物】	指债权人按照合同约定占有债务人的动产	
	5. 定金【钱】	①当事人可以约定一方向另一方给付定金作为债权的担保 ②债务人履行债务后，定金应当抵作价款或者收回 ③给付定金的一方不履行约定债务的，无权要求返还定金 ④收受定金的一方不履行约定债务的，应当双倍返还定金	

二、担保的种类

	类型	含义	形式	担保额度和有效期
乙方提供	投标担保	保证投标人一旦中标即按中标通知书、投标文件和招标文件等有关规定与业主签订合同	1. 银行保函 2. 担保公司担保书 3. 同业担保书 4. 投标保证金	《施工招标投标办法》规定，施工投标保证金的数额一般不得超过投标总价的 2%，但最高不得超过 80 万元人民币。投标保证金有效期应当超出投标有效期 30 天；《招标投标法实施条例》规定，投标保证金不得超过招标项目估算价的 2%；投标保证金有效期应当与投标有效期一致；《勘察设计招标投标办法》规定，保证金数额一般不超过勘察设计费投标报价的 2%，最多不超过 10 万元人民币；国际上常见的投标担保的保证金数额为 2% ~ 5%
	履约担保	招标人在招标文件中规定的要求中标的投标人提交的保证履行合同义务和责任的担保。是工程担保中最重要也是担保金额最大的工程担保	1. 银行保函 2. 履约担保书 3. 履约保证金 4. 同业担保	履约保证金额的大小，取决于招标项目的类型与规模； 履约保证金不得超过中标合同金额的 10%； 履约担保的有效期始于工程开工之日，终止日期则可以约定为工程竣工交付之日或者保修期满之日；如终止日期为工程竣工交付之日，则需要另外提供工程保修担保
	预付款担保	是指承包人与发包人签订合同后领取预付款之前，为保证正确、合理使用发包人支付的预付款而提供的担保	1. 银行保函 2. 担保公司担保 3. 抵押	预付款担保的担保金额通常与预付款是等值的 预付款一般逐月从工程付款中扣除，预付款担保的担保金额也相应逐月减少
甲方提供	支付担保	是中标人要求招标人提供的保证履行合同中约定的工程款支付义务的担保	1. 银行保函 2. 履约保证金 3. 担保公司担保	支付担保实行分段滚动担保 支付担保的额度为工程合同总额的 20% ~ 25%

经典题目

1.【2014-15】债务人不转移对拥有财产的占有，将该财产作为债权的担保；债务人不履行债务时，债权人有权依法将该财产折价或者拍卖、变卖该财产的价款中优先受偿。这种担保方式是（　）担保。

A. 保证　　B. 质押
C. 抵押　　D. 留置

2.【2014-77】我国投标担保可以采用的担保方式是（　）。

A. 银行保函　　B. 信用证
C. 担保公司担保书　　D. 同业担保书
E. 投标保证金

3.【2013-52】根据《招标投标法实施条例》，对某 3000 万元投资概算的工程项目进行招标时，施工投标保证金额度符合规定的是（　）万元人民币。

A.70　　B.100
C.120　　D.50

4.【2013-84】在招标文件中要求中标的投标人提交保证履行合同义务和责任的担保，其形式有（　）。

A. 保留金　　B. 由保险公司开具的履约担保书
C. 房屋抵押他项权证　　D. 有价证券
E. 商业银行开具的担保证明

5.【2012-69】某建设工程项目中，承包人按合同约定，由担保公司向发包人提供了履约担保。在合同履行过程中，如果承包人违约，开出担保书的担保公司（　）。

A. 必须向发包人支付履约担保书规定的保证金
B. 用履约担保书规定的担保金去完成施工任务或向发包人支付履约保证金
C. 必须用履约担保书规定的保证金去完成施工任务
D. 应完成施工任务，并向发包人支付履约担保书规定的保证金

6.【2012-70】下列工程担保中，以保护承包人合法权益为目的的是（　）。

A. 投标担保　　B. 支付担保
C. 履约担保　　D. 预付款担保

7.【2012-77】关于履约担保的说法，正确的有（　）。

A. 建筑业通常倾向于采用无条件银行保函作为履约担保
B. 银行履约保函分为有条件和无条件的银行保函
C. 履约担保书通常是由商业银行或保险公司开具
D. 采用担保书的金额要求比银行保函的金额要求低
E. 履约保证金额的大小取决于招标项目的类型与规模

8.【2011-38】下列担保中，担保金额在担保有效期内逐步减少的是（　）。

A. 预付款担保　　B. 投标担保
C. 履约担保　　D. 支付担保

9.【2011-45】建设工程中采用的投标保函、履约保函等方式，属于我国《担保法》中的（　）。

A. 抵押　　B. 留置
C. 定金　　D. 保证

10.【2011-96】下列工程担保中，以保护发包人合法权益为目的是（　）。

A. 投标担保　　B. 履约担保
C. 预付款担保　　D. 支付担保
E. 工程保修担保

11.【2010-37】预付款担保的主要作用是（　）。
A. 保证承包人能够按合同规定进行施工，偿还发包人已支付的全部预付金额
B. 促使承包商履行合同约定，保护业主的合法权益
C. 保护招标人不因中标人不签约而蒙受经济损失
D. 确保工程费用及时到位

12.【2010-64】施工承包合同履约担保的有效期始于（　）之日。
A. 投标截止　　B. 发出中标通知书
C. 施工承包合同签订　　D. 工程开工

13.【2009-18】根据《工程建设项目施工招标投标办法》，施工投标保证金的数额一般不得超过投标总价的 2%，最高不超过（　）万元人民币。
A. 80　　B. 90
C. 100　　D. 120

14.【2006-62】建设工程施工预付款担保的主要形式是（　）。
A. 银行保函　　B. 支票
C. 现金　　D. 汇票

15.【2006-97】下列关于发包人支付担保的阐述中，正确的有（　）。
A. 可由担保公司提供担保
B. 担保的额度为工程合同价总额的 10%
C. 实行履约金分段滚动担保
D. 支付担保的主要作用是确保工程费用及时支付到位
E. 实行支付担保的担保合同应作为施工承包合同的附件

16.【2005-64】根据《世行采购指南》的规定，投标保证金的有效期应当超过投标有效期(　)天。
A.14　　B.15
C.28　　D.30

1Z206050 建设工程施工合同实施

考点 1：合同分析 ★★★

合同分析的作用	1. 分析合同中的漏洞，解释有争议的内容 2. 分析合同风险，制定风险对策 3. 合同任务分解、落实
建设工程施工合同分析的内容	1. 合同的法律基础
	2. 承包人的主要任务： ①承包人的总任务，即合同标的 ②如果工程师指令的工程变更属于合同规定的工程范围，则承包人必须无条件执行 ③如果工程变更超过承包人应承担的风险范围，则可向业主提出工程变更的补偿要求 ④工程变更的补偿范围，以合同金额一定的百分比表示。百分比越大，承包人的风险越大 ⑤工程变更的索赔有效期由合同具体规定，一般这个时间越短，对承包人管理水平的要求越高，对承包人越不利
	3. 发包人的责任：主要分析发包人的合作责任
	4. 合同价格：①计价方法；②工程量计量程序；③合同价格的调整；④拖欠工程款的合同责任
	5. 施工工期
	6. 违约责任
	7. 验收、移交和保修 ①在合同分析中，应对重要的验收要求、时间、程序以及验收所带来的法律后果作说明 ②竣工验收合格即办理移交
	8. 索赔程序和争执的解决

经典题目

1.【2015-82】在施工合同分析中，发包人的合作责任有（　）。
A. 施工现场的管理，给发包人的管理人员提供生活和工作条件
B. 及时提供设计资料、图纸、施工场地等
C. 按合同规定及时支付工程款
D. 对平行的各承包人和供应商之间的责任界限作出划分
E. 及时作出承包人履行合同所必需的决策

2.【2013-61】在建设工程施工合同分析时，关于承包人任务的说法，正确的是（　）。
A. 应明确承包人的合同标的
B. 工程变更补偿合同范围以合同金额的一定百分比表示时，百分比值越大，承包人的风险越小
C. 合同实施中，对工程师指令的变更，承包人必须无条件执行
D. 工程变更的索赔有效期越短，对承包人越有利

3.【2012-31】施工合同分析中，对工程师权限和责任分析属于（　）分析的内容。
A. 发包人责任　　B. 合同法律基础
C. 承包人主要任务　　D. 合同争议解决方式

4.【2011-19】在对合同中质量验收、工程移交和保修条款的分析中，应对重要的验收要求、（　）以及验收所带来的法律后果作说明。
A. 时间、程序　　B. 时间、地点
C. 人员、责任　　D. 质量、进度

5.【2010-90】承包人在履行和实施合同前进行合同分析，其目的和作用有（　）。
A. 分析合同的漏洞，解释有争议的内容
B. 分析签订合同依据的法律法规，了解法律情况
C. 分析合同文件组成及结构，有利于合同查阅
D. 分析合同风险，制定风险对策
E. 分解和落实合同任务，便于实施和检查

6.【2009-14】对建设工程施工合同中发包人的责任进行分析时，主要分析其（　）。
A. 报批责任　　B. 监督责任
C. 合作责任　　D. 组织责任

7.【2006-63】在合同分析中，应明确工程变更的补偿范围，工程变更补偿范围通常以合同金额一定的百分比表示，百分比越大，则（　）。
A. 合同金额越高　　B. 承包商利润越高
C. 承包商的风险越大　　D. 对承包商的补偿越多

8.【2004-63】工程竣工验收合格并办理了移交手续，表明（　）。
A. 解除了承包人的所有责任　　B. 承包人即可获得全部工程价款
C. 承包人工程施工任务的完结　　D. 承包人和发包人所有关系的解除

9.【2004-93】在实施建设工程合同前，对合同价格的分析内容包括（　）。
A. 合同所采用的计价方法　　B. 工程计量程序
C. 合同价格的调整　　D. 拖欠工程款的合同责任
E. 定额的编制方法

考点 2：合同交底 ★★★

合同交底	1. 合同分析后，应由合同管理人员向各层次管理者作“合同交底”	
	2. 合同交底应组织项目管理人员和各个工程小组学习合同条文和合同总体分析结果	
	3. 项目经理或合同管理人员应将各种任务或事件的责任分解，落实到具体的工作小组，人员或分包单位	
	4. 合同交底的目的和任务	①对合同的主要内容达成一致理解 ②将各种合同事件的责任分解落实到个工程小组或分包人 ③将工程项目和任务分解，明确其质量和技术要求以及实施的注意要点等 ④明确各项工作或各个工程的工期要求 ⑤明确成本目标和消耗标准 ⑥明确相关事件之间的逻辑关系 ⑦明确各个工程小组（分包人）之间的责任界限 ⑧明确完不成任务的影响和法律后果 ⑨明确合同有关各方（如业主、监理工程师）的责任和义务

■ 经典题目

1.【2014-1】在施工合同实施中，“项目经理将各种任务的责任分解，并落实到具体人员”，该活动属于（　）的内容。

A. 合同分析　　B. 合同跟踪

C. 合同交底　　D. 合同实施控制

2.【2012-20】在进行合同分析以后，应由（　）作“合同交底”。

A. 各层次管理者向合同管理人员

B. 合同管理人员向劳务作业人员

C. 项目经理向合同管理人员

D. 合同管理人员向各层次管理者

3.【2010-45】施工合同交底是指合同管理人员组织相关人员（　）。

A. 学习合同的主要内容和合同分析结果

B. 参与起草合同条款

C. 参与合同谈判和合同签订

D. 研究分析合同条款中的不妥之处

4.【2009-86】施工合同交底的主要目的和任务有（　）。

A. 将各种合同事件的责任分解落实到各工程小组或分包人

B. 明确各项工作和各个工程的工期要求

C. 明确各个工程小组（分包人）之间的责任界限

D. 争取对自身有利的合同条款

E. 明确完不成任务的影响和法律后果

考点 3. 合同实施 ★★★

一、合同跟踪

合同跟踪的含义	①承包单位的合同管理职能部门对合同执行者的履行情况进行的跟踪、监督和检查 ②合同执行者本身对合同计划的执行情况进行的跟踪、检查与对比
合同跟踪的依据	①合同以及依据合同而编制的各种计划文件；②各种实际工程文件；③管理人员对现场情况的直观了解
合同跟踪的对象	①承包的任务；②工程小组或分包人的工程和工作；③业主和工程师的工作

二、合同实施的偏差分析和偏差处理

合同实施偏差分析的内容	1. 产生偏差的原因分析 2. 合同实施偏差的责任分析 3. 合同实施趋势分析	
合同实施偏差处理	1. 组织分析	人，组织论【流程，计划】
	2. 技术措施	施工方案，技术方案
	3. 经济措施	投入，激励
	4. 合同措施	合同变更，索赔

三、工程变更范围

《FIDIC 施工合同条件》	关键词	《建设工程施工合同（示范文本）》
①改变合同中所包括的**任何工作的数量**	工作数量	①增加或减少合同中**任何工作**，或追加额外的工作
②改变任何工作的**质量和性质**	质量标准、特性	②改变合同中任何工作的**质量标准或其他特性**
③改变工程任何部分的**标高、基线、位置和尺寸**	标高、基线、位置、尺寸	③改变工程的**基线、标高、位置和尺寸**
④**删减任何工作**，但要交他人实施的工作除外	取消工作	④**取消合同中任何工作**，但转由他人实施的工作除外
⑤改动工程的**施工顺序或时间安排**	时间安排、施工顺序	⑤改变工程的**时间安排或实施顺序**
⑥任何永久工程需要的任何**附加工作、工程设备、材料或服务**	附加工作	

四、工程变更管理

工程变更的原因	1. 业主新的变更指令，对建筑的新要求 2. 未理解业主的意图或设计的错误导致图纸修改； 3. 工程环境的变化，预定的工程条件不准确 4. 由于产生新技术和知识，有必要改变原设计 5. 政府部门对工程新的要求 6. 由于合同实施出现问题，必须调整合同目标
提出工程变更	承包商、业主方、设计方
工程变更的批准	承包商提出的工程变更，应该交予工程师审查并批准 工程师在发出变更通知前，应征得业主批准
工程变更的执行	除非工程师明显超越合同权限，承包人应该无条件执行工程变更的指示 即使工程变更价款没有确定，或者承包人对付款的金额不满意，承包人也必须一边进行变更，一边寻求解决办法

经典题目

1.【2015-58】关于施工合同跟踪的说法，错误的是（　）。

A. 承包单位的合同管理职能部门对合同执行者的履行情况进行跟踪、监督和检查

B. 合同执行者本身对合同计划的执行情况进行跟踪、检查和对比

C. 合同跟踪的内容包括业主是否及时给予了指令、答复等

D. 可以将工程任务发包给专业分包完成，并由专业分包对合同计划的执行进行跟踪、检查和对比

2.【2014-93】下列工程变更情况中，应由业主承担责任的有（　）。

A. 不可抗力导致的设计修改

B. 环境变化导致的设计修改

C. 原设计错误导致的设计修改

D. 政府部门要求导致的设计修改

E. 施工方案出现错误导致的设计修改

3.【2013-45】下列合同实施偏差的调整措施中，属于组织措施的是（　）。
A. 增加人员投入　　B. 增加资金投入
C. 变更技术方案　　D. 变更合同条款

4.【2011-87】根据工程实施的实际情况，可以提出工程变更的单位有（　）。
A. 承包方　　B. 业主方
C. 设计方　　D. 供货商
E. 质检站

5.【2010-66】业主在向中标人授标前，要求中标人对施工方案进行修改，由此引起的费用增加由（　）承担。
A. 业主　　B. 监理人
C. 中标人　　D. 招标人

6.【2007-98】施工合同签订后，承包人应对施工合同进行跟踪，跟踪的对象包括（　）等。
A. 业主的工作　　B. 工程师的工作
C. 设计人的工作　　D. 承包人的工作
E. 工程分包人的工作

考点 4：施工分包管理 ★

分包管理的责任主体		对施工分包单位进行管理的第一责任主体是施工总承包单位或施工总承包管理单位
分包管理内容	成本控制	对于业主指定分包，分包工程款一定要在收到业主的工程款之后才能支付，并应扣除管理费、配合费和质量保证金等
	进度控制	承包单位应该积极为分包工程的施工创造条件，及时审核和签署有关文件，保证材料供应，协调好各分包单位之间的关系
	质量和安全控制	应该在承包人和分包人自检合格的基础上提交业主方检查和验收
分包管理方法		分包单位的选择应该经过严格考察，并经业主和工程监理机构的认可，其资质类别和等级应该符合有关规定
		应该建立工程例会制度，及时反映和处理分包单位施工过程中出现的各种问题

■ 经典题目

1.【2012-16】施工合同履行过程中，承包商向指定分包商支付工程款的时间应当是（　）。
A. 分包合同约定的付款时间，不论承包人是否收到了业主支付的工程款
B. 业主同承包人支付工程款之前 14 天
C. 业主同承包人支付工程款之前 7 天
D. 承包商收到业主工程款之后

2.【2011-79】关于对施工分包单位进行管理的说法，正确的有（　）。
A. 对业主指定分包单位进行管理的第一责任主体是业主
B. 分包工程在分包单位自检合格的基础上可以直接提请业主或监理工程师验收
C. 总承包单位要积极为分包工程的施工创造条件，协调各分包单位之间的关系
D. 分包单位的选择要符合资质类别和等级的有关规定，并经业主和监理机构的认可
E. 总承包单位建立工地例会制度，及时处理分包单位施工过程中出现的问题

考点 5：诚信自律 ★★

一、施工企业不良行为记录认定标准

<table>
<tr><td rowspan="18">施工企业不良行为记录认定标准</td><td rowspan="6">1. 资质不良</td><td>①未取得资质证书承揽工程的，或超越本单位资质等级承揽工程的</td><td rowspan="3">强调承揽工程中的资质不良行为，应与承揽业务不良区分</td></tr>
<tr><td>②以欺骗手段取得资质证书承揽工程的</td></tr>
<tr><td>③允许其他单位或个人以本单位名义承揽工程的</td></tr>
<tr><td colspan="2">④未在规定期限内办理资质变更手续的</td></tr>
<tr><td colspan="2">⑤涂改、伪造、出借、转让《建筑企业资质证书》</td></tr>
<tr><td colspan="2">⑥需要持证上岗的技术工种的作业人员未经培训，考核，未取得证书上岗，情节严重</td></tr>
<tr><td rowspan="5">2. 承揽业务不良</td><td colspan="2">①利用不正当手段承揽【行贿，提供回扣，给予其他好处等】</td></tr>
<tr><td colspan="2">②串通投标的；以行贿的手段谋取中标的</td></tr>
<tr><td colspan="2">③弄虚作假，骗取中标的</td></tr>
<tr><td colspan="2">④不按照合同履行义务，情节严重的</td></tr>
<tr><td colspan="2">⑤转包或者违法分包的</td></tr>
<tr><td rowspan="3">3. 工程质量不良</td><td colspan="2">①偷工减料的，使用不合格建筑材料，构配件和设备的，不按照设计图纸或者施工技术标准施工的</td></tr>
<tr><td colspan="2">②未按照节能设计进行施工的</td></tr>
<tr><td colspan="2">③未对材料，构配件，设备和商品混凝土进行检验的，或未对设计结构安全的试快，试件取样检测的</td></tr>
<tr><td rowspan="2"></td><td colspan="2">④工程竣工验收后，不出具质量保修书的，或质量保修的内容，期限违反规定的</td></tr>
<tr><td colspan="2">⑤不履行保修义务或者拖延履行保修义务的</td></tr>
<tr><td>4. 工程安全不良</td><td colspan="2">与安全有关的各种事件</td></tr>
<tr><td>5. 拖欠工程款或工人工资</td><td colspan="2">恶意拖欠或克扣劳动者工资</td></tr>
</table>

二、诚信行为记录

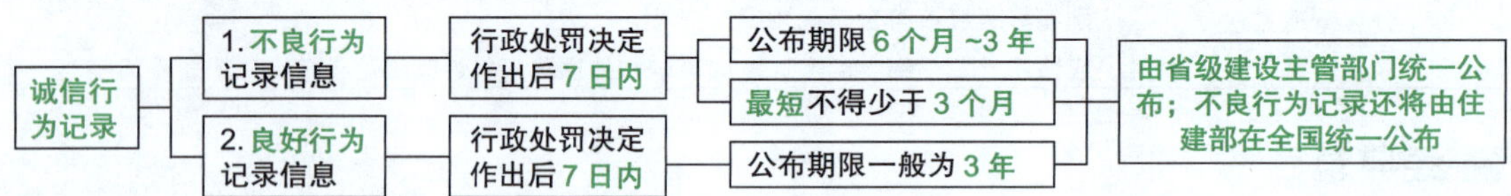

经典题目

1.【2015-20】根据《建筑市场诚信行为信息管理办法》（建市〔2007）9 号〕，建设行政主管部门在市场诚信信息平台上不良行为记录的公布时间，除法律、法规另有规定的，应为行政处罚决定做出后（　　）日内。

A. 14　　B. 10

C. 7　　D. 5

2.【2014-6】建设行政主管部门在当地建筑市场诚信信息平台上良好行为记录信息的公布期限一般为（　　）。

A. 1 个月　　B. 6 个月

C. 1 年　　D. 3 年

3.【2012-88】根据《全国建筑市场各方主体不良行为记录认定标准》，施工企业承揽业务中的不良行为包括（　　）。

A. 允许其他单位或个人以本单位名义承揽工程

B. 以他人名义投标或者以其他方式弄虚作假，骗取中标

C. 不按照与招标人订立的合同履行义务，情节严重

D. 未按照节能设计进行施工
E. 将承包的工程转包或者违法分包

4.【2011-57】根据《建筑市场诚信行为信息管理办法》，不良行为记录信息公布期限一般为（ ）。

A. 1 年至 3 年　　B. 3 个月至 3 年
C. 3 年以上　　D. 6 个月至 3 年

1Z206060 建设工程索赔

考点 1：索赔的依据 ★★★

一、索赔的分类

<table>
<tr><td rowspan="13">索赔的分类</td><td>1. 按索赔有关当事人分类</td><td colspan="2">①承包人与发包人之间的索赔
②承包人与发包人之间的索赔
③承包人或发包人与供货人之间的索赔
④承包人或发包人与保险人之间的索赔</td></tr>
<tr><td rowspan="2">2. 按照索赔目地和要求分类</td><td>①工期索赔</td><td>一般指要求延长工期</td></tr>
<tr><td>②费用索赔</td><td>要求补偿经济损失</td></tr>
<tr><td>3. 按照索赔事件的性质分类</td><td colspan="2">①工程延期索赔；②工程加速索赔；③工程变更索赔；④工程终止索赔⑤不可预见的外部障碍或条件索赔；⑥不可抗力事件引起的索赔</td></tr>
<tr><td rowspan="7">4. 承包商向业主的索赔</td><td>①因合同文件引起的索赔</td><td rowspan="2">1. 地质条件变化
2. 人为障碍
3. 增减工程量
4. 各种额外的试验和检查费用
5. 工程质量要求的变更
6. 指定分包商违约或延误</td></tr>
<tr><td>②有关工程施工的索赔</td></tr>
<tr><td>③关于价款方面的索赔</td><td>1. 价格调整方面的
2. 货币贬值和严重经济失调导致的
3. 拖延支付工程款的索赔</td></tr>
<tr><td>④关于工期的索赔</td><td>1. 关于延长工期的索赔
2. 由于延误产生损失的索赔
3. 赶工费用的索赔</td></tr>
<tr><td>⑤特殊风险和人力不可抗拒灾害的索赔</td><td>特殊风险的索赔
人类不可抗拒灾害的索赔</td></tr>
<tr><td colspan="2">⑥工程暂停，中止合同的索赔
⑦财务费用补偿的索赔</td></tr>
<tr><td></td><td></td></tr>
<tr><td>5. 业主向承包商索赔</td><td>①索赔费用和利润
②索赔工期</td><td></td></tr>
</table>

二、反索赔

反索赔的概念	就是反驳、反击或者防止对方提出的索赔，不让对方索赔成功或者全部成功 索赔是双向的，反索赔也是双向的
反索赔的工作内容	1. 防止对方提出索赔；2. 反击或反驳对方的索赔要求
对索赔报告的反击或反驳要点	1. 索赔要求或报告的时限性 2. 索赔事件的真实性 3. 干扰事件的原因、责任分析 4. 索赔理由分析 5. 索赔证据分析 6. 索赔值审核

三、索赔成立的前提条件

索赔成立的前提条件	1. 与合同对照，事件已造成了承包人工程项目成本的额外支出，或直接工期损失	造成损失	同时具备缺一不可
	2. 造成费用增加或工期损失的原因，按合同约定不属于承包人的行为责任或风险责任	非承包人原因	
	3. 承包人按合同规定程序和时间提交索赔意向通知和索赔报告	遵照程序提出	

四、索赔的依据

索赔的依据	最主要的依据是：合同文件【有关工程的洽商、变更等书面协议或文件应视为合同文件的组成部分】
	法律、法规
	工程建设惯例

■ 经典题目

1.【2013-83】建设工程索赔成立的前提条件有（　）。
   A. 与合同对照，事件已造成了承包人工程项目成本的额外支出或直接工期损失
   B. 造成费用增加或工期损失额度巨大，超出了正常的承受范围
   C. 索赔费用计算正确，并且容易分析
   D. 造成费用增加或工期损失的原因，按合同约定不属于承包人的行为责任或风险责任
   E. 承包人按合同规定的程序和时间提交索赔意向通知和索赔报告

2.【2012-93】关于建设工程反索赔的说法，正确的有（　）。
   A. 反索赔是双向的
   B. 工程师对索赔文件的审核是反索赔的工作内容之一
   C. 审核索赔报告的时限性是反索赔的要点之一
   D. 调查分析并确定索赔事件的原因和责任，是反索赔的工作内容之一
   E. 反索赔工作就是反击或反驳对方的索赔要求

3.【2010-51】下列工程资料中，可以作为承包人向业主索赔依据的是（　）。
   A. 承包人与分包人签订的分包合同
   B. 承包人安全交底会议纪要
   C. 承包人技术交底纪要
   D. 合同履行中发包人和承包人洽商形成的协议

4.【2009-71】下列事件中，承包商可以向业主提出费用索赔的有（　）。
   A. 工程量发生变化，引起承包商费用的增加
   B. 货币出现贬值，导致承包商实际费用的增加
   C. 业主延期支付应付工程款，造成利润损失
   D. 由于不可抗力，造成停工损失
   E. 施工中出现了承包商难以预计的地下暗河，导致费用增加

5.【2007-65】在施工期间，承包商可能遇到不能预见的地下岩石，导致工期拖延，这类风险应由（　）承担。
   A. 发包人　　　　B. 承包人
   C. 发包人和承包人共同　　　　D. 监理工程师

6.【2006-64】关于建设工程索赔成立的条件，下列说法中正确的是（　）。
   A. 导致索赔的事件必须是对方的过错，索赔才能成立
   B. 只要对方有过错，不管是否造成损失，索赔都可以成立
   C. 只要索赔事件的事实存在，在合同有效期内任何时候提出索赔都可以成立
   D. 不按照合同规定的程序提交索赔报告，索赔不能成立

7.【2006-98】某工程实行施工总承包模式，承包人将基础工程中的打桩工程分包给某专业分包单位施工，施工过程中发现地质情况与勘察报告不符而导致打桩施工工期拖延。在此情况下，（　）可以提出索赔。
A. 承包人向发包人　　B. 承包人向勘察单位
C. 分包人向发包人　　D. 分包人向承包人
E. 发包人向监理

8.【2005-98】按照当事人之间的关系对索赔进行分类，可能有（　）之间的索赔。
A. 发包人与承包人　　B. 发包人与分包人
C. 承包人与分包人　　D. 承包人与监理人
E. 分包人与监理人

9.【2004-61】下列事件中属于特殊风险索赔的事件是（　）。
A. 洪涝灾害　　B. 百年不遇的暴风雪
C. 暴动　　D. 海啸

10.【2004-62】建设工程中的反索赔是相对索赔而言的，反索赔的提出者（　）。
A. 仅限发包方　　B. 仅限承包方
C. 发包方和承包方均可　　D. 仅限监理方

考点 2：索赔的方法 ★★

承包人向发包人索赔的一般程序	1. 索赔意向通知	首先要提出索赔意向，表明索赔愿望，保留索赔权利，这是索赔工作程序的第一步
	2. 索赔资料的准备	
	3. 索赔文件的提交	①总述部分；②论证部分【索赔报告的关键部分】；③索赔款项或工期的计算部分；④证据部分
	4. 索赔文件的审核	首先交由工程师审核
	5. 发包人审查	对于工程师的初步处理意见，发包人需要进行审查和批准
	6. 协商	发包人、承包人、工程师三方协商，达成一致

■ 经典题目

1.【2013-56】工程施工过程中发生索赔事件以后，承包人首先要做的工作是（　）。
A. 向监理工程师提出索赔证据　　B. 提交索赔报告
C. 提出索赔意向通知　　D. 与业主就索赔事项进行谈判

2.【2010-86】承包人向发包人索赔时，所提交索赔文件的主要内容包括（　）。
A. 索赔证据　　B. 索赔事件总述
C. 索赔合理性论证　　D. 索赔要求计算书
E. 索赔意向通知

考点 3：索赔费用的计算 ★★★

索赔费用的组成	索赔费用的组成共分为八项。分别是：①人工费【人】；②材料费【材】；③施工机具使用费【机】；④分包费用【分包】；⑤现场管理费【管理】；⑥利息【利】；⑦总部管理费【管理】；⑧利润【和】【口诀：人，材，机，分包，二管二利】		
	其中应注意几个问题： 1. 材料费：如果由于承包人管理不善，造成材料损失失效，则不能到入索赔计价。 2. 施工机具使用费：窝工费的计算 租赁设备→按实际租金和调进调出费的分摊计算 自有设备→按台班折旧费计算 3. 总部管理费的计算 4. 利润：一般监理工程师很难同意在工程暂停的费用索赔中加进利润损失		
索赔费用的计算方法	1. 实际费用法	是计算工程索赔时最常用的一种方法。 计算原则是以承包人为某项索赔工作所支付的实际开支为根据	口诀：实际总修总
	2. 总费用法	只有在难以采用实际费用法时才应用	
	3. 修正的总费用法	与总费用法相比有了实质性的改进，他的准确程度已接近于实际费用法	

经典题目

1.【2015-63】某国际工程合同额为 5000 万元人民币，合同实施天数为 300 天；由国内某承包商总承包施工，该承包商同期总合同额为 5 亿人民币，同期内公司的总管理费为 1500 万元；因为业主修改设计，承包商要求工期延期 30 天。该工程项目部在施工索赔中总部管理费的索赔额是（ ）万元。

A. 50　　B. 15

C. 12　　D. 10

2.【2014-4】承包商采用的合格水泥，进入工地 90 天后，再次检查发现该批水泥强度值低于国家规范要求值，由此产生的损失应由（ ）负责。

A. 业主　　B. 承包商

C. 生产商　　D. 供货商

3.【2013-48】当发生索赔事件时，对于承包商自有的施工机械，其费用索赔通常按照（ ）。进行计算。

A. 台班折旧费　　B. 台班费

C. 设备使用费　　D. 进出场费用

4.【2011-99】按照国际惯例，承包商可索赔的材料费包括（ ）。

A. 由于索赔事项导致材料实际用量超过计划用量而增加的材料费

B. 由于客观原因造成材料价格大幅上涨而增加的材料费

C. 由于非承包商责任造成工期延误而导致的材料价格上涨和超期储存的费用

D. 由于承包商管理不善，造成材料损坏失效引起的损失费

E. 承包商使用不合格材料引起的损失费用

5.【2010-21】下列索赔事件中，承包人可以索赔利润的是（ ）。

A. 材料价格上涨　　B. 工程暂停

C. 工期延期　　D. 工程变更

6.【2009-59】实际费用法是工程费用索赔中最常用的一种计算方法，该方法的计算原则是（ ）。

A. 以承包商为某项索赔工作所支付的实际开支为根据

B. 以承包商为某项索赔工作所支付的含税工程造价为根据

C. 以承包商为某项索赔工作所支付的直接工程费为根据

D. 以承包商为某项索赔工作所支付的直接费为根据

7.【2007-67】建设工程索赔中，承包商计算索赔费用时最常用的方法是（　）。
A. 总费用法　　B. 修正的总费用法
C. 实际费用法　　D. 修正的实际费用法

8.【2006-77】下列各种情况中，施工单位可索赔施工机械使用费的是（　）。
A. 完成额外工作而增加的机械使用费
B. 业主方未及时提供施工图纸导致机械停工的窝工费
C. 机械配置原因导致机械工效降低而增加的机械使用费
D. 施工机械故障导致机械停工的窝工费
E. 经监理工程师批准的施工方案不当导致机械停工的窝工费

考点 4：工期索赔的计算 ★★★

一、工期延误的分类

按照工期延误的原因划分	①因业主和工程师原因引起的延误；②因承包商原因引起的延误；③不可控制因素引起的延误
按照索赔要求和结果划分	①可索赔延误【业主或工程师的原因和双方不可控制的因素引起的索赔】②不可索赔延误
按延误工作在工程网络计划的线路划分	①关键线路延误；②非关键线路延误
按照延误事件之间的关联性划分	①单一延误；②共同延误；③交叉延误

二、可以顺延工期的条件

可以顺延工期的条件	1. 发包人未能按合同约定提供图纸或所提供图纸不符合约定的 2. 发包人未能按合同约定提供施工现场、施工条件、基础资料、许可、批准等开工条件的 3. 发包人提供的测量基准点，基准线和水准点及其书面资料存在错误或疏漏的 4. 发包人未能在计划开工日期之日起 7 天内同意下达开工通知的 5. 发包人未能按合同约定日期支付工程预付款，进度款或竣工结算款的 6. 监理人未按合同约定发出指示，批准等文件的	这些情况导致工期延误和（或）费用增加的，由发包人承担由此延误的工期和（或）增加的费用，且应支付承包人合理的利润

三、工期索赔的计算方法

工期索赔的计算方法	1. 直接法	干扰事件直接发生在关键线路上造成总工期的延误，其工期所赔值就是实际干扰事件【延误时间】
	2. 比例分析法	按工程量比例　　会计算 按造价的比例　　会计算
	3. 网络分析法	多个干扰事件共同影响工期时，将这些工作受干扰后的新的持续时间代入网络中，重新进行网络分析和计算，得到的新工期与原工期之间的差值，就是干扰事件对总工期的影响，也就是承包商可以提出的工期索赔值

■ 经典题目

1.【2015-41】某基础工程合同价为 2000 万元，合同总工期为 20 个月，施工过程中因设计变更导致增加额外工程 400 万元，业主同意工期延顺。则承包商按照造价比例法可索赔工期（　）个月。
A. 8　　B. 6
C. 4　　D. 2

2.【2014-26】工期延误划分为单一延误、共同延误及交叉延误的依据是（　）。
A. 延误事件之间的关联性　　B. 延误的原因

C. 索赔要求和结果　　D. 延误工作所在工程网络计划的线路性质

3.【2014-45】某土方工程合同约定，合同工期为 60 天，工程量增减超过 15% 时，承包商可提出变更。实施中因业主提供的地质资料不实，导致工程量由 3200m3，增加到 4800m3，则承包商可索赔工期（　）天。

A. 0　　B. 16.5

C. 21　　D. 30

4.【2012-66】下列干扰事件中，承包商不能提出工期索赔的是（　）。

A. 开工前业主未能及时交付施工图纸

B. 工程师指示承包商加快施工进度

C. 异常恶劣的气候条件

D. 业主未能及时支付工程款造成工期延误

5.【2007-68】关于工期索赔，下列说法正确的是（　）。

A. 单一延误是可索赔延误

B. 共同延误是不可索赔延误

C. 交叉延误可能是可索赔延误

D. 非关键线路延误是不可索赔延误

1Z206070 国际建设工程施工承包合同

考点 1：FIDIC 系列合同条件 ★★★

	《施工合同条件》	《永久设备和设计——建造合同条件》	《EPC 交钥匙项目合同条件》	《简明合同格式》
适用条件	主要用于发包人设计的或由咨询工程师设计的房屋建筑工程和土木工程的施工项目	适用于由承包商做绝大部分设计的工程项目，承包商要按照业主的要求进行设计、提供设备以及建造其他工程	适用于在交钥匙的基础上进行的工程项目的设计和施工，承包商要负责所有的设计、采购和建造工作	适用于投资额较低的一般不需要分包的建筑工程或设施；或尽管投资额较高，但工作内容简单、重复，或建设周期短
合同计价方式	单价合同，某些子项采用包干价格 单价可随各类物价的波动而调整	总价合同方式，如果发生法规规定的变化或物价波动，合同价格可随之调整	固定总价方式，只有在某些特定风险出现时才调整价格	单价合同， 总价合同或其他方式
特点	由工程师负责合同管理	由工程师负责合同管理	没有业主委托的工程师 承包商要承担较大的风险	

经典题目

1.【2015-14】关于 FIDIC《永久设备和设计——建造合同条件》内容的说法，正确的是（　）。

A. 业主委派工程师管理合同

B. 承包商仅需负责提供设备和建造工作

C. 合同计价采取单价合同方式，某些子项采用包干价格

D. 合同计价采取总价合同方式，合同价格不能调整

2.【2015-67】关于 FIDIC《EPC 交钥匙项目合同条件》特点的说法，正确的是（　）。

A. 适用于承包商做绝大部分的工程项目，承包商要按照业主的要求进行设计、提供设备以及建造其他工程

B. 合同采用固定总价合同，只有在特定风险出现时才调整价格

C. 业主委派工程师管理合同，监督工程进度质量

D. 承包商承担的风险较小

3.【2014-3】在 FIDIC 系列合同中，《EPC 交钥匙项目合同条件》的合同计价采用（　）。

A. 固定单价　　B. 变动单价
C. 固定总价　　D. 变动总价

4.【2013-74】关于 FIDIC《土木工程施工合同条件》的说法，正确的有（　）。

A. 该合同主要由发包人设计的或由咨询工程师设计的房屋建筑工程和土木工程的施工项目
B. 一般情况下，单价可随各类物价的波动而调整
C. 合同计价方式属于单价合同，不含任何包干价格
D. 由业主委派工程师管理合同
E. 由业主监督工程进度、质量，签发支付证书、接收证书和履约证书，处理合同中的有关事项

5.【2009-35】FIDIC 系列合同条件中，采用固定总价方式计价、只有在出现某些特定风险时才能调整价格的合同是（　）。

A. 施工合同条件　　B. EPC 交钥匙项目合同条件
C. 永久设备和设计—建造合同条件　　D. 简明合同格式

6.【2007-59】从合同的计价方式看，FIDIC 1999 年版《施工合同条件》（新红皮书）是（　）合同。

A. 单价　　B. 固定总价
C. 可调总价　　D. 成本加酬金

7.【2007-99】FIDIC 1999 年出版的《施工合同条件》（新红皮书）主要用于（　）的施工。

A. 由发包人设计的房屋建筑工程
B. 由承包人设计的房屋建筑工程
C. 由发包人设计的土木工程
D. 由承包人设计的土木工程
E. 由咨询工程师设计的土木工程

8.【2006-68】美国建筑师学会（AIA）的合同条件主要用于（　）工程。

A. 房屋建筑　　B. 铁路和公路
C. 石油化工　　D. 大型基础设施

大立名师说

相近知识点归纳	内容	页码	结论
	工程总承包模式的合同计价方式	【P42】	多数采用变动总价合同
	《EPC 交钥匙项目合同条件》的合同计价方式	【P349】	采用固定总价合同

考点 2：国际工程施工承包合同争议解决的方式 ★★★

一、国际工程施工承包合同争议解决的方式

国际工程合同争议解决方式	1. 协商解决	最常见、最有效、首选的最基本的方式
	2. 调解	—
	3. 仲裁	①是解决国际工程承包合同争议的常用方式；②在双方的合同中应约定仲裁的效力；③特点：仲裁程序效率高，周期短，费用少；保密性；专业化；④我国仲裁实行一裁终局制
	4. 诉讼	在解决工程绿色合同争议方面存在明显的缺陷很少采用

二、DAB（争端裁决委员会）方式

<table>
<tr><td rowspan="5">DAB 方式</td><td colspan="3">1. 在 FIDIC 合同中采用的是 DAB 方式解决争议</td></tr>
<tr><td colspan="3">2. 争端裁决委员会可由 1 人、3 人或 5 人组成，DAB 成员一般为工程技术和管理方面的专家</td></tr>
<tr><td>3. 任命方式</td><td>①常任争端裁决委员会
②特聘争端裁决委员会
③由工程师兼任</td><td>在施工前任命一个委员会，施工过程中定期视察现场
只在发生争端时任命一名或三名成员
工程师是具有必要经验和资源的独立专业咨询工程师</td></tr>
<tr><td>4. 报酬</td><td colspan="2">业主和承包商各自支付一半</td></tr>
<tr><td>5. 优点</td><td colspan="2">① DAB 委员可以在项目开始时就介入项目，了解项目管理情况及其存在的问题
② DBA 委员公证性、中立性，特别是具有施工方面的丰富经验
③周期短
④费用较低
⑤ DAB 委员是发包人和承包人自己选择的
⑥裁决不是强制性的，不具有终局性</td></tr>
</table>

■ 经典题目

1.【2014-64】关于国际工程施工承包合同争议解决的方法，正确的是（　）。
A. 国际工程施工承包合同中，仲裁实行一裁终局制
B. 国际工程施工承包合同中，应首选诉讼作为解决争议的方式
C. 国际工程施工承包合同争议解决的最有效方式是协商
D. DAB 合同中，DAB 提出的裁决是强制性的

2.【2013-18】在国际工程承包合同中，根据工程项目的规模和复杂程度，DAB 争端裁决委员会的任命有多种方式，只在发生争端时任命的是（　）。
A. 常任争端裁决委员会　　B. 特聘争端裁决委员会
C. 工程师兼任的委员会　　D. 业主指定争端裁决委员会

3.【2012-21】国际工程施工承包合同争议解决的方式中，最常用、最有效，也是应该首选的解决方式是（　）。
A. 仲裁　　B. 协商
C. 调解　　D. 诉讼

4.【2012-81】在国际工程承包合同中，采用 DAB（争端裁决委员会）方式解决争端的优点有（　）。
A. DAB 委员由行政主管部门指派，裁决具有公正性、中立性
B. DAB 委员可以在项目开始时就介入，了解项目管理情况及存在的问题
C. DAB 的裁决具有终局性，避免二次纠纷
D. DAB 的费用较低
E. DAB 解决纠纷的周期较短

5.【2011-35】关于 FIDIC 条件中，采用 DAB（争端裁决委员会）方式解决争议的说法，正确的是（　）。
A. 业主应按支付条件支付 DAB 报酬的 70%
B. DAB 提出的裁决具有终局性
C. 特聘争端裁决委员的任期与合同期限一致
D. DAB 的成员一般是工程技术和管理方面的专家

6.【2010-87】与诉讼方式相比，采用仲裁方式解决国际工程承包合同争议的优点有（　）。
A. 效率高　　B. 周期短
C. 约束力强　　D. 费用少
E. 保密性好

7 .【2004-98】国际工程承包合同争议解决的方式包括（　）。
A. 协商　　B. 调解
C. 仲裁　　D. 诉讼
E. 单方解除合同

参考答案

1Z206000 建设工程合同与合同管理

1Z206010 建设工程施工招标与投标

考点 1：施工招标 ★★★

1.BE　2.B　3.B　4.D　5.D　6.CDE

考点 2：施工投标 ★★

1.C　2.C　3.ADE　4.C　5.C

考点 3：合同的谈判与签约 ★★

1.ABC　2.A　3.A　4.D　5.D　6.AB

1Z206020 建设工程合同的内容

考点 1：施工承包合同 ★★★

1.B　2.BCD　3.C　4.ABD　5.ABD　6.B

7.BCD　8.C　9.D　10.A　11.ABC

考点 2：物资采购合同 ★★

1.A　2.D　3.BCE　4.B　5.D

考点 3：专业分包合同与劳务分包合同★★★

1.D　2.A　3.ACD　4.ACDE

5. C　6.B　7.B　8.BCD　9.ADE

考点 4：项目总承包合同 ★

1.ABCD　2.D　3.B

1Z206030 合同计价方式

考点 1：单价合同与总价合同 ★★★

1.D　2.D　3.C　4.BCD

5.A　6.D　7.B　8.ADE　9.C

考点 2：成本加酬金合同 ★★★

1.BDE　2.C　3.D　4.C　5.A

1Z206040 建设工程施工合同风险管理、工程保险和工程担保

考点 1：合同风险管理 ★★

1.B

考点 2：工程保险 ★★

1.C 2.ACD 3.D

考点 3：工程担保 ★★★

1.C 2.ACDE 3.D 4.ABE 5.B 6.B 7.BE 8.A
9.D 10. ABCE 11.A 12.D 13.A 14.A 15.ACD 16.C

1Z206050 建设工程施工合同实施

考点 1：合同分析 ★★★

1.BCDE 2.A 3.A 4.A 5.ADE
6.C 7.C 8.C 9.ABCD

考点 2：合同交底 ★★★

1.C 2.D 3.A 4.ABCE

考点 3. 合同实施 ★★★

1.D 2.ABCD 3.A 4.ABC 5.C 6.ABDE

考点 4：施工分包管理 ★

1.D 2.CDE

考点 5：诚信自律 ★★

1.C 2.D 3.BCE 4.D

1Z206060 建设工程索赔

考点 1：索赔的依据 ★★★

1.ADE 2.AC 3.D 4.ABCE 5.A
6.D 7.AD 8.AC 9.C 10.C

考点 2：索赔的方法 ★★

1.C 2.ABCD

考点 3：索赔费用的计算 ★★★

1.B 2.B 3.A 4.ABC 5.D 6.A 7.C 8. AB

考点 4：工期索赔的计算 ★★★

1.C 2.A 3.C 4.B 5.C

1Z206070 国际建设工程施工承包合同

考点 1：FIDIC 系列合同条件 ★★★

1.A 2.B 3.C 4.ABD 5.B 6.A 7.ACE 8.A

考点 2：国际工程施工承包合同争议解决的方式 ★★★

1.C 2.B 3.B 4.BDE 5.D 6.ABDE 7.ABCD

第七章

1Z207000
建设工程项目信息管理

1Z207000 建设工程项目信息管理

【本章历年考情分析】

1Z207000	2016 年		2015 年		2014 年		2013 年		2012 年	
	单选	多选	单选	多选	单选	多选	单选	多选	单选	多选
1Z207010 建设工程项目信息管理的目的和任务			1				1	2		
1Z207020 建设工程项目信息的分类、编码和处理方法	1		1		1		1			2
1Z207030 建设工程管理信息化及建设工程项目管理信息系统的功能		2		2		2	1		1	
1Z207000 单选合计 / 多选合计	1	2	2	2	1	2	3	2	1	2
1Z207000 总计	3		4		3		5		3	

1Z207010 建设工程项目信息管理的目的和任务

考点 1：项目信息管理的相关概念 ★

相关概念	1. 信息表达的形式	声音，文字，数字和图像等
	2. 项目信息管理的目的	旨在通过有效的项目信息传输的组织和控制为项目建设的增值服务
	3. 项目信息的分类	①组织类；②管理类；③经济类；④技术类；⑤法规类

■ 经典题目

1.【2009-25】项目信息管理的目的是通过对项目信息传输的有效组织和控制，为项目的（　）提供服务。

A. 技术更新　　B. 档案管理
C. 信息管理　　D. 建设增值

2.【2009- 85】建设工程项目信息，按其内容属性可分为（　）。

A. 资源类信息　　B. 组织类信息
C. 管理类信息　　D. 技术类信息
E. 经济类信息

3.【2005-69】建设工程项目信息管理的最终目的是（　）。

A. 通过项目信息收集的有效组织和控制为项目参与各方的沟通搭建平台
B. 通过项目信息传输的有效组织和控制为项目建设的增值服务
C. 通过项目信息存储的有效组织和控制为项目运行期的维护保养提供依据
D. 通过项目信息处理的有效组织和控制为项目业主方协调各方关系提供依据

考点 2：项目信息管理的任务 ★★★

项目信息管理的任务	1. 信息管理手册	①项目参与各方都有各自的信息管理任务，各方都应编制各自的信息管理手册 ②信息管理手册描述和定义信息管理做什么，谁做，什么时候做和其工作成果是什么等
	2. 信息管理部门的工作任务	①负责编制信息管理手册，在项目实施过程中进行信息管理手册的必要修改和补充，并检查和督促其执行 ②负责协调和组织项目管理班子中各个工作部门的信息处理工作 ③负责信息处理工作平台的建立和运行维护 ④与其他工作部门协同组织收集信息，处理信息和形成各种反应项目进展和项目目标控制的报表和报告 ⑤负责工程档案管理等
	3. 信息管理任务的工作流程	①信息管理手册编制和修订的工作流程 ②为形成各类报表和报告，收集信息，录入信息，审核信息，加工信息，信息传输和发布的工作流程 ③工程档案管理的工作流程等
	4. 信息处理平台	①在当今的时代应重视利用信息技术的手段进行信息管理 ②信息技术的核心手段是基于互联网的信息处理平台

■ 经典题目

1.【2015-51】下列工作任务中，不属于信息管理部门的是（　）。
A. 负责编制行业信息管理规范
B. 负责信息处理工作平台的建立和运行维护
C. 负责工程档案管理
D. 负责协调各部门的信息处理工作

2.【2013-35】由于建设工程项目大量数据处理的需要，应重视利用信息技术的手段进行信息管理，其核心手段是（　）。
A. 基于局域网的信息管理平台　　B. 基于互联网的信息处理平台
C. 基于互联网的信息传输平台　　D. 基于局域网的信息处理平台

3.【2013-98】建设工程项目信息管理中，为形成各类报表和报告，应当建立（　）的工作流程。
A. 信息管理和输出　　B. 收集信息、录入信息
C. 审核信息、加工信息　　D. 信息传输和发布
E. 信息整理和共享

4.【2011-85】关于项目信息管理手册及内容的说法，正确的有（　）。
A. 信息管理部门负责编制信息管理手册
B. 信息管理手册应包含工程档案管理制度
C. 信息管理的任务分工表是信息管理手册的主要内容
D. 信息管理手册应随项目进展而做必要的修改和补充
E. 应编制项目参与各方通用的信息管理手册

5.【2007-100】建设工程项目信息管理手册的主要内容包括（　）等。
A. 信息的编码体系和编码　　B. 信息输入输出模型
C. 工程档案管理制度　　D. 各种报表和报告格式
E. 信息应用效果分析

6.【2004-67】为了实现有序和科学的项目信息管理，应由（　）。
A. 业主方编制统一的信息管理职能分工表
B. 业主方和项目参与各方编制各自的信息管理手册
C. 业主方制定统一的信息安全管理规定
D. 业主方制定统一的信息管理保密制度

1Z207020 建设工程项目信息的分类、编码和处理方法

考点 1：项目信息的分类 ★★

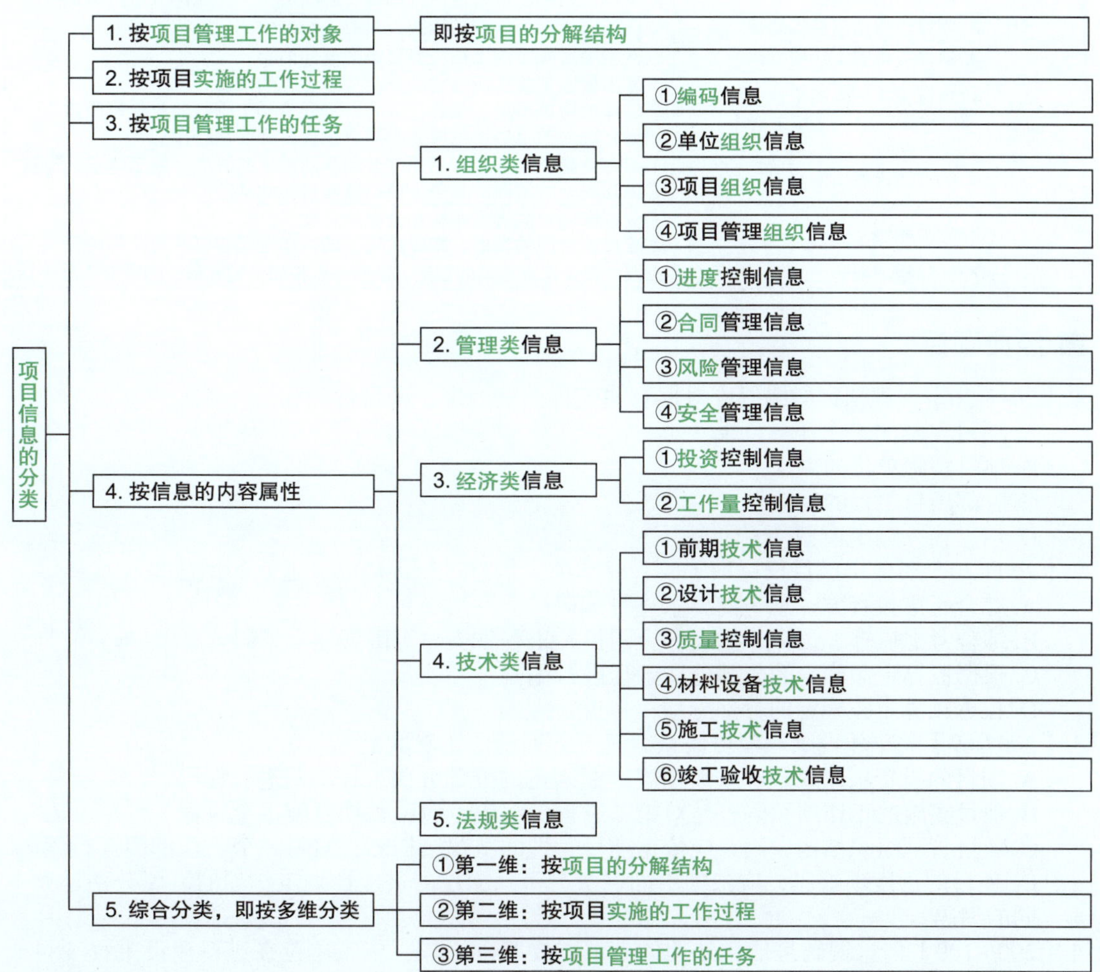

■ 经典题目

1.【2015-42】编码信息、单位组织信息、项目组织信息等属于（　）信息。
A. 管理类　　B. 组织类
C. 经济类　　D. 技术类

2.【2014-66】下列建设工程信息中，属于经济类信息的是（　）。
A. 编码信息　　B. 质量控制信息
C. 工作量控制信息　　D. 设计技术信息

3.【2012-90】下列建设工程项目信息中，属于技术类信息的有（　）。
A. 进度计划　　B. 施工方案　　C. 隐蔽验收记录
D. 桩基检测报告　　E. 工程量清单

4.【2004-100】建设工程项目信息可以按（　）进行分类。

A. 项目管理工作的对象　　B. 项目实施的工作过程

C. 项目规模的大小　　D. 项目管理工作的任务

E. 项目信息的内容属性

考点 2：项目信息编码的方法 ★★★

项目信息编码的方法	1. 项目的结构编码	依据项目结构图对项目结构的每一层的每一个组成部分进行编码
	2. 项目管理组织结构编码	依据项目管理的组织结构图，对每一个工作部门进行编码
	3. 项目实施的工作项编码	应覆盖项目实施的工作任务目录的全部内容
	4. 项目投资项编码【业主方】 项目成本项编码【施工方】	①并不是概预算定额确定的分部分项工程的编码 ②应综合考虑概算，预算，标底，合同价和工程款的支付等因素 ③建立统一的编码，以服务于项目投资目标的动态控制
	5. 项目的进度项编码	①综合考虑不同层次，不同深度和不同用途的进度计划工作项的需要 ②建立统一的编码，服务于项目进度目标的动态控制
	6. 合同编码	①应参考项目的合同结构和合同的分类 ②应反映合同的类型，相应的项目结构和合同签订的时间等特征
	7. 工程档案编码	应根据有关工程档案的规定、项目特点和项目实施单位的需求等而建立

■ 经典题目

1.【2013-36】工程档案的编码应根据有关工程档案规定、项目特点和（　）而建立。

A. 项目实施的工作任务目录

B. 项目实施单位的需求

C. 分部项目工程的定额号

D. 信息输入输出模型

2.【2009-30】对建设项目投资项（或者成本项）信息进行编码时，适宜的做法是（　）。

A. 综合考虑投资方、承包商要求进行编码

B. 综合考虑概算、预算、标底、合同价、工程款支付等因素建立编码

C. 根据概算定额确定的分部分项工程进行编码

D. 根据预算定额确定的分部分项工程进行编码

3.【2007-69】关于建设工程项目信息编码，下列说法正确的是（　）。

A. 项目的投资项编码，应按概预算定额确定的分部分项工程编码进行编码

B. 项目实施的工作项编码，是对施工过程的编码，应覆盖项目施工全过程

C. 项目管理组织结构编码，应依据项目管理的组织结构图，对每一个工作部门进行编码

D. 项目的进度项编码，应根据不同层次、不同深度的进度计划工作项的需要分别建立不同的编码

4.【2006-100】信息编码是信息处理的一项重要基础工作，施工单位在进行建设工程项目成本项统一编码时，应综合考虑的因素包括（　）。

A. 工程款支付　　B. 标底价

C. 施工成本分析　　D. 投标价

E. 合同价

5.【2005-70】编码是信息处理的一项重要基础工作，进行建设工程项目的投资项统一编码时应综合考虑的因素包括概算、预算及（　）。

A. 标底、合同价和工程款的支付

B. 投标价、合同价和工程款的支付

C. 投标价、合同价和施工成本分析

D. 标底、投标价和施工成本分析

考点 3：项目信息处理的方法 ★

<table>
<tr><td rowspan="2">项目信息处理的方法</td><td>1. 基于网络的信息处理平台的构成</td><td>①软件
②硬件</td></tr>
<tr><td>2. 信息处理的方式</td><td>应考虑充分利用远程数据通信的方式</td></tr>
</table>

■ 经典题目

1.【2009-21】基于网络的信息处理平台是由一系列的（　）构成。
A. 硬件和软件　　B. 文档资料
C. 专用网站　　D. 计算机网络

1Z207030 建设工程管理信息化及建设工程项目管理信息系统的功能

考点 1：工程管理信息化 ★★

<table>
<tr><td>工程管理信息化的意义</td><td colspan="2">1. 有利于提高建设工程项目的经济效益和社会效益
2. 以达到为项目建设增值的目的</td></tr>
<tr><td rowspan="16">项目信息门户</td><td colspan="2">1. 项目信息门户是基于互联网技术为建设工程增值的重要管理工具</td></tr>
<tr><td colspan="2">2. 项目信息门户是当前在建设工程管理领域中信息化的重要标志</td></tr>
<tr><td colspan="2">3. 项目信息门户【PIP】，既不同于项目管理信息系统【PMIS】，也不同于管理信息系统【MIS】</td></tr>
<tr><td rowspan="2">4. 类型</td><td>PSWS：专用门户</td></tr>
<tr><td>ASP：公用门户</td></tr>
<tr><td rowspan="4">5. 实施条件</td><td>组织件——最重要的条件</td></tr>
<tr><td>教育件</td></tr>
<tr><td>软件</td></tr>
<tr><td>硬件</td></tr>
<tr><td rowspan="3">6. 核心功能</td><td>项目各参与方的信息交流</td></tr>
<tr><td>项目文档管理</td></tr>
<tr><td>项目各参与方的共同工作</td></tr>
<tr><td rowspan="2">7. 主持者</td><td>业主方</td></tr>
<tr><td>业主方委托的工程顾问公司</td></tr>
</table>

■ 经典题目

1.【2013-60】工程管理信息化有利于提高建设工程项目的经济效益和社会效益，以达到（　）的目的。
A. 为项目建设增值　　B. 实现项目建设目标
C. 实现项目管理目标　　D. 提高项目建设综合治理

2.【2010-20】对一个建设工程项目而言，项目信息门户的主持者一般是项目的（　）。
A. 施工单位　　B. 设计单位
C. 业主　　D. 主管部门

3.【2009-5】建设工程的项目信息门户是基于互联网技术的重要管理工具，可以作为一个建设工程服务的项目信息门户主持者的是（　）。
A. 建设行政主管部门　　B. 设计单位
C. 业主委托的工程顾问公司　　D. 施工单位

考点 2：工程项目管理信息系统 ★★★

一、项目管理信息系统、管理信息系统和项目信息门户对比

	项目管理信息系统（PMIS）	管理信息系统（MIS）	项目信息门户（PIP）
特点	是基于数据处理设备的，为项目管理服务的信息系统，主要用于项目的目标控制。它是项目进展的跟踪和控制系统，也是信息流的跟踪系统	基于数据处理设备的信息系统，但主要用于企业的人、财、物、产、供、销的管理	基于互联网技术为建设工程增值的重要管理工具，是当前在建设工程管理领域中信息化的重要标志
服务对象	服务于一个企业的一个项目	服务于一个企业	服务于一个项目的所有参与单位

二、工程项目管理信息系统的功能

工程项目管理信息系统的功能	1. 投资控制【业主方】	
	2. 成本控制【施工方】	①投标估算的数据计算和分析 ②计划施工成本 ③计算实际成本 ④计划成本与实际成本的比较分析 ⑤根据工程的进展进行施工成本预测等
	3. 进度控制	①计算工程网络计划的时间参数，并确定关键工作和关键路线 ②绘制网络图和计划横道图 ③编制资源需求量计划 ④进度计划执行情况的比较分析 ⑤根据工程的进展进行工程进度预测
	4. 合同管理	①合同基本数据查询 ②合同执行情况的查询和统计分析 ③标准合同文本查询和合同辅助起草等
	5. 质量控制	

■ 经典题目

1.【2015-84】工程项目管理信息系统中，合同管理子系统的功能有（　）。
A. 合同基本数据查询　　B. 合同执行情况统计分析
C. 合同通用条件的编写　　D. 合同结构的选择
E. 合同辅助起草

2.【2014-74】工程项目管理信息系统中，进度控制的功能有（　）。
A. 编制资源需求量计划　　B. 根据工程进展进行施工成本预测
C. 进度计划执行情况的比较分析　　D. 项目估算的数据计算
E. 确定关键工作和关键路线

3.【2012-65】建设工程项目管理信息系统主要用于项目的（　）。
A. 投标报价　　B. 合同管理
C. 目标控制　　D. 技术资料管理

4.【2007-70】关于项目信息门户，下列说法正确的是（　）。
A. 项目信息门户是一种项目管理信息系统（PMIS）
B. 项目信息门户是一种企业管理信息系统（MIS）
C. 项目信息门户主要用于项目法人的人、财、物、产、供、销的管理
D. 项目信息门户可以为一个建设工程的各参与方服务

5.【2006-70】建设工程项目管理信息系统（PMIS）是利用计算机辅助进行项目管理的信息系统，它（　）。
A. 主要用于项目的人、财、物的管理
B. 主要用于企业的产、供、销的管理
C. 是项目进展的跟踪和控制系统

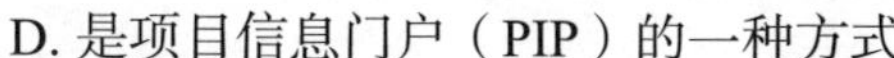
D. 是项目信息门户（PIP）的一种方式

6.【2004-69】项目管理信息系统中进度控制的功能包括（　）。

A. 计算和分析投标估算数据

B. 编制投资使用计划

C. 查询和统计合同执行情况

D. 编制资源需求量计划

参考答案

1Z207000 建设工程项目信息管理

1Z207010 建设工程项目信息管理的目的和任务

考点 1：项目信息管理的相关概念 ★

1.D　2.BCDE　3.B

考点 2：项目信息管理的任务 ★★★

1.A　2.B　3.BCD　4.ABCD　5.ABCD　6.B

1Z207020 建设工程项目信息的分类、编码和处理方法

考点 1：项目信息的分类 ★★

1.B　2.C　3.BCD　4.ABDE

考点 2：项目信息编码的方法 ★★★

1.B　2.B　3.C　4.ABE　5.A

考点 3：项目信息处理的方法 ★

1.A

1Z207030 建设工程管理信息化及建设工程项目管理信息系统的功能

考点 1：工程管理信息化 ★★

1.A　2.C　3.C

考点 2：工程项目管理信息系统 ★★★

1.ABE　2.ACE　3.C　4.D　5.C　6.D

第八章

同类知识点归纳

同类知识点归纳

一、关键句总结

	知识点	页码	关键句
1	与项目管理学密切相关的非常重要的基础理论学科	P1	组织论
2	项目决策的标志	P1	项目立项（立项批准）
3	决策阶段管理工作的主要任务	P1	确定项目的定义
4	实施阶段管理的主要任务	P3	通过管理使项目的目标得以实现
5	建设工程管理的核心任务	P3	为工程的建设和使用增值
6	项目管理的核心任务	P4	项目的目标控制
7	项目管理的核心	P4	业主方的项目管理
8	项目管理中的最重要的任务	P5	安全管理
9	影响一个系统目标实现的主要因素	P16	①人的因素；②方法与工具；③组织
10	影响一个系统目标实现的决定性因素	P17	组织
11	控制项目目标的主要措施中最重要的措施	P17	组织措施
12	项目策划的实质	P38	知识管理的过程
13	项目决策阶段策划的主要任务	P38	定义（指的是严格地确定）项目开发或建设的任务和意义
14	项目实施阶段策划的主要任务	P39	确定如何组织该项目的开发或建设
15	工程总承包的基本出发点	P42	借鉴工业生产组织的经验，实现建设生产过程的组织集成化，克服由于设计与施工的分离致使投资增加，以及克服由于设计与施工的不协调而影响建设进度等弊病
16	工程总承包的核心	P42	通过设计与施工的组织集成，促进设计与施工的紧密结合，以达到为项目建设增值的目的
17	施工总承包模式的最大缺点	P44	开工日期不可能太早，建设周期会较长
18	采用施工总承包管理模式的基本出发点	P45	由施工总承包管理单位负责对所有分包人的管理及组织协调，这样就大大减轻了业主方的工作
19	指导项目管理工作的纲领性文件	P47	项目管理规划
20	项目管理最基本的方法论	P57	项目目标的动态控制
21	项目目标动态控制的核心	P58	定期地进行项目目标的计划值和实际值的比较，当发现项目目标偏离时采取纠偏措施
22	在沟通过程中处于主导地位	P65	沟通主体
23	沟通过程的出发点和落脚点	P65	沟通对象即沟通客体
24	实施沟通过程和提高沟通功效的重要环节	P65	沟通渠道
25	施工项目成本决策与计划的依据	P79	施工成本预测
26	建立施工项目成本管理责任制、开展成本控制和核算的基础	P79	施工成本计划
27	成本偏差控制的关键和核心	P82	分析是关键，纠偏是核心
28	成本考核的主要指标	P83	施工成本降低额和施工成本降低率
29	施工成本管理中最根本最重要的基础工作	P83	成本管理责任体系的建立
30	施工成本管理的措施中最易为人们所接受和采用的措施	P84	经济措施
31	编制施工成本计划的关键	P89	确定目标成本
32	对施工成本全过程控制的重点	P96	指标控制程序
33	对施工成本全过程控制的基础	P96	管理行为控制程序
34	施工成本控制是否成功的关键	P97	能否达到预期的成本目标

	知识点	页码	关键句
35	进行偏差分析最常用的一种方法	P103	表格法
36	最基本的工程管理原则	P120	在确保工程质量的前提下，控制工程的进度
37	项目进度控制的依据	P121	项目进度计划系统
38	大型建设工程项目总进度目标论证的核心工作	P124	通过编制总进度纲要论证总进度目标实现的可能性
39	最简单、运用最广泛的传统的进度计划方法	P125	横道图
40	横道图的最大优点	P125	简洁性
41	决定建设项目质量目标的主要依据	P161	①业主的需求；②法律法规的要求
42	项目质量目标的具体定义过程	P161	主要是在设计阶段
43	项目质量目标实现的最重要和最关键的过程	P161	施工阶段
44	在项目质量管理中，起决定性作用的因素	P162	人的因素
45	项目质量控制体系运行的核心机制	P173	动力机制
46	质量管理八项原则中，关注焦点是	P173	顾客
47	质量管理八项原则中，组织的一个永恒目标	P174	持续改进总体业绩
48	企业质量管理系统的纲领性文件	P175	质量手册
49	质量手册的支持性文件	P175	程序性文件
50	整个项目质量控制的关键和重点	P178	施工质量控制
51	施工质量要达到的最基本要求	P178	工程实体质量经检查验收合格
52	事中质量控制的关键和重点	P179	控制的关键是坚持质量标准；控制的重点是工序质量、工作质量和质量控制点的控制
53	施工质量控制的重点对象	P182	施工质量控制点
54	施工过程的质量控制的基础和核心	P188	工序作业质量控制
55	施工阶段质量控制的重点	P188	工序的质量控制
56	最基层的技术和管理交底活动	P190	施工作业交底
57	贯穿整个施工过程的最基本的质量控制活动	P190	施工作业的质量检查
58	施工作业质量监控的主要手段	P192	现场质量检查
59	项目设计质量控制的核心	P194	使用功能和安全可靠性
60	要保证施工质量，首先要控制	P194	设计质量
61	质量验收的基本单元	P196	检验批和分项工程
62	工程验收的最小单位	P196	检验批
63	工程项目竣工质量验收的基本对象	P198	单位工程
64	监督机构监督抽样检测的重点	P213	涉及结构安全和重要使用功能的项目
65	监督机构监督工程竣工验收的重点	P213	竣工验收的组织形式、程序等是否符合有关规定
66	安全生产的第一负责人	P221	企业的代表人
67	施工项目生产的主要负责人	P221	项目经理
68	职业健康安全管理体系与环境管理体系的纲领性文件	P222	管理手册
69	最基本的安全管理制度、所有安全生产管理制度的核心	P225	安全生产责任制
70	在经常性安全教育中最重要的是	P230	安全思想、安全态度教育
71	清除隐患、防止事故、改善劳动条件的重要手段	P232	安全检查制度
72	安全检查的主要内容	P232	查思想、查制度、查管理、查隐患、查整改、查伤亡事故处理【想制度、管事故、隐患整改】
73	安全检查的重点	P232	检查“三违”【违章指挥、违章操作、违反劳动纪律】和安全责任制的落实
74	现场文明施工的第一责任人	P258	项目经理
75	项目总承包与施工承包的最大不同之处	P296	承包商要负责全部或部分的设计，并负责物资设备的采购
76	工程担保中最重要也是担保金额最大的工程担保	P315	履约担保
77	对施工分包单位进行管理的第一责任主体	P325	施工总承包单位或施工总承包管理单位

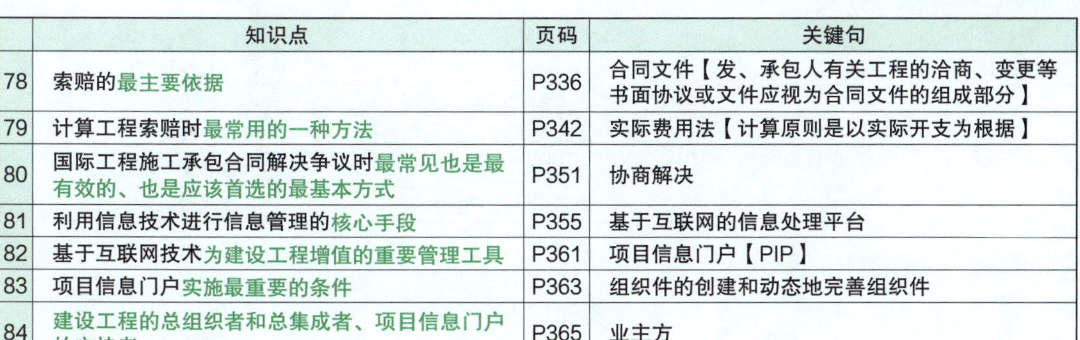

	知识点	页码	关键句
78	索赔的最主要依据	P336	合同文件【发、承包人有关工程的洽商、变更等书面协议或文件应视为合同文件的组成部分】
79	计算工程索赔时最常用的一种方法	P342	实际费用法【计算原则是以实际开支为根据】
80	国际工程施工承包合同解决争议时最常见也是最有效的、也是应该首选的最基本方式	P351	协商解决
81	利用信息技术进行信息管理的核心手段	P355	基于互联网的信息处理平台
82	基于互联网技术为建设工程增值的重要管理工具	P361	项目信息门户【PIP】
83	项目信息门户实施最重要的条件	P363	组织件的创建和动态地完善组织件
84	建设工程的总组织者和总集成者、项目信息门户的主持者	P365	业主方

二、口诀总结

	教材页码	知识点	口诀
1	P27	工作任务分工表的编制步骤	分解→分配→编制
2	P44	施工总承包模式与施工总承包管理模式的对比	完整、一个，部分、多个；进度控制：总包长，总管短
3	P60	项目经理是建筑施工企业法定代表人在工程项目上的代表人	代表代
4	P72	风险管理的工作流程：识别、评估、响应、控制	识估响控【十姑想空】
5	P73	监理工作性质的特点：服务性、独立性、公平性、科学性	复读功课
6	P78	施工成本管理的任务和环节：预测、计划、控制、核算、分析、考核	预计控算分考
7	P80	施工成本计划的三类指标：数量指标、质量指标、效益指标	量量效
8	P90	施工成本按成本构成分解为：人工费、材料费、施工机具使用费、企业管理费	企业管理人材机
9	P103	偏差分析的表达方法：横道图法、表格法、曲线法	横表曲
10	P111	施工成本分析的基本方法：比较法、因素分析法、差额计算法、比率法	还因 2B【铅笔】差
11	P114	比率法的种类：相关比率法、构成比率法、动态比率法	动态构想
12	P122	不同深度的进度计划系统：总进度规划、子系统进度规划、单项工程进度计划	总子单
13	P126	工程网络计划按工作持续时间特点分类：肯定型、非肯定型、随机网络计划	啃飞机
14	P139	双代号网络计划中：总时差的计算	总时差 = 开始 - 开始 = 完成 - 完成
15	P154	进度控制在管理观念方面存在的问题：缺乏系统的观念、缺乏动态控制的观念、缺乏多方案比较和优选的观念	多动【症】系统
16	P165	分析风险因素的方法：头脑风暴法、专家调查法、经验判断法、因果分析图	专家在头脑中用经验来判断因果
17	P166	质量风险转移对策：分包、担保、保险	转移三个宝
18	P171	项目质量控制体系的建立程序：确网络；定制度；析界面；编计划	网络、制度、面积
19	P173	质量管理八项原则	四个对象、三种方法、一个持续改进
20	P175	程序性文件中的通用性管理程序	内审中发现文件记录不合格，应及时预防、纠正
21	P232	安全检查的内容：查思想、查制度、查管理、查隐患、查整改、查伤亡事故处理	想制度、管事故、隐患整改
22	P232	安全隐患处理程序：登记→整改→复查→销案	灯改插销
23	P235	预警体系建立原则：全面性、及时性、高效性、客观性	全是高官
24	P237	预警分析的功能：监测→识别→诊断→评价	见识真假
25	P255	四不放过原则	未查清、未处理、未教育、未整改
26	P278	施工合同文件的优先顺序	鞋中投砖头，标准质量

	教材页码	知识点		口诀
27	P289	交货期限		送→收；提→提；代运→签发
28	P306	成本加酬金合同形式的适用条件	成本加固定费用合同	不准、不大
			成本加固定比例费用合同	很难、紧迫
			成本加奖金合同	估算奖金
			最大成本加费用合同	非代理最大

三、措施类知识总结

措施类知识点的分布

序号	知识点	知识点来源	教材页码	具体分类
1	控制项目目标的主要措施	1Z201030	P17	组织措施、管理措施、经济措施、技术措施
2	项目目标动态控制的纠偏措施	1Z201080	P57	组织措施、管理措施（包括合同措施）、经济措施、技术措施
3	风险类型	1Z201100	P71	组织风险、经济与管理风险、工程环境风险、技术风险
4	施工成本管理的措施	1Z202010	P84	组织措施、技术措施、经济措施、合同措施
5	进度控制的措施	1Z203040	P154	组织措施、管理措施、经济措施、技术措施
6	影响工程进度的风险	1Z203040	P154	组织风险、管理风险、合同风险、资源风险（人物财）、技术风险
7	质量风险类型	1Z204010	P164	自然风险、技术风险、管理风险、环境风险
8	施工质量事故发生的原因	1Z204050	P201	技术原因、管理原因、社会、经济原因、人为事故和自然灾害原因
9	施工合同风险的类型	1Z206040	P309	项目外界环境风险、项目组织成员资信和能力风险、管理风险
10	合同实施偏差处理	1Z206050	P323	组织措施、技术措施、经济措施、合同措施
11	项目信息的分类	1Z207020	P356	组织类信息、管理类信息、经济类信息、技术类信息

常见的组织、管理、技术、经济措施

类别	常见的具体措施内容	要点
组织措施	（1）调整项目组织结构、任务分工、管理职能分工、工作流程组织、管理人员、作业人员等 （2）健全组织体系为专人负责 （3）定义计划系统的组成 （4）确立各类计划的编制、审批、调整的程序 （5）加强施工调度，组织和协调工作，会议的组织设计 【关键词】与人相关、与组织论相关的	组织措施是最重要的措施；是其他各类措施的前提和保障，而且一般不需要增加额外的费用，运用得当可以取得良好的效果；如果对一个建设工程的项目管理进行诊断，首先应分析其组织方面存在的问题
管理措施【合同措施】	（1）合同管理 （2）合同结构选择、承发包模式的选择、工程物资的采购模式 （3）风险分析 （4）索赔与反索赔 （5）重视信息技术（包括软件、局域网、互联网等） （6）管理、控制的方法与手段 【关键词】合同、风险、索赔、计划、信息技术、管理方法、管理手段	管理措施涉及管理的思想、管理的方法、管理的手段、承发包模式、合同管理和风险管理等；在理顺组织的前提下，科学和严谨的管理显得十分重要 对于成本控制而言称为：合同措施 对于进度控制而言则称为：管理措施
经济措施	（1）编制资金需求计划、资金供应的条件、资金使用计划、资源需求计划 （2）记录、收集、整理、核算实际支出的费用 （3）增加投入，采取经济激励措施 【关键词】资金、资源、开支、费用、奖励、激励	经济措施是最易为人们所接受和采用的措施
技术措施	（1）设计技术 【设计理念、设计方案、设计技术路线、勘察文件等】 （2）施工技术 【施工方案、施工方法、施工机械、设备、施工机具、施工材料等】 （3）进行技术经济分析，确定最佳施工方案 【关键词】设计、施工、材料、机械、方法、方案、技术经济分析	运用技术纠偏措施的关键：一是要能提出多个不同的技术方案；二是要对不同的技术方案进行技术经济分析比较，以选择最佳方案

四、施工成本的依据与方法总结

施工成本计划、施工成本控制和施工成本分析的依据与方法

	施工成本计划【1Z202020】	施工成本控制【1Z202030】	施工成本分析【1Z202040】
依据	①施工成本预测 ②工程合同、分包合同 ③施工组织设计或施工方案 ④投标报价文件 ⑤人材机的市场价及企业指导价 ⑥企业定额、施工预算 ⑦拟采取的降低施工成本的措施等	①施工成本计划 ②工程承包合同、分包合同 ③施工组织设计 ④进度报告 ⑤工程变更	①会计核算 ②业务核算 ③统计核算
方法	①按施工成本构成编制 ②按施工项目组成编制 ③按施工进度编制	①施工成本的过程控制方法 ②赢得值法 ③偏差分析的表达方法	①施工成本分析的基本方法 ②综合成本的分析方法 ③成本项目的分析方法 ④专项成本分析方法

施工成本计划、施工成本控制和施工成本分析的方法小结

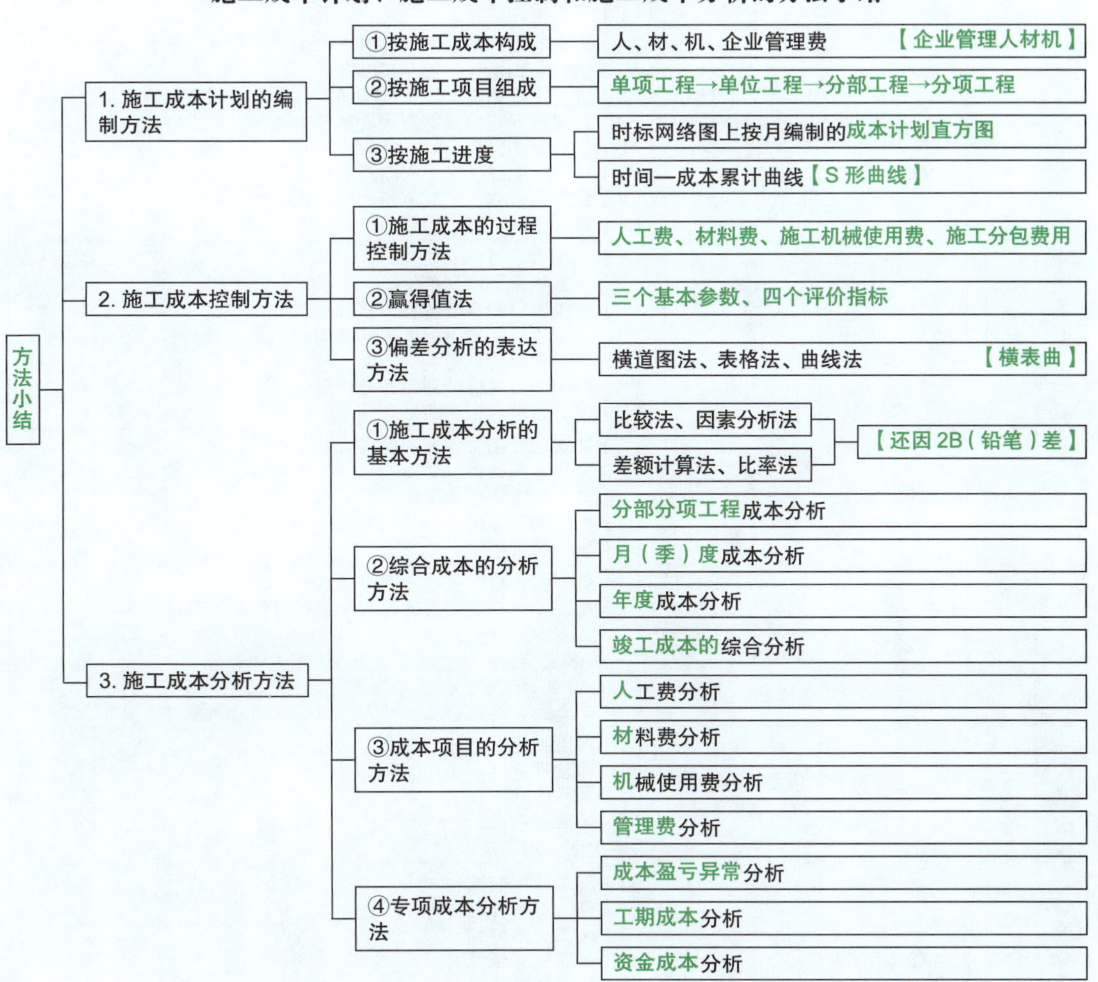

五、工作步骤和程序的总结

序号	页码	知识点来源	考点	知识点解析
1	P27	1Z201030	工作任务分工表的编制步骤	(1)对实施各阶段的项目管理任务进行详细分解【分解】 (2)定义项目经理和主管工作部门或主管人员的工作任务【分配】 (3)编制工作任务分工表【编制】
2	P30	1Z201030	管理的环节	(1)提出问题 (2)筹划 (3)决策 (4)执行 (5)检查
3	P43	1Z201050	项目总承包方的工作程序 【了解管理的职能】	(1)项目启动 (2)项目初始阶段 (3)设计阶段 (4)采购阶段 (5)施工阶段 (6)试运行阶段 (7)合同收尾 (8)项目管理收尾
4	P47	1Z201050	采购管理的程序	(1)明确采购产品或服务的基本要求、采购分工及有关责任 (2)进行采购策划，编制采购计划 (3)进行市场调查，选择合格的产品供应或服务单位，建立名录 (4)采用招标或协商等方式实施评审工作，确定供应或服务单位 (5)签订采购合同 (6)运输、验证、移交采购产品或服务 (7)处置不合格产品或不符合要求的服务 (8)采购资料归档
5	P51	1Z201060	项目管理规划大纲的编制程序 【了解】	(1)明确项目目标 (2)分析项目环境和条件 (3)收集项目的有关资料和信息 (4)确定项目管理组织模式、结构和职责 (5)明确项目管理内容 (6)编制项目目标计划和资源计划 (7)汇总整理，报送审批
6	P52	1Z201060	项目管理实施规划的编制程序 【了解】	(1)了解项目相关各方的要求 (2)分析项目条件和环境 (3)熟悉相关法规和文件 (4)组织编制 (5)履行报批手续
7	P57	1Z201080	项目目标动态控制工作程序	(1)第一步，目标分解，确定计划值 (2)第二步，在项目实施过程中项目目标的动态控制 ①收集实际值 ②定期进行计划值和实际值的比较 ③如有偏差，则采取纠偏措施 (3)第三步，如有必要，则进行项目目标的调整
8	P72	1Z201100	项目风险管理的工作流程	(1)风险识别 (2)风险评估 (3)风险响应 (4)风险控制 【识、估、响、控】
9	P78	1Z202010	施工成本管理的任务和环节	(1)施工成本预测 (2)施工成本计划 (3)施工成本控制 (4)施工成本核算 (5)施工成本分析 (6)施工成本考核 【预、计、控、算、分、考】
10	P96	1Z202030	施工成本控制的步骤	(1)管理行为控制程序； (2)指标控制程序

序号	页码	知识点来源	考点	知识点解析
11	P124	1Z203020	项目总进度目标论证的工作步骤	(1)调查研究和收集资料 (2)项目结构分析 (3)进度计划系统的结构分析 (4)项目的工作编码 (5)编制各层进度计划 (6)编制总进度计划 (7)若所编制的总进度计划不符合项目的进度目标，则设法调整 (8)若经过多次调整，进度目标无法实现，则报告项目决策者
12	P154	1Z203040	进度控制的主要工作环节	(1)进度目标的分析和论证 (2)编制进度计划 (3)定期跟踪进度计划的执行情况 (4)采取纠偏措施 (5)调整进度计划
13	P161	1Z204010	项目质量的形成过程	(1)质量需求的识别过程 (2)质量目标的定义过程 (3)质量目标的实现过程
14	P164	1Z204010	质量风险管理	(1)质量风险识别 (2)质量风险评估 (3)质量风险响应 (4)质量风险控制 【识、估、响、控】
15	P169	1Z204020	质量管理的PDCA循环	(1)计划P (2)实施D (3)检查C (4)处置A
16	P171	1Z204020	项目质量控制体系建立过程	(1)确立质量控制网络 (2)制定质量控制制度 (3)分析质量控制界面 (4)编制质量控制计划 【网络、制度、面积】
17	P179	1Z204030	施工质量控制的基本环节	(1)事前质量控制 (2)事中质量控制 (3)事后质量控制
18	P190	1Z204030	施工作业质量自控的程序【了解】	(1)施工作业技术的交底 (2)施工作业活动的实施 (3)施工作业质量的检验
19	P196	1Z204040	施工质量验收的层次	(1)检验批质量验收 (2)分项工程质量验收 (3)分部工程质量验收 （(1)～(3)}施工过程质量验收） (4)单位工程竣工质量验收
20	P203	1Z204050	施工质量事故报告和调查处理程序	(1)事故报告 (2)事故调查 (3)事故的原因分析 (4)制定事故处理的技术方案 (5)事故处理 (6)事故处理的鉴定验收 (7)提交事故处理报告
21	P213	1Z204070	质量监督程序	(1)受理建设单位办理质量监督手续 (2)制订工作计划并组织实施 (3)对工程实体质量和工程质量行为进行抽查、抽测 (4)监督工程竣工验收 (5)形成工程质量监督报告 (6)建立工程质量监督档案
22	P217	1Z205010	职业健康安全管理体系运行模式	(1)方针 (2)策划 (3)实施与运行 (4)检查和纠正措施 (5)管理评审 (6)持续改进

序号	页码	知识点来源	考点	知识点解析
23	P230	1Z205020	编制安全技术措施计划的步骤【了解】	（1）工作活动分类 （2）危险源识别 （3）风险确定 （4）风险评价 （5）制订安全技术措施计划 （6）评价安全技术措施计划的充分性
24	P232	1Z205020	安全隐患处理程序	登记→整改→复查→销案 【灯改插销】
25	P237	1Z205020	预警分析的环节【功能】	监测→识别→诊断→评价 【见识真假】
26	P239	1Z205020	施工安全的控制程序	（1）确定项目的安全目标 （2）编制安全技术措施计划 （3）安全技术措施计划的落实和实施 （4）安全技术措施计划的验证 （5）持续改进安全技术措施计划
27	P255	1Z205030	建设工程安全事故处理	（1）按规定向有关部门报告事故情况 （2）组织调查组，开展事故调查 （3）现场勘查 （4）分析事故原因 （5）制定预防措施 （6）提交事故调查报告 （7）事故的审理和结案
28	P278	1Z206020	施工合同文件的优先顺序	（1）合同协议书 （2）中标通知书（如果有） （3）投标函及其附录（如果有） （4）专用合同条款及其附件 （5）通用合同条款 （6）技术标准和要求 （7）图纸 （8）已标价工程量清单或预算书 【鞋中投砖头、标准质量】
29	P284	1Z206020	隐蔽工程检查	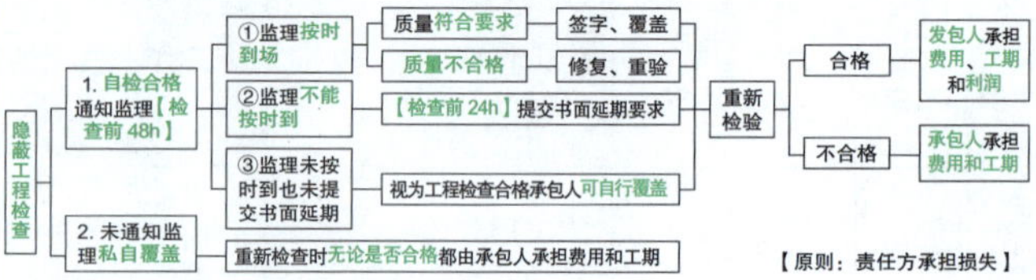 隐蔽工程检查 1. 自检合格通知监理【检查前48h】 ①监理按时到场 → 质量符合要求 → 签字、覆盖；质量不合格 → 修复、重验 ②监理不能按时到 → 【检查前24h】提交书面延期要求 ③监理未按时到也未提交书面延期 → 视为工程检查合格承包人可自行覆盖 → 重新检验 → 合格 → 发包人承担费用、工期和利润；不合格 → 承包人承担费用和工期 2. 未通知监理私自覆盖 → 重新检查时无论是否合格都由承包人承担费用和工期 【原则：责任方承担损失】
30	P338	1Z206060	索赔的程序	（1）索赔意向通知 （2）索赔资料的准备 （3）索赔文件的提交 （4）索赔文件的审核 （5）发包人审查 （6）协商

六、和增值有关的总结

和增值有关的总结		
1. 工程管理的核心任务	【P3】	为工程的建设和使用增值
2. 项目策划的目的	【P37】	旨在为项目建设的决策和实施增值
3. 工程总承包的核心	【P42】	达到为项目建设增值的目的
4. 价值工程的作用	【P50】	对工程建设增值
5. 项目的信息管理的目的	【P354】	为项目建设增值
6. 工程管理信息化的目的	【P360】	为项目建设增值
7. 项目信息门户	【P361】	为建设工程增值

七、计算题考点总结

考点 1：价值工程

【知识点来源】1Z201060 建设工程项目管理规划的内容和编制方法
【教材页码】P50
【知识点解析】公式：$V=F/C$　V—价值　F—功能　C—费用
【应试要求】在项目管理科目中未曾出现考题，达到理解公式基本含义的程度即可。

考点 2：风险等级

【知识点来源】1Z201100 建设工程项目的风险和风险管理的工作流程
【教材页码】P70
【知识点解析】

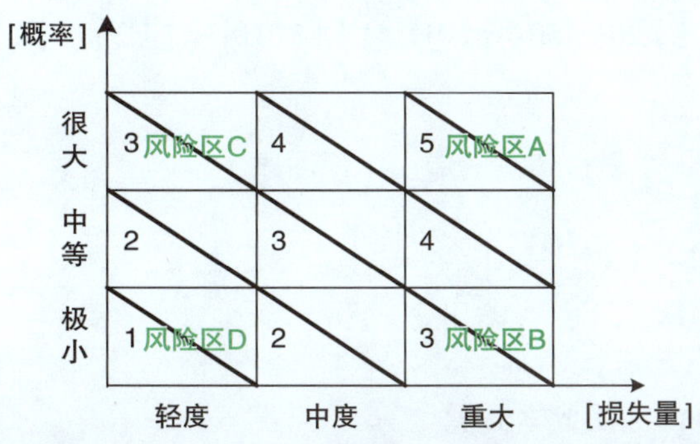

【应试要求】重要考点，能够根据某事件可能的损失程度和发生的概率大小来判断风险量大小，进而根据该事件的风险等级判断出事件所处的风险区。
【历年真题】【2015-47】
二级【2013-11】【2012-上 80】【2012-下 81】【2010-12】【2009-12】

考点 3：施工成本计划的编制方法——按施工进度编制

【知识点来源】1Z202020 施工成本计划
【教材页码】P91
【知识点解析】按施工进度编制施工成本计划，其表示方式有两种：一种是在时标网络图上按月编制的成本计划直方图；另一种是用时间 - 成本累积曲线（S 形曲线）表示。
【应试要求】考生应能理解直方图和 S 形曲线这两种表示方式的含义；时标网络图上按月编

制的成本计划直方图中每个月对应的成本计划值是当月的成本额，而 S 形曲线中每个月对应的成本计划值是成本的累积值。由于考试题型的限定，项目管理科目不需要考生动手画图，但应掌握根据施工项目的数据资料，求出 S 形曲线中每月的累积成本的计算过程。参见教材 P93【例 1Z202025】

【历年真题】【2015-15】【2015-77】【2013-89】【2011-10】

考点 4：赢得值法

【知识点来源】1Z202030 施工成本控制

【教材页码】P101

【知识点解析】【参见本书 1Z202030 中的考点 3】

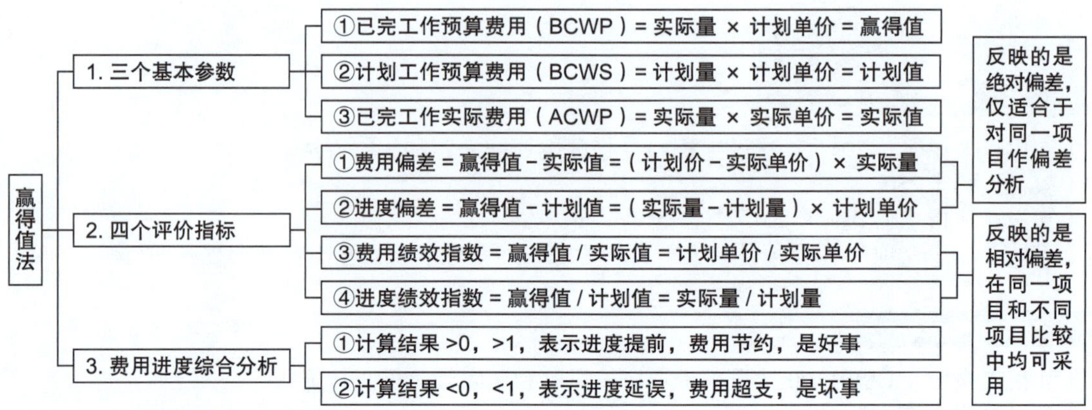

【应试要求】高频考点，要求考生能够熟练计算。

【历年真题】【2015-25】【2013-50】【2011-41】【2010-12】【2007-22】【2006-23】【2005-19】【2005-20】

【知识点引申】曲线法——赢得值法的应用（识图题）

【教材页码】P107

【历年真题】【2012-34】【2011-14】

考点 5：因素分析法

【知识点来源】1Z202040 施工成本分析

【教材页码】P112

【知识点解析】参见教材 P112【例 1Z202042-1】【参见本书 1Z202040 中的考点 2】

【应试要求】高频考点，要求考生能够熟练计算。

【历年真题】【2011-66】【2007-24】

考点 6：差额计算法

【知识点来源】1Z202040 施工成本分析

【教材页码】P113

【知识点解析】差额计算法是因素分析法的一种简化形式。教材例题中，因素分析法是分析三个因素对成本的影响程度，而差额计算法分析了两个因素对成本的影响程度。参见教材 P113【例 1Z202042-2】

【应试要求】高频考点，2014 年、2015 年连考两年，要求考生熟练掌握计算过程。

【历年真题】【2015-38】【2014-44】

考点 7：资金成本分析

【知识点来源】1Z202040 施工成本分析
【教材页码】P119
【知识点解析】公式：成本支出率 = 计算期实际成本支出 / 计算期实际工程款收入 ×100%
【应试要求】在项目管理科目中未曾出现考题，达到理解公式基本含义的程度即可。

考点 8：双代号时标网络计划

【参见本书 1Z203030 中的考点 4】

考点 9：双代号网络计划

【参见本书 1Z203030 中的考点 5】

考点 10：单代号网络计划

【参见本书 1Z203030 中的考点 6】

考点 11：实际进度前锋线

【参见本书 1Z203030 中的考点 7】

考点 12：总部管理费的计算

【知识点来源】1Z206060 建设工程索赔
【教材页码】P342
【知识点解析】总部管理费的计算，教材介绍了三种计算方法：①按照投标书中总部管理费的比例计算；②按照公司总部统一规定的管理费比率计算；③以工程延期的总天数为基础计算。前两种方法比较简单，都是基数乘以固定的费率。注意基数取的是直接费索赔款额和现场管理费索赔款额之和。第三种计算方法是考试重点，参见教材 P342 的计算步骤。
【应试要求】重点考点，掌握三种总部管理费的计算方法。
【历年真题】【2015-63】

考点 13：工期索赔的计算方法

【知识点来源】1Z206060 建设工程索赔
【教材页码】P346
【知识点解析】

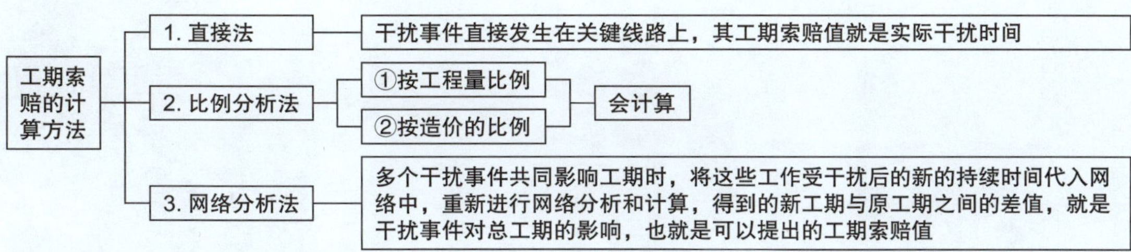

【应试要求】重点考点，2014 年、2015 年连考 2 次比例分析法的计算。按照工程量比例和按照造价比例这两种方法都要熟练掌握计算过程。
【历年真题】【2015-41】【2014-45】